主办单位： 山东大学（威海）

主　编： 张蕴岭

执行主编： 左　峰

副主编： 刘　文　刘宝全

编辑部成员（按姓氏音序排列）

毕颖达　郝书翠　郝延伟　和春红　刘　畅　于京一　张伟强

编委（按姓氏音序排列）

步　平　李　薇　李　文　刘　文　罗润东　门洪华　倪　峰

牛林杰　任晶晶　邵滨鸿　时殷弘　汪全胜　吴文新　吴心伯

杨鲁慧　张蕴岭　赵玉璞　郑　羽　左　峰

编辑部联系方式

地　址：山东省威海市文化西路 180 号《黄海学术论坛》编辑部

邮　编：264209

E-mail: hhxslt@wh.sdu.edu.cn

电　话：（0631）5682069

山东大学（威海） 主办

YELLOW SEA
ACADEMIC FORUM

黄海学术论坛

2016年 第1辑

中华复兴与中国道路专辑

张蕴岭 主编

社会科学文献出版社
SOCIAL SCIENCES ACADEMIC PRESS (CHINA)

目录

序　言

张蕴岭

近代，中国衰败，山河破碎，人民遭难。振兴中华一直是中国人的心声，多少人为此奔走呼号，为此流血牺牲。如今，实现中华复兴的梦想比历史上任何时候都更接近了。按照两步走的战略，第一步到 2020 年，中国将建成全面小康社会，彻底消灭贫穷，让中国人都过上有保障的生活，离这个时间点，仅仅有 5 年的时间；第二步到 2050 年，中国将建成发达国家，实现经济、政治、社会、文化的全面发展，让中国的世界地位重新回归，这个目标也不是遥不可及的了。

中华复兴的进程曲折反复，一路走来很艰难，历经民国革命，艰苦卓绝的抗战……内战结束，新中国诞生，又被冷战裹挟，遭受西方封锁，被迫卷入战争，而国家自身的治理也走了弯路，付出了巨大的代价。直到改革开放，中国才找到实现复兴的康庄大道，在短短的几十年内，国家面目一新，让世界刮目相看。

中华复兴处在新的时代。新时代的一个突出特征是全球化，开放发展，相互依赖，"人类生活在同一个地球村里，生活在历史和现实交会的同一个时空里，越来越成为你中有我、我中有你的命运共同体"。中国通过参与全球化取得发展，实现民族复兴之梦，同时，作为一个大国也承担起推进世界和平发展的重任，"和平、发展、公平、正义、民主、自由，是全人类的共同价值"，因此，中华复兴之梦与人类命运共同体之梦是相通的。

中华复兴是要建设一个发达的新中国，实现物质文明与精神文明的共同发展，让中国居于引领世界新发展的中心。中国的快速发展取得了骄人的成绩，但传统的发展方式不可持续，必须从根本上加以转变，以新的发展理念为指导，实现创新、协调、绿色、开放与共享的有机结合。必须摒弃物欲主义支配的生活方式，重塑中华"天人合一"的人生观、世界观，立于人类道德、精神与素质的文明高地。

中国要复兴成为一个新型大国，不走传统大国崛起之路，不扩张，不争霸，也不称霸。中国走和平发展、合作共赢的道路基于自身发展的需要，也根植于中华思想和文化。正如国家主席习近平所说："中华文化崇尚和谐，中国和文化源远流长，蕴含着天人合一的宇宙观、协和万邦的国际观、和而不同的社会观、人心和善的道德观。"

实现国家统一是中华复兴的重要标志，香港、澳门以和平的方式回归祖国，台湾的最终回归也是历史的必然。海峡两岸的交流已经全面展开，经济上的密切联系、人文领域的丰富交往正在逐步缩小与弥合历史留下的裂缝，政治上的交往也取得了新的突破，成为不可逆转的趋势。出于复杂的内外因素，台湾的回归尚需时日，中国人定能发挥自己的智慧，最终找到"分久必合"的最佳方式，为民族复兴涂上最美的一笔彩绘。

中华复兴也是世界华人的期盼。近代中国衰败、贫穷，迫使大批中国人背井离乡，流落海外。如今，尽管他们中绝大多数人已经是当地公民，有了新的家园，但是，中华思想文化的浸润让他们有着与中国割不断的联系与特殊的感情，中国强大增强了他们作为华人的自豪感。随着中国与外部交往的加深，越来越多的中国人走出去，定居海外，华人遍及世界，无论对当地的发展，还是对中国在世界的影响力都发挥着非常重要的作用。

中国正处在实现复兴之梦的攻坚阶段。对内，需要转变发展方式，经历痛苦的调整；需要深化改革与开放，培育新的增长机制；需要转变政府职能，完善市场运行机制；需要推进城市化，建设以人为本的新城乡社会；需要加大反腐力度，建立廉洁、高效的政府管理体制；需要推进国家治理体制建设，建立中国特色的民主、法治体系……对外，需要应对更为复杂的国际环境，继续推进新型大国关系的建设，积极参与全球治理，推动国际关系和国际体系的调整与改革，为维护地区和世界和平做出更大的贡献……中国能成功吗？会掉入发展停滞，或者对抗冲突的陷阱吗？凭中国已经发展起来的基础,凭中国人民的勤劳与智慧,凭强有力的党和国家领导集体,对实现新的跨越,我们应该有足够的自信。

山东大学(威海)与其他机构合作创办"中华复兴论坛"旨在提供一个平台,汇聚专家学者及各界人士的智慧,让大家以开放的姿态、战略的眼光开展讨论,进行谋划,启发思考,凝聚共识,为中华复兴助力。山东大学(威海)主办的《黄海学术论坛》作为载体,将每年出版两期集刊,其中一期就涉及中华复兴的重要问题邀请各界专家学者发表专论,每一期相对集中一个重大的问题,同时该议题也是每年在威海刘公岛召开的"中华复兴论坛"的主题。

这一期集刊的主题是"中华复兴与中国道路",我们邀请了国内著名专家学者就中国道路问题发表专论,同时也围绕大国崛起、民族复兴的历史教益、国际比较进行分析。

中 国 道 路

实现中国梦，当下是关键

章百家 *

我国的宏伟目标是到 21 世纪中叶基本实现现代化，使人民生活达到中等发达国家水平。现在距实现这个目标还有三十多年。这段时间看起来不算短，但其实已相当紧迫，而我国面临的任务和所要解决的问题，看起来要比以往更复杂、更艰巨。因此，可以说，把握好当下，是如期实现中国梦的关键。

改革开放以来，中国外交工作的主要任务就是服务于国家现代化建设，为此创造有利的外部和平环境。外交工作的这个基本点，今后不应也不能改变。但是，形势总是不断变化的，无论国内还是国际。那么，现在形势究竟出现了什么变化？为实现既定目标，我们应如何分析和应对这些变化，有哪些问题需要格外注意？我想就这些问题谈谈自己的看法，与大家共同探讨。

一

外交是内政的延伸。国内的情况发生了怎样的变化是我们在讨论国际形势和外交问题之前需要明了的。我的基本看法是中国的改革开放已经进入了一个新的阶段，现在的情况已经与十几年前有很大不同。

我认为，中国的改革开放以世纪之交为界，基本可分为两大阶段。

＊ 章百家，中共中央党史研究室研究员、原副主任。本文为特约专稿。

从 20 世纪 70 年代末至世纪之交是第一阶段。这个阶段，要解决的主要是新中国成立 30 年间经济和政治体制所积累起来的一些问题，主要任务是加快经济发展、尽快改变国家贫穷落后面貌，提高人民生活水平。这期间我国经济体制发生了一个重要变化，就是从原来的计划体制逐渐转变为社会主义市场经济体制。正是这种变化使我国的经济得以迅速发展。到 20 世纪末，我国实现了人均 GDP 翻两番的目标，人民生活总体达到小康水平。

21 世纪之初至今可看作第二阶段。这个阶段与前一阶段的最大区别在于，我国所面临和需要解决的问题，在很大程度上已不是新中国成立 30 多年所积累起来的那些老问题，而是初步建立起社会主义市场经济体制后由于这一体制的不成熟不完善所带来的新问题，是改革开放过程中所积累起来的一些问题。进入 21 世纪之后的前十年多少是两个阶段之间的过渡，我国继续保持发展势头，成为世界第二大经济体。到现在已经可以看得很清楚，我国改革开放正面临着更大的挑战。

这一挑战主要来自四个方面：第一，我国经济持续高速发展的阶段已经结束，正进入一个中速，甚至有可能是低速增长的阶段。从世界各国现代化的经验看，这是必然的，而能否较为顺利地度过这个阶段，将决定一国现代化的成败。第二，在经济发展之后，财富的掌握和分配问题日益突出；社会贫富分化和利益集团的出现，使得这一问题更趋敏感。第三，经过 30 多年的改革开放，社会阶层结构和人们的思想观念已发生明显变化；在利益多元化的情况下，统筹协调各方、凝聚改革共识要比以往复杂得多。第四，在经济高速发展的过程中也积累了不少问题，如环境问题、产能过剩问题、老龄化问题、腐败问题等等，这些问题如不能有序解决将会严重阻碍我国今后的发展。

如果说，在 21 世纪的头十年这些新问题尚不很突出，那么现在已到了必须加以解决的时候。从治国理政的角度看，党和政府需要集中精力，从谋求经济的高速发展转变为引领经济社会的协调发展；同时，也需要进一步改革和完善我国的经济体制和政治体制，以实现国家的长治久安。当我国内部的改革进入深水区时，更好地分析和把握外部环境的变动、稳妥应对，也就更加重要了。

二

我国的改革开放能够取得很大成就，一个基本的保障就是外交的成功。讨论今天的外交问题和今后的发展，必须首先回顾前一阶段我国外交政策的基本点和主要经验。

改革开放以来，中国外交的战略、取向和政策基本是邓小平确立的。主要有三点：一是对国际形势作出和平与发展的大判断，二是明确了中国外交从"一条线"向"全方位"发展，三是重新阐释独立自主的和平外交政策。

如果深入一步，和平就是不发生新的世界大战、不发生大规模的外敌入侵，中国在这种情况下就要坚持以经济建设为中心，坚持改革开放。向全方位发展，就是建立比较均衡的外交格局，包括大国关系、周边关系、同第三世界国家关系和多边外交四个方面的均衡，也包括各方面内部的均衡；不过，均衡并非没有重点，对美外交始终是全局的战略重点。在基本外交政策方面，最重要的就是坚定不移地走和平发展道路，在处理内政与外交的关系时，坚持首先做好自己的事，不扛旗、不当头，韬光养晦、有所作为。

总起来看，前一时期的中国外交不仅为改单开放的顺利进行营造了十分有利的外部环境，而且经受住了国内政治风波和国际格局大变动的严峻考验，取得巨大的成功。世纪之交，中国建立起全方位、多层次的对外关系格局。可以说，在新世纪的起点上，中国外交占据前所未有的高度，面对的局面相当有利。

进入 21 世纪之后，中国外交基本沿着先前的路径和方向发展，总的来看比较平稳。外交工作主要围绕国内全面建成小康社会这一中心任务展开，同时也包括对国际和周边热点问题的应对，如国际金融危机、朝核问题、反恐和南海问题等。调整主要表现在进一步明确大国关系、周边关系、同第三世界关系和多边外交四者在外交全局中的定位，提出"和平、发展与合作"的口号，倡导建立和谐世界。随着中国经济总量上升为世界第二位，中国的国际影响力大幅提升。

三

近来，中国对外关系遇到一些新情况、新问题。主要是中国与大国的关系、与周边国家的关系变得更为复杂，同少数近邻的关系甚至比较紧张，中国的安全环境发生重要变化。这些情况使得国内外的疑虑都有所增加。国内一部分人担心，外国敌对势力是否准备搞新的冷战，以遏制中国。国外担心的是，中国崛起后免不了会走大国霸权的道路，需要有所防范。一时间，中国外交发展的取向显得比较模糊。其实，这是一个问题的两个方面，即国际形势和平与发展的大判断是否依然正确？中国是否能真正实现和平崛起？

当前国际形势特别是中国周边形势的变化，其实是与中国国际地位的变化联系在一起的。这里，首先要看一下中国国际地位的现状，然后再分析国际形势变化的原因。

中国当前的国际地位，简单说就是一个新兴大国，经济总量已达到世界第二；但事实上，中国与其他大国在许多方面还有不小的差距，要成为一个成熟的大国还有很长的路要走。可以说，中国是一个存在着明显短板的大国。最突出的有几点：（1）现代化还没有实现，人均 GDP 和人均资源占有率很低；（2）国家统一的任务还有待完成；（3）没有盟国，在处理国际事务时可直接调动的国际力量和手段有限，在制定国际规则方面话语权不多；（4）作为后来者参与大国博弈的经验有待总结和新的积累。还有一点并非短板但很重要，即在当今世界大国之中，中国特色社会主义是最为独特的。

中国强大了，但面临的环境更为复杂。使用一种形象的说法，当前中国正处在一个安全瓶颈之中。历史地看，外部安全环境趋紧是任何大国成长过程中的必经阶段，中国也不会例外。现实地看，这是由双重因素引起的：一方面，冷战结束后国际政治经济体系正经历广泛而深刻的变动，其中包括以中国为代表的一批新兴国家的地位迅速攀升；另一方面，中国改革进入深水区，内部矛盾和困难凸显。这种外因与内因的重合，加上经济全球化和信息时代的到来，将使中国与世界的关系处在一个相对敏感的时期。在这个安全敏感期，外部世界会高度关注中国内政和外交动向，不断判断中国的能力和意图，并做出应对。中国承受的外部压力会逐步增大，国家安全面临的环境更加复杂。这种状况始自 20 世纪 90 年代，至少还将持续二三十年。

四

今后一个阶段，中国面临的挑战就是如何平稳地通过安全瓶颈区。中国外交的基本任务就是继续为全面深化改革创造有利的外部环境特别是周边环境，巩固业已取得的新兴大国地位，如期建成全面小康社会，到 21 世纪中叶基本实现现代化，并最终完成国家统一。这个基本任务应进一步明确，只要国际环境不出现重大变动，也不应改变。

形势的变化上文已有所分析。这里要强调指出的是，对我国来说，最为关键的变化是中国已成为当今国际形势发展中最重要、最引人瞩目的变量。这就要求我们改变以前习惯的思维方式。以往，在分析国际形势和制定内外政策时，我们的思维习惯于先国际后国内，先分析外部形势再确定自己的政策；而现在世界各国在判断形势时，不能不先看看中国如何，再决定本国的政策。这种变化是个大好事，说明中国的地位举足轻重。但是，在分析国际形势时，首先把自己摆进去，把自己作为国际形势发展中的一个变量，预估外部世界对我国内部变化和外部行为的反应，然后再据此制定政策，对于这样一种新的局面，我们还很不适应。

在今后一个较长时期，中国最大的机遇就是现在国际格局还不定型，国际形势趋于动荡，美国面临的问题很多，而中国参与国际事务的能力大大增强了。尤其要注意的一点是，中国与世界的联系已到了密不可分的程度；这既有有利的一方面，又有被制约的一方面。这种情况就要求我们在处理对外事务时不仅要有大的战略思考，而且要有更加清晰的目标，并注意保持目标、手段和实力之间的平衡。中国外交方针和政策，随形势变化当然会有所调整，但基本方面必须保持连续和稳定。中国要成为一个成熟的大国，必须坚定不移地走和平发展之路，而中国对外影响的进一步扩大将有赖于改革开放的深入、综合国力的加强和外部世界对中国信任的增长。

五

中国作为新兴大国还需要学习、需要有更开阔的视野和战略思维，这样才能较快走向成熟，避免重大挫折，把梦想变为现实。

大国外交谋"势"为先，急谋小利，必损大势，不利成长。我国根本利益之所在是如期完成国内任务，在 21 世纪中叶基本实现社会主义现代化。我国仍需要一个长期的国际和平环境，特别是周边环境。

近三十多年来，我国顺利实现经济现代化的起飞，有三方面关系所起的作用不能忽视：（1）中国与世界发达国家，特别是与美国建立了良好的关系；（2）中国的现代化是继日本、亚洲"四小龙"发展的延续，中国借鉴了它们的经验并争取到它们的合作；（3）遍布世界的华人华侨，包括港澳台同胞对中国的发展做出了重大贡献，是中国一笔极为独特的战略资源。

中国要进一步发展，仍须放眼长远，做好这三方面的工作。首先，要认识搞好中美关系是中国的战略需要，而非一时的策略。处理中美关系不仅要强调双方的共同利益与合作的重要性，而且要对双方出现的矛盾与摩擦进行切实的磋商，增加彼此对对方关切的理解，寻找双方都可以接受的解决办法，一时难以解决的要做好管控工作。这样才能逐步消除战略互疑，重构战略互信。其次，在世界一些地区陷于动荡之际，维护好亚太地区和平是中国职责所在，也是包括中国在内的亚太各国繁荣之所依。现在的情况并不是中美关系搞好了，与其他亚洲国家的关系都好处理；而是美国利用中国与其他国家的矛盾，而其他国家利用中美矛盾。这种局面必须扭转。最后，中国的发展需要更切实的全球布局，一带一路是很好的战略思路。实现这一设想不能急于求成，也不能仅靠政府和国企推动。改革开放之初曾鼓励华人华侨积极回国投资，支持民营企业发展；现在已到了这样一个时候，应支持和帮助华人、华侨在世界各地发展，应支持和帮助中国民营企业走出去，在世界各地立足。

在中国发展的现阶段，认清地缘环境和由此产生的历史经验所决定的中国对外战略的基本特质，具有重要意义。从先天的地缘环境看，中国是唯一被四邻环绕的大国，三面是陆上邻国，一面是海上邻国。这种地缘条件决定了中国在传统上从不是一个喜好武功的国家，非外扩而趋于内敛，对外影响的扩大主要仰仗中央王朝的巩固和繁荣，维护安全则靠羁縻四方、藩属拱卫。一旦中央王朝势衰，一方告急就会引起连锁反应，导致危机四伏的局面。今天的情况虽与历史上有很大不同，但由地缘环境决定的基本特质并未由于科技的进步和经济社会的发展而发生根本性变化，历史经验仍具有启示作用。

深谙历史的老一辈领导人曾说："四至不定，四肢不灵"，他们因此高度重视睦邻关系，慎重稳妥地处理边界问题。对新中国处理和解决边界争端的案例加以总结，可得出四条基本经验：（1）明确边界问题是历史遗留问题，充分认识边界问题的复杂性和长期性，承认边界问题涉及当事国家双方的重要利益和民族情感。（2）对边界问题的处理从来被置于国家发展的更全面、更长远的战略考虑之下，涉及具体的边界问题时则把历史与现状合并考虑，利益得失的计算绝非单一的领土得失。（3）坚持通过和平谈判求得边界争端的解决，主张互谅互让。在谈判前，进行全面细致的调研工作，做好充分准备，努力掌握各方面证据。在谈判时，一方面据理力争，另一方面主张互谅互让其实是要求双方在考虑己方要求时也应换位思考对方要求的合理之处。（4）对于边界问题的解决不急不躁，有足够的耐心。当解决边界问题的条件尚不成熟时，或通过谈判寻求接近，或暂时搁置，但要求双方都做好矛盾管控工作；当条件基本成熟时，择机而行，达成协议，签署条约。虽然因边界争端发生过一些武装冲突，但总的看规模次数有限，且打的目的是维持现状，以打促谈。事实上，凡得以解决的边界问题，最终无一例外是通过谈判以法律方式解决的。以上历史经验需要认真汲取。

现在面临的一个新问题是，随着经济的发展，中国势必会从传统的大陆国家向陆海兼具的国家转变。但是不是要把陆上划界的思维搬到海上？传统海洋大国最重视的是自由航行权、规则制定权，并依靠盟友取得海上战略支点。中国要走向深蓝，应采取怎样的海洋发展战略，应怎样更好地处理南海问题？这些都亟须放到世界大势、国家长远发展的需要以及对外关系全局之中加以权衡，作出新的战略思考。

作为上升的大国，我们需要培养健全的国民心态，简单说就是要以平和之心，客观地看待本国和别国。在公众对外交事务的兴趣和关注不断增加，舆论对政府外交决策的影响日趋明显时，这个问题尤须引起重视。

当前应着重解决两方面问题：一是摆脱历史悲情的影响，二是要避免因国家实力增长而产生的妄自尊大。这两方面互相联系，解决不好就会给我国对外关系带来负面影响。近年来，中国民族主义问题受到外界关注就是一个证明。

中国共产党人从来提倡爱国主义，而不是民族主义，同时明确反对狭隘的民族主义。中国曾是弱国，但敢于抗争。新中国成立后，毛泽东、周恩来的做法是绝不向大国示弱，但也从不对小国逞强，一贯主张大小国家平等相待。那时，中国的综合国力无法与现在相比；但在教育外事干部时，老一代领导人始终强调要反对大国主义。今天，许多国人眼中的"小国"，从世界范围来看人口不少、面积不小，经济总量也不比一些大国在历史上成其为大国的时候低。现在，还有一种看法，认为韬光养晦已时过境迁，中国对外应展示出一种更强硬的姿态。事实上，处理外交问题总是有软有硬，区别情况。至于如何看待韬光养晦，则可以讨论。邓小平提出韬光养晦时，意在强调不为外部压力和干扰所动，一心一意做好自己的事。"韬光养晦"一词的原意是，不显露自己的全部能力而有所保留。我以为，这并非一种策略，而是中国处世哲学的一种智慧。

在成长为大国的过程中，中国离不开世界其他国家特别是周边国家的理解与合作；同时，中国也不可避免地会与其他国家产生一些矛盾和摩擦。处理这类矛盾和摩擦，既要对国家利益的范围作出准确判定，又要学会换位思考，这样才能冷静、妥善地加以应对和解决。

在国家实力倍增、经济总量达到世界第二的今天，我们究竟应如何行事？需要有更多的思考。

"中国道路"的世界意义

周　弘[*]

摘　要　中国当代的发展道路发自于对发展模式独特性的认识。全球化条件下,世界力量格局发生了重大变化,中国坚持不搞多党制和议会政治,坚持把市场和社会主义有机地结合,从而走出了富有特色的中国道路。2008 年金融危机虽未动摇西方资本主导的国际体系,但是,世界力量却发生了消长,在这相互依存程度加深而力量格局发生深刻变化的时代,中国道路既独树一帜,又具有广泛代表性。中国道路的世界意义在于中国走的是和平、发展、合作、共赢的道路,证明了人类文明多样性的合理性,证明了坚持走马克思主义中国化的道路,能够达到解放和发展生产力的目的。

关键词　中国道路　世界格局　意义

一　关于"模式"的两种主要解读

当前,中国"已经进入了实现中华民族伟大复兴的关键阶段。中国与世界的关系在发生深刻变化"。尽管中国的发展还很不平衡,人均占有的财富和资源都极其有限,今后发展的道路仍然很长,但是中国已经以其举

---

[*]　周弘,中国社会科学院学部委员、国际研究学部副主任。原文发表于《中国社会科学》2009 年第 3 期,本篇对原文做了补充和修改。

足轻重的经济规模及和平发展合作的政治立场，引起来自发展中国家和发达国家的普遍关注。正当一些发展中国家开始"向东看"，试图从中国独特的发展经验中寻找可资借鉴的规律时，关于"中国模式""北京共识"，甚至"中国威胁"等评论也纷至沓来；另有议论认为，随着经济的快速发展，中国将遵循西方发展的规律，走上政治民主化的道路。①

尽管无论在西方还是在中国，都还有少数人坚持认为，中国的成功发展只是普遍规律中的一种典型经验，中国或迟或早都要走西方发达国家的现代化道路，但是中国发展的独特性早已为中国近代发展的历史所验证，同时也为三十年的改革发展历程所证实：这就是邓小平在中国共产党第十二次代表大会上总结了中国长期的历史经验后提出的"建设有中国特色的社会主义"这样一个独特和专有的命题②和"走自己的路"③这样一个简单直白的表述。

根据本国和本地区的特色，寻找适合自己国情的发展道路，这不仅是中国经验，也是其他国家和地区的实践。不少国家或地区借"模式"来说明自己发展道路的独特性，于是在国际问题的语汇里就出现了"东亚模式""拉美模式""欧盟模式"等名词，甚至在欧盟成员国中还有"德国模式""英国模式"和"瑞典模式"等称谓，这是因为尽管"从外部世界看，欧洲的民族—国家只有一种模式，但这一模式实质上大相径庭……它似乎表面上是普世的，实质上各具特色"。④所以，"模式"一词首先是用来界定特殊性而不是普遍性的，欧盟模式不同于美国模式或东亚模式，因为它有自己的一套独立的运行"方式"，它的经验和形态不应当与美国方

---

① 关于"中国模式"和"北京共识"的议论参见乔舒亚·库珀·雷默（Ramo, Joshua Cooper）《北京共识》（*The Beijing Consensus*, London: The Foreign Policy Centre, 2004）人民网，人民论坛 2009 年关于《中国模式研究的回顾：从"北京共识"到"中国奇迹"》的讨论，以及《中国社会科学报》2009 年 7 月 1 日关于"中国道路"的讨论等。关于"中国威胁论"的议论参见 Zheng, Yongnian, *Discovering Chinese Nationalism in China: Modernization, Identity and International Relations*, New York and Cambridge: Cambridge University Press, 1999。

② 邓小平：《中国共产党第十二次全国代表大会开幕词》（1982 年 9 月 1 日），《邓小平文选》（第三卷），人民出版社，1993，第 3 页。

③ 邓小平：《革命和建设都要走自己的路》（1984 年 10 月 26 日），《邓小平文选》（第三卷），人民出版社，1993，第 95 页。

④ 〔法〕吉尔·德拉诺瓦：《民族与民族主义》，郑文彬、洪晖译，三联书店，2005，第 72 页。

式或者东亚方式混淆在一起。"模式"一词的第二层意思才包含了把某种特定的"方式"作为可以在世界上其他国家和地区推广或师法的"样板"。

很多欧洲人使用"模式"一词来讨论问题，主要是因为他们有必要根据自己的社会实践，把"整体的欧洲"看作一种有别于其他主权国家的模式，特别是区别于崇尚并推行全球市场的美国模式，比如，将欧洲经货联盟、美国、日本和英国等分为不同的经济模型进行分析，借以解释欧洲经货联盟不同于其他西方经济体的整体特性：① 把"欧洲社会模式"作为一个热议的话题，② 用以否定迄今为止关于社会成功模式的形而上学和简单划一的解释；对欧洲联盟的既非国家，又非超国家的体制做出"自成一体（*sui generis*）"的判断和定义，以突出其制度的特殊性，等等。最近，中欧学者在使用"欧洲模式"这一术语研究欧盟的时候还特别在绪论中说明，他们"既没有假设欧盟作为一个政治体系已经为实现和平、自由以及公民的福利寻找到最优方案，也没有假设欧盟已经形成了一套放之四海而皆准的制度和程序"。③ 他们的目的是深入地挖掘欧洲联盟作为一种力量和体制的特殊性。

专门从事中国与非洲关系研究的学者丹尼尔·拉志认为，中国的发展道路是独特的，而这种独特的发展模式的成功引起了国际，特别是第三世界国家的广泛关注，成为与后殖民主义时期其他现成经验不同的理念和发展援助的来源。④ 斯蒂芬·马克斯则认为，所谓"中国模式"最主要的特征就是中国的发展没有采纳"华盛顿共识"，"避开了良治和人权，"这种模式和理念不仅仅不同于以西方经验为中心的意识形态，而且还在发展

① Bagnai, A. and F. Carlucci, "An aggregate model for the European Union," *Economic Modelling*, Vol. 20, 2003, pp. 623 – 649.

② 这些辩论说明，即使在欧盟内部也还存在着"北欧模式""盎格鲁-撒克逊模式""大陆模式""地中海模式"等区别，而且这些区别来自各地的历史，不可能须臾被消除。参见 *EU Debates European Social Model*, http：//www. euractiv. com/en/socialeurope/eu-debates-european-social-model/article-146338。

③ 〔德〕贝娅特·科勒-科赫、周弘：《讨论"欧洲模式"》，见周弘、贝娅特·科勒-科赫主编《欧盟治理模式》，社会科学文献出版社，2008，第1~2页。

④ Large, Daniel. "Beyond 'Dragon in the Bush'：the Study of China-Africa Relations," *African Affairs*, 107/426. Doi：10. 1093/afraf/admo69, p. 53.

中国家"产生了显著的效果"，从而动摇了西方经验的普世价值和这些普世价值所维护的战略利益和现实利益，以及迄今为止由西方主导的国际游戏规则。①

"模式"讨论的第二种用途往往伴随着输出战略。"华盛顿共识"提倡的金融自由化和贸易自由化、企业私有化等针对拉美的政策主张代表了西方资本的整体利益，它和"休克疗法"所主张的经济自由化、市场化、私有化一道，要求在非西方世界里建立一种市场相对于政府的优势，并且通过对于市场规则的掌握达到对于整个世界的控制。民主模式和人权模式的输出也往往带着类似的目的。德国前总理施密特就曾直白地指出，美国"试图把……《世界人权宣言》用作美国对外政策的压制手段"，"对数十个国家……实行了经济制裁"，"实质不在于人权，而在于维护美国的世界霸权地位"。② 美国花费巨资，向发展中国家输出民主制度和理念，并将其作为一项基本的外交政策，目的也在于消除所谓"非民主国家"对于美国的威胁。

我们所讨论的"中国模式"主要表达了第一层意思。中国经过了百多年的戮力复兴，经过了六十多年的建设创新，走上了一条相对平稳的发展道路，形成了中国人维护和平、追求公平、保障发展、倡导创新变革的特定方式，如果这些方式可以被看作中国"模式"的话，那么这种模式绝不是一朝一夕形成的，而是经过万千磨难，甚至流血牺牲才得来的。回首望去，是一段历经千淘万漉而始终不渝的发展历程，是一条艰难曲折而通向进步的发展道路。因此，我更愿意使用"中国道路"这一概念。

二 中国当代的发展道路发自对发展模式独特性的认识

欧洲人早就证明过，民族—国家发展道路的独特性来源于悠久的历史过程，是"实践的积累，是在极不相同的背景中经受考验的政治运作

---

① Marks, Stephen, "Introduction," Manji, Firoze, and Stephen Marks, eds., *African Perspective on China in Africa*, Cape Town, South Africa: Fahamu, 2007, pp. 6 – 7.

② 〔德〕赫尔穆特·施密特：《全球化与道德重建》，柴方国译，社会科学文献出版社，2001，第254～255页。

的遗产"。① 民族文明的基础是各民族的先人在漫长的自我演进过程中独立地发展起来的，这种长期的独立发展决定了文明的独特性。因此，欧洲文明是独特的，中国的文明也具有原创性，各种文明都有其内生的发展动力和独特的发展路径。

随着人类社会的发展，各种文明之间产生交流和联系是必然的。这种交流并不是单向的。李约瑟曾经从科学技术发展历史的角度证明，在某些历史时段，文明是从东方向西方传播，而不是从西方向东方传播的。② 这与"欧洲中心论"或"西方中心论"者的理论截然不同。后者总是以为，起始于欧洲的文明进程不仅充满活力，而且是唯一成功和正确的发展逻辑。他们不仅相信文明模式具有传导性，而且居高临下地认为，它们自己才是掌握了进入现代化钥匙的人。他们中甚至有人认为，相对于早就进入文明世纪的欧洲人来说，亚洲人和非洲人是野蛮民族，是文明的边远地区，需要通过文明从"中心"向"边缘"的拓展，通过征服、殖民、教化来开发。不少西方的智者反对这样的认识。德国前总理施密特承认，西方工业化国家在第二次世界大战结束以后"意识到自己的责任，但是他们在履行责任时却带有家长式的姿态"。③

认为欧洲（或西方）的现代化发展模式可以被简单复制的人们忘记了两个最基本的事实：其一是：在欧洲文明发展的真实历史中，不仅有科学、理性、自由、民主等几经提炼、归纳、总结出来用以传播的内容，也曾经出现过像社会达尔文主义、法西斯主义等为欧洲人自己认为是不光彩而加以反对、刻意回避的现象。与欧洲工业文明发展相伴相随的"羊吃人"的残酷、人变机器的无奈、对环境的破坏、对殖民地的疯狂掠夺，以及无数次惨绝人寰的战争，这些都是人类在进步过程中需要努力防止和避免，而不是仿效和复制的。其二是：西方工业文明的发展模

---

① 〔法〕吉尔·德拉诺瓦：《民族与民族主义》，郑文彬译，三联书店，2005，第72页。参见 Hobsbawm, E., *Nations and Nationalism since 1780: Programme, Myth, Reality*; Tilly, C., *The Formation of National States in Western Europe*; Rokkan, S., *State Formation, Nation-building, and Mass Politics in Europe*.

② 〔美〕柯娇燕：《什么是全球史》刘文明译，北京大学出版社，2009，第30页。

③ 〔德〕赫尔穆特·施密特：《全球化与道德重建》，柴方国译，社会科学文献出版社，2001，第237页。

式从一开始就建立在其他国家和地区不发展的基础上，建筑在确保发展不平等的世界秩序中。如果要向整个世界推广这种工业发展模式，那么还剩下哪些国家和地区可以作为鱼肉被刀俎呢？

对于缘起于欧洲的西方工业文明模式（除了欧洲以外，美国和日本也相继加入了这个行列）的上述内生性矛盾，中国人并不是从一开始就有清醒认识的。饱受欺凌和磨难的中国人经历过漫长的"师夷"的过程而发现此路不通。毛泽东主席总结这段弯路，他说："自从一八四零年鸦片战争失败那时起，先进的中国人，经过千辛万苦，向西方国家寻找真理，……只要是西方的新道理，什么书也看。向日本、英国、美国、法国、德国派遣留学生之多，达到了惊人的程度。……学了这些新学的人们，在很长的时期内产生了一种信心，认为这些很可以救中国。……要救国，只有维新，要维新，只有学外国。……帝国主义的侵略打破了中国人学西方的迷梦。很奇怪，为什么先生老师侵略学生呢？"①

当时的中国人，一面要奋发图强，一面要抵抗外侮。在百多年的近代史中，中国几乎尝试了所有西方的经验和主义，对于自己的"国体"进行了无数次的争论和改造。最后，"老师为什么要打自己的学生"的原理终于被中国人认识了：这就是马克思所描述的，西方的资产阶级到处都在用自己的面貌改造世界，"采用资产阶级的生产方式；……推行所谓的文明……正像它使农村从属于城市一样，它使未开化和半开化的国家从属于文明的国家，使农民的民族从属于资产阶级的民族，使东方从属于西方"。② 因此，在发达国家的世界体系中，根本就没有中国的独立地位，在西方"老师"的蓝图中，中国这个学生不应当自己发展起来，而只能充当西方的附庸。在"老师"的铁蹄下，中国人终于认清了西方资产阶级文明、资产阶级民主主义、资产阶级共和国方案的真实面目。孙中山在《中国国民党第一次全国代表大会宣言》中说："近世各国所谓民权制度，往往为资产阶级所专有，适成为压迫平民之工具"。③ 所以，孙中山先生在他

---

① 毛泽东：《中国革命和中国共产党》，《毛泽东选集》，人民出版社，1967，第611、1361页。
② 马克思、恩格斯：《共产党宣言》，《马列著作选编》，中共中央党校出版社，2002，第60页。
③ 转引自毛泽东《中国革命和中国共产党》，《毛泽东选集》，人民出版社，1967，第611页。

的遗嘱中说，集四十年之经验，深知欲达到胜利，"必须唤起民众及联合世界上以平等待我之民族共同奋斗"。

中国发展道路的艰难起步就是开始于这样一个独特的历史背景下。这种历史经历凝聚成了"中华民族的各族人民都反对外来民族的压迫，……赞成平等的联合，而不赞成相互压迫"①的原则立场。在中华民族看来，外来征服，无论使用什么手法，只要是不平等的，就是不道德的。中国人选择了马克思主义，在很大程度上是因为马克思主义从根本上否定了资本贪婪追逐利润的合理性和合法性，从而通过选择走社会主义道路而拒绝了由于资本的无限扩大化，把中国置于资本霸权奴役之下的命运。中国人将马克思主义的理论与中国革命的实践相联系，既接受了西方文明中合乎人类发展的基本规律，又以适应中国文明特殊性的方式推动了中国的发展。

获得了独立自主的中国，在探寻自身发展的道路上已经积累起一些宝贵的经验，其中包括：尊重主权和领土完整，拒绝外来干涉，进而维护世界和平；在平等互利的基础上吸取和借鉴一切文明成果，加强国际合作，进而促进发展，对内则在坚持马克思主义和社会主义道路的同时，通过发展市场，解放劳动力，促进经济增长。在中国发展的历程中，中国共产党和中国政府的作用是独特的，这是因为中国独立和自强的双重历史任务对政府组织民众、抵抗外敌、集中人力、加快建设的能力提出了特殊需求。中国发展道路的特殊性首先在于它摆脱了资本发展的链条，走上了建设社会主义的道路，其次还在于它坚持民族解放和独立，跳出了帝国主义的世界体系，走上了独立自主的发展道路。这条道路虽然和西方发达国家的所谓成功道路迥异，但是却与广大发展中国家有类似之处。

三 全球化条件下世界力量格局的变化与中国道路

两次世界大战给资本的国际体系带来了巨大的震撼，为了重新构建世界体系，在最强大的战胜国——美国的直接参与和主持下，新的国际体系诞生了，它既囊括了新兴的发展中国家的力量，也确保了发达国家的绝对

---

① 毛泽东：《中国革命和中国共产党》，《毛泽东选集》，人民出版社，1967，第586页。

优势和决策地位。斯科斯托·洛克塔斯总结作为国际体系重要组成部分的世界银行五十年的发展历程时承认，世界银行在建立之初就确立的"辅助性原则"其实为资本的全球发展埋下了伏笔。辅助性原则的核心概念是："决策应当在尽可能最低的层面上做出"，这个最低层面可以是社区的，可以是民族国家的，也可以是全球的。所以，辅助性原则从本质上是不承认国界的。

战后初期，辅助性原则主要服务于各国政府，但是在"布雷顿森林体系"的设计者们看来，世界发展的真正动力是企业和企业家，因此世界银行一直将发展的动力源和支持对象定位在企业和企业家身上，随后又定位在"新一族经济人"，即巨型企业的领取薪水的管理者身上，[①] 并且通过各种项目方案，为他们创造发展和创造财富的空间和能力。随着跨国公司和非政府组织力量的不断壮大，世界银行和其他国际性机构就理所当然地将辅助对象从国家层面下移到社会和企业，把这些社会和经济利益当作全球行为者来对待，使之成为主权国家的挑战者，或者使国家成为这些利益的代言人。简言之，二战后的国际体系一方面维持国家间的传统关系，另一方面造就以市场规则为主导的，以财富积累为动力的复杂的全球秩序。这种全球秩序开始还受到冷战格局的制约，但是受到"结构调整基金"的支持、"新自由主义"的鼓舞和巨额利润的吸引，市场规则快速膨胀起来，最终在柏林墙倒塌以后迅速地在许多国家完成了经济和社会转型的"历史性替代"，开始了资本市场的全球性建构，使跨国企业能够不利用"火炮"和"国旗"的掩护，就可以进行无国界的发展。

全球性的资本与国家性的政府之间展开了一场旷日持久的大战。在美国，资本俘获了政府，政府成为资本的仆役。在欧洲，各国政府通过马斯特里赫特条约，要求对资本流通进行控制，却被银行家、市场经济学家们视为落后于时代的异端邪说。[②] 在资本有计划的逃避之后，欧洲各国政府在进行着一系列无奈的改革选择。因为别无出路，欧洲民众通过2009年的

---

① Sixto K. Roxas, "Principles for Institutional Reform," in: Griesgraber and Gunter, eds., *Development: New Paradigms and Principles*, Pluto Press, 1996, pp. 7–8.

② 〔德〕汉斯-彼得·马丁、哈拉尔特·舒曼：《全球化陷阱——对民主和福利的进攻》，张世鹏等译，中央编译出版社，2006，第76~77页。

议会大选，对可能继续伤害他们经济福利的改革方向表达了支持。

资本在全球的快速积累要求权力的无限扩张，持续增长的权力又被用来保护持续增长的财产。于是，伴随着资本的积累，霸权势力也在全球不断地扩张。① 这种扩张不再需要领土的占领，而可以表现为任何其他领域的占领，如对于市场的操控、对于舆论的左右，甚至对于国家政权的威胁或戏弄。就像马克思早就观察到的那样，资本力量的消长和利益关系的变化正是全球化背后的动力，资本正推动着各种利益关系的变化，并不断地促使社会、经济、政治，直至国际政治机制的变异。

于是，我们看到，在国际舞台上活跃着的各种新生形态的力量：有国家的，也有超国家的、次国家的、跨国家的、非政府的，还有大型企业的力量，甚至是无企业的大额资本的力量，它们之间的关系既有博弈也有合作。主权国家已经风光不再，但是，资本的全球化还未能全部抹杀各国的民族特性，特别是因为有些民族借助着资本而生长成熟起来。结果，在以主权国家为主体的国际体系中，资本力量要么通过俘获政府，要么通过逃避政府，要么通过联合政府，开始了史无前例的发展。

如果我们分不同国别把各种力量做成一幅比例不同的光谱，我们就可以清晰地看到结构完全不同的国家构造。在美国，资本获得了全胜。公司为了降低成本和提高生产率而不断地改组生产、外移生产链、缩小经营规模、使生产和管理分离、再分离，最后不惜冒犯法律进行资本投机。资本无限增殖的逻辑不仅征服了经济学家、政府顾问，也征服了主流媒体的撰稿人和民众。福山一语道破天机："外交政策反映了构成它们的基础的社会价值"。② 美国政府正是通过其经济政策、社会政策、财政政策、外交政策，通过"华盛顿共识"为美国资本在全世界的无限扩张创造条件、开辟道路。

在世界的另一端，在南美洲和非洲，按照美国模式进行改制的国家并没有迎来快速的经济增长。全球市场化为发达国家的资本进入发展中世界

---

① Arendt, H., *Imperialism*, New York: Harcourt Brace Janovich, 1968. 〔英〕大卫·哈维：《新帝国主义》，初立忠、沈晓雷译，社会科学文献出版社，2009，第31~32页。

② 〔美〕弗朗西斯·福山：《美国处在十字路口——民主权利与新保守主义的遗产》，周琪仪译，中国社会科学出版社，2008，第26页。

提供了便利，却未能自动地给发展中国家带来福祉。很多发展中国家自 20 世纪 90 年代初以来，花费了 10 多年的时间，尝试实施由西方政府、援助组织为它们设计的、以民主选举和经济结构调整为主要特征的"改革方案"。[①] 这些方案不仅根据西方的历史经验，预先在发达国家的首都为发展中国家设定了经济政策，更采取统一的"政治模本"（political template）安排了"良治"、人权和多党制民主的建设程序，在发展中国家"进行自由公正的选举""建立三权分立的政府""促进公民社会（特别是包括非政府组织和媒体）"发展，并且由发达国家的人士来设计选举方案、建立选举行政机构、对选举过程进行监督、对选举结果进行调停。[②] 整个过程不仅由西方发达国家来设计，而且在西方国家的主导和监督下完成。采取了这套方案的国家疲于应付政治选举，没有精力从事经济发展，结果无论在经济方面还是在社会方面都没有取得明显的进步。有些国家，如埃塞俄比亚，在尝试了西方设计的发展模式，经历了政治动荡和经济停滞之后，痛定思痛、改弦更张，决定参考亚洲经验，特别是中国发展的经验，走自己的道路。

关于"中国道路"或"中国模式"，来自不同国度、不同文明和不同利益代表的人士必然有不同的解释。"北京共识"的作者认为，中国坚持革新和试验，将长期目标与务实手段结合起来，在保持国家独立的同时实现了经济增长，通过发展经济改善社会管理，并积累起具有不对称力量的工具（如巨额外汇储备），这些经验可以成为某种共识。俞可平教授把中国道路看成中国在全球化背景下，通过适当的政府放权和政府干预，实现经济快速发展和社会主义现代化的一系列战略策略，也就是中国特色的社会主义道路。很多人认为，中国道路就是在中国共产党领导下，实行强有力的政府主导，对经济体制进行渐进式和务实的市场化改革，同时进行对内改革和对外开放。

中国特色的社会主义道路不同于改革开放前的以计划经济为主要特征

[①] Carothers, Thomas, *Aiding Democracy Abroad*, Washington, D. C.: Carnegie Endowment for International Peace, 1999, p. 87, p. 92, pp. 125 – 128.

[②] Killick, Tony, *Aid and the Economy of Policy Change*, London and New York: Routledge, 1998, p. 4.

的社会主义模式，也不同于西方发达国家的社会发展模式。中国一方面简政放权、加快市场建设，另一方面改善政府管理、对经济和社会生活进行调节；一方面引进资本与技术，另一方面坚持对外来资本与技术的有效利用和自我创新；一方面抓生产促增长，另一方面平衡发展、关注民生、保护环境、促进创新。简言之，中国把市场和社会主义有机地结合了起来，不实行全盘私有化，而实行以公有经济为主体的混合所有制；采取市场经济，但通过政府对于经济和社会生活的干预，实现社会公平；不搞多党制和议会政治，而是走社会主义民主集中制的道路。这些根本制度上的特征，这种协调与平衡的艺术来源于中国的独特的社会和历史，以及丰富的政治智慧遗产，这些特征又将塑造中国历史未来的发展。中国用马克思主义的原理，保证了经济平稳持续快速的增长，解决了世界75%贫困人口的脱贫问题，将世界1/6的人口带上了现代化的道路，这些经验独树一帜，是中国人民根据自己的国情进行创造的成果。

四 国际体系的变动与中国道路

发端于美国次贷危机的金融危机已经波及全球，多数国家的政府被迫采取紧急的救市措施，各国政府也承诺加强国际合作与协调，拯救市场规则于即垮。这场危机并未动摇西方资本主导的国际体系。与冷战刚结束时的国际体系不同的是，世界力量发生了消长，在一超多强的基本格局中，出现了多种性质不同、规模不同、行为方式不同的全球行为者，国际规则随之呈现多重、多元、多层和不对称的复杂状态。

美国霸权受到来自多方面的挑战，进而采取更加"软化"和更加"巧妙"的方式，更多地利用美元霸权地位，更多地挑起代理人战争和矛盾，更积极地通过双边外交方式，替代赤裸裸的单边军事干涉行动，包括设计别国的政权变更、发动先发制人的"预防性"战争，同时积极推动"两洋战略"，通过"TPP"（跨太平洋伙伴关系协议）和"TTIP"（跨大西洋贸易与投资伙伴协定），控制经济活跃的亚洲和财富集中的欧洲，构建一个以美国为核心、以亚洲和欧洲伙伴为支撑，向四面八方延展的多重双边体系，在这个体系中继续维持美国资本的主导地位。

　　欧盟虽然也奉行自由市场经济，但是为了平衡多方面的利益，长期以来致力于构建多层、多边、多渠道的、限制资本投机和无度发展的治理框架，并希望将美国纳入这个体系当中，使其成为多边主义的支持者和多边规则的遵守者。欧洲联盟崇尚规则，因为单个欧盟成员国，即使是最大的成员国，也不过是中型国家，难以单独左右世界局势，欧盟只有通过规则的建立和集体的力量，才有可能使自己的方式大行于道。通过制定世界规则，保护欧盟的世界地位、利益和作用，是欧盟一贯的诉求。规制主义道路既是欧盟的特色，也是欧盟的比较优势。但是，欧盟不可能单独建立规则，也不可能单独维持秩序。寻求国际合作的方式就成为欧盟必然的选择。

　　不仅传统的工业国家在变化，发展中国家也在变化，整个世界都在改革转型中。在这相互依存程度加深而力量格局发生深刻变化的时代，中国道路既独树一帜，又具有广泛代表性。中国是发展中世界的一员，中国的经历是曾经遭受帝国主义和殖民主义侵略压迫的国家的共同经历，中国独立自主的国家理念代表了发展中国家共同的政治立场，中国要求平等互利地发展经济的主张代表了发展中国家共同的发展诉求。中国又是独特的。立足于本国的国情，中国抵御了各种外来干涉，坚持"根据自己的特点来决定自己的制度；"① 从本国人民的需要出发，中国主动地向世界上所有的先进经验学习，实行了当代中国历史上最艰巨最全面，也是最快速的改革开放，目前正在加速实现工业化和城镇化，深入地融入世界经济，提高开放的层次，推动习近平主席提出的创新、协调、绿色、开放和共享的发展理念。中国的进步使世界上出现了一种非西方的发展成功的经验。

　　中国道路的对内改革和对外开放相辅相成。中国与国际社会的互联互动变得空前紧密，中国对世界的依靠、对国际事务的参与不断加深，世界对中国的依靠、对中国的影响也不断加深。② 当前，中国通过"一带一路"的建设，串联起发展中国的发展事业，通过亚投行的建立，弥补国际体系对发展中国家基础设施建设支持的缺口，使得国际体系向更

---

① 邓小平：《关于政治体制改革问题》（1986年9月29日），《邓小平文选》（第三卷），人民出版社，1993，第178页。

② 〔美〕弗朗西斯·福山：《美国处在十字路口——民主权利与新保守主义的遗产》，周琪译，中国社会科学出版社，2008，第5页。

加平衡的方向发展。中国道路由内及外的发展成为 21 世纪的一个重要的世界现象。

五 中国道路的世界意义

中国在一个深刻变化中的世界中保持了经济的中高速增长,解决了十多亿人口的温饱问题,并且坚定不移地带领中国人民向实现全民小康的梦想迈进,在建设社会主义的进程中逐步提高经济增长的质量、改进人民生活的品质、改善自然和生态环境、实现社会公平和共享。这样的发展道路通过改善世界人口 1/6 的人群的生存状态,为人类的进步做出了贡献。

中国的发展道路是一条独立自主的道路。中国拒绝一切形式的外来干涉和对别国模式的简单复制,因为那种方式并非发展的捷径。美国不断地干涉拉丁美洲国家的内政,但是却没有使这些国家发展成美国模式的现代国家。新保守主义的"政权变更、仁慈的霸权、单极政治和先发制人"……只能在世界上引起"深恶痛绝的负面反应"。① 中国领导人一再告诫,要反对有的大国打着"民主""自由""人权"的幌子,干涉别国内政,② "绝不能照搬西方政治制度模式。世界上一些发展中国家盲目照搬西方政治制度模式,导致了严重的社会政治后果,这方面的教训我们一定要引以为戒"。③ 习近平主席用"鞋子合不合脚,自己穿了才知道",这样形象的比喻,说明了一个国家的发展道路合不合适,只有这个国家的人民才有发言权。④

中国发展道路的成功在于中国将改革与开放联系起来,根据自己国情的需要,主动地学习国外经验,并将有益的国际经验中国化。邓小平指出,"社会主义要赢得与资本主义相比较的优势,就必须大胆吸收和借鉴人类社

① 〔美〕弗朗西斯·福山:《美国处在十字路口——民主权利与新保守主义的遗产》,周琪仪译,中国社会科学出版社,2008,第 5 页。

② 江泽民:《让我们共同缔造一个更美好的世界》(1995 年 10 月 24 日),《江泽民文选》(第一卷),人民出版社,2006,第 479 页。

③ 新华月报:《十六大以来党和国家重要文献选编》上(一),人民出版社,2005,第 476 页。施雪华、孙发锋:《对中国特色社会主义政治发展道路的理论探讨》,《马克思主义研究》2009 年第 4 期。

④ 《习近平在 2013 年俄罗斯莫斯科国际关系学院演讲》,《习近平十八大以来关于"外交"论述摘编》,http://cpc.people.com.cn/n/2013/1115/c164113 - 23549058.html。

会创造的一切文明成果，吸收和借鉴当今世界各国包括资本主义发达国家的一些反映现代社会化生产规律的先进经营方式、管理方法"。① 这种吸收是主动的选择，而不是被迫的接受。改革开放使中国的整个社会接触外部世界，在与世界各种力量的交往、合作和对比中谋求发展和进步。

中国道路在世界上倡导平等互利，坚持和平共处五项原则，奉行国家不分大小、强弱、贫富都是国际社会平等成员的准则，尊重世界各国的主权，坚持不干涉他国的内政，学习世界各族人民的特长。毛泽东主席曾经说过："我们提出向外国学习的口号……每个民族都有它的长处，不然它为什么能存在，为什么能发展？同时，每个民族也都有它的短处"。② 所以，经验应当有取有舍，学习应当是相互的。这一判断从根本上否定了一些西方国家强行推广自己的价值观和制度模式的做法，奠定了平等互利的国家关系的基本原则。在实践中，中国是世界增长的主要贡献者。中国从平等互利的原则出发，发展与世界各国的经济关系，带动了资金、货物、技术和人员的向外流动，给世界发展，特别是发展中国家的发展提供了资源和机遇。在当今世界，挑战前所未有，机遇世所罕见。随着世界力量格局的变迁，国际合作机遇史无前例，国家间的矛盾与摩擦也与日俱增。遵循习近平主席提出的各国应加深相互合作、发展合作空间、创新合作模式等指示，中国开始与欧亚国家共同建立"丝绸之路经济带"和"海上丝绸之路"，让中国的发展助力"一带一路"沿线国家和人民的发展，规划区域大合作，在更大范围、更深程度的合作中，践行正确的义利观，兼顾义和利，伸张信和义，推动国际关系的民主化和平等化发展。

中国道路证明了人类文明多样性的合理性。江泽民主席曾经在联合国说过，"世界是丰富多彩的。如同宇宙间不能只有一种色彩一样，世界上也不能只有一种文明、一种社会制度、一种发展模式、一种价值观念。各个国家、各个民族都为人类文明的发展做出了贡献。应充分尊重不同民族、不同宗教、不同文明的多样性。世界发展的活力恰恰在于这种多样性

---

① 邓小平：《在武昌、深圳、珠海、上海等地的谈话要点》（1992 年 1 月 18 日～2 月 21 日），《邓小平文选》（第三卷），人民出版社，1993，第 373 页。
② 毛泽东：《中国和外国的关系》（1956 年 4 月 25 日），《毛泽东外交文选》，中华人民共和国外交部/中共中央文献研究室编，中央文献出版社/世界知识出版社，1994，第 235 页。

的共存"。① 习近平主席提出，"世界上没有放之四海而皆准的发展模式，也没有一成不变的发展道路"，"彼此尊重自主选择发展道路和社会制度的权利"。②"文明因交流而多彩，文明因互鉴而丰富。文明交流互鉴，是推动人类文明进步和世界和平发展的重要动力。"③一些非洲国家乐见中国道路的成功，因为它证明了，发展并不是发达国家独享的特权。中国通过对于西方经验独立自主的借鉴和消化，找到了一条适合中国的发展道路，从而丰富了人类发展的社会实践，挑战了西方现代化道路唯一正确性的认识，也证实了求同存异的国家相处之道。

中国走的是一条和平发展的道路，是和平、发展、合作、共赢的道路。和平是发展的必要条件。为了达到发展和造福人民的梦想，中国致力于做世界和平的维护者，也希望其他国家走和平发展的道路。习近平主席指出，当今国际体系和国际秩序深度调整，国际力量对比深刻变化，而这些变化的大方向有利于世界和平与发展。中国应对世界变化带来的各种风险和挑战的最主要的方法就是不断发展壮大自身，加强化危为机、转危为安的能力，坚定不移地走和平发展道路，中国的发展，是世界和平力量的壮大。

中国道路的世界意义还在于它通过实践证明了，坚持走马克思主义中国化的道路，能够达到解放生产力和发展生产力的目的。相对于西方已经走过的道路，中国的发展道路更加平稳、更少阵痛、更多和谐。

中国在风雨中走出了一条无愧于中国历史和社会的发展道路。中国的发展证明了只有适合本国国情的发展模式才是可能获得成功的模式。在国际上，这条道路的畅通证明了单一发展模式和模式可输出理论的简单和偏颇。无论这个结论会招致怎样的误解与反对，我们还是要"遵守伟大的佛罗伦萨诗人的格言：走你的路，让人们去说罢！"④

① 江泽民：《在联合国千年首脑会议上的讲话》（2000年9月6日），《江泽民文选》（第三卷），人民出版社，2006，第110页。
② 《习近平2013年在印度尼西亚国会的演讲》，《习近平十八大以来关于"外交"论述摘编》，http://cpc.people.com.cn/n/2013/1115/c164113-23549058.html。
③ 习近平：《在教科文组织总部发表演讲》（2014年3月28日），http://news.xinhuanet.com/mrdx/2014-03/28/c_133219555.htm。
④ 马克思：《资本论》第一卷第一版序言，摘自《马克思恩格斯选集》（第二卷），人民出版社，1972，第209页。

参考文献

〔德〕贝娅特·科勒-科赫、周弘：《讨论"欧洲模式"》，周弘、贝娅特·科勒-科赫主编《欧盟治理模式》，社会科学文献出版社，2008。

〔英〕大卫·哈维：《新帝国主义》，初立忠、沈晓雷译，社会科学文献出版社，2009。

《邓小平文选》（第三卷），人民出版社，1993。

〔美〕弗朗西斯·福山：《美国处在十字路口——民主权利与新保守主义的遗产》，周琪仪译，中国社会科学出版社，2008。

〔德〕汉斯-彼得·马丁、哈拉尔特·舒曼：《全球化陷阱——对民主和福利的进攻》，张世鹏等译，中央编译出版社，2006。

〔德〕赫尔穆特·施密特：《全球化与道德重建》，柴方国译，社会科学文献出版社，2001。

〔法〕吉尔·德拉诺瓦：《民族与民族主义》，郑文彬、洪晖译，三联书店，2005。

《江泽民文选》（第一卷、第三卷），人民出版社，2006。

〔美〕柯娇燕：《什么是全球史》，刘文明译，北京大学出版社，2009。

《马克思恩格斯选集》（第二卷），人民出版社，1972。

《马列著作选编》，中共中央党校出版社，2002。

中华人民共和国外交部、中共中央文献研究室编《毛泽东外交文选》，中央文献出版社、世界知识出版社，1994。

《毛泽东选集》，人民出版社，1967。

《十六大以来党和国家重要文献选编》，人民出版社，2005。

习近平：《在教科文组织总部发表演讲》（2014年3月28日），http：//news. xinhuanet. com/mrdx/2014 -03/28/c_ 133219555. htm。

《习近平十八大以来关于"外交"论述摘编》，http：//cpc. people. com. cn/n/2013/1115/c164113 -23549058. html。

《习近平谈治国理政》，外文出版社，2014。

中央文献研究室课题组：《中国道路》，中央文献出版社，2011。

Carothers, Thomas, *Aiding Democracy Abroad*, Washington, D. C. : Carnegie Endowment for International Peace, 1999.

EU Debates European Social Model, http：//www. euractiv. com/en/socialeurope/eu-debates-european-social-model/article-146338.

Griesgraber and Gunter, eds. , *Development: New Paradigms and Principles*, Pluto Press, 1996.

Hobsbawm, E. , *Nations and Nationalism since* 1780: *Programme, Myth, Reality*, Cambridge Univesity Press, 1992.

Killick, Tony, *Aid and the Economy of Policy Change*, London and New York: Routledge, 1998.

Large, Daniel, "Beyond 'Dragon in the Bush': the Study of China-Africa Relations," *African Affairs*, 107/426. Doi: 10. 1093/afraf/admo69.

Marks, Stephen, "Introduction," Manji, Firoze, and Stephen Marks, eds. , *African Perspective on China in Africa*, Cape Town, South Africa: Fahamu, 2007.

Ramo, Joshua Cooper, *The Beijing Consensus*, London: The Foreign Policy Centre, 2004.

Rokkan, S. , *State Formation, Nation-building, and Mass Politics in Europe*, Oxford University Press, 1999.

Tilly, C. , *The Formation of National States in Western Europe*, Princeton Univesity Press, 1975.

Zheng, Yongnian, *Discovering Chinese Nationalism in China: Modernization, Identity and International Relations*, New York and Cambridge: Cambridge University Press, 1999.

中国崛起之路：三重关系与超越西方

张维为 *

摘　要　中国道路的核心问题是要处理好三种关系，即现代化与本国现有政治制度之间的关系；本国与西方世界和西方模式之间的关系；现代化与本国文化传统之间的关系。从过去30多年的实践来看，在较好地处理上述三重关系的基础上，中国迅速崛起，并在越来越多的领域内开始了对西方和西方模式的超越。中国民本主义的思想和综合创新的能力无疑是中国超越西方进程中的两个重要特征。

关键词　现代化　西方模式　文化传统

2016年是"阿拉伯之春"爆发5周年。"阿拉伯之春"爆发后不久，"历史终结论"的作者福山先生和笔者在上海有过一场关于中国模式的辩论。他当时说：一场伟大的民主运动正席卷阿拉伯世界，中国也可能出现"阿拉伯之春"。笔者说，不会，不但不会，而且"阿拉伯之春"本身可能不久会变成"阿拉伯之冬"。① 谁的预测更为准确，今天看来是不言自明的。为什么阿拉伯世界爆发了"阿拉伯之春"，而中国不会爆发"阿拉伯之春"，或者说即使爆发了这种颜色革命，其失败的概率也是百分之百，

---

* 张维为，复旦大学中国研究院院长、国家高端智库理事会理事、上海社会科学院中国学研究所所长，教授。

① http：//www.guancha.cn/life/2011_ 07_ 26_ 59035.shtml，英文版见 "The China Model：a Dialogue between Francis Fukuyama and Zhang Weiwei," *New Perspectives Quarterly*，2011（4），pp. 40 – 67.

原因就在于作为非西方国家，包括埃及在内的阿拉伯国家，还没有找到实现自己崛起的途径，而中国已经找到了实现崛起的道路。

以笔者之见，对于一个非西方国家，乃至对于整个非西方世界，特别对于像中国这样一个文明古国，能否实现自己的崛起梦，关键是要处理好三重关系：即现代化与本国政治制度之间的关系；本国与西方世界和西方模式之间的关系，以及现代化与本国文化传统之间的关系。从过去三十多年的实践来看，中国在处理这三重关系方面，做得比较成功，所以整个国家迅速崛起。

一　现代化与本国政治制度的关系

在国家现代化与本国政治制度这个方面，中国的探索可谓艰难曲折。1911 年辛亥革命后，中国推翻了原来的政治制度，照搬了美国的政治制度，但很快出现了水土不服，整个国家陷入了一盘散沙、军阀混战的境地。1949 年新中国成立，开始了中国社会主义建设的新时代，这个过程也非一帆风顺，但中国的探索从未停止，最终应该说找到了一条基本符合中国民情国情的成功之路。中国探索过程的指导思想是"实践理性"，即坚持"实事求是"原则，坚持"实践是检验真理唯一标准"，这使中国能够从实际出发，总结和汲取自己和别人的经验教训，推动了大胆而慎重的改革和创新。这种"实践理性"的态度使中国成功地避免了政治浪漫主义陷阱，即认为西方民主制度模式可以解决中国所有的政治和社会问题；也避免了经济浪漫主义陷阱，即认为靠市场经济就可以解决中国的所有经济问题。

西方世界一直喜欢用"民主与专制"这个范式来评判世界，它的预设是"民主是好的，专制是坏的"，而"民主"的内涵又只能由西方国家来界定。只要别国的制度和西方制度不一样，别国就是错的，过渡的，转型的，最终要崩溃的。但中国人坚持了自己"实践理性"哲学观，通过观察世界上的各种实践，发现世界上采用西方民主制度而搞得一团糟的国家比比皆是，并进一步得出结论：以西方标准把世界分成"民主与专制"两大类的分析框架，已经无法解释这个复杂多元的世界。

笔者以为，如果一定要把世界上的国家分成两大类，那么这个世界只有良政与劣政两类，而良政可以是西方的模式，西方有为数不多的国家治理的还是可以的，而相当多西方国家也没有治理好，否则不会有这么多的西方国家先后陷入了如此严重的金融危机、债务危机和经济危机。良政也可以是非西方的制度，中国就属于这一类型。同样，劣政也可以是西方模式，采用西方政治和经济模式而失败的国家比比皆是。当然，劣政也可以是非西方模式。

关于现代化与本国政治制度的关系，不妨比较一下中国领导人邓小平和苏联领导人戈尔巴乔夫在这个问题上的立场。邓小平比戈尔巴乔夫高明的地方在于：在西方吹嘘自己政治制度如何优越并要求他国照搬的时候，戈尔巴乔夫完全相信了，而邓小平则说，西方的制度有自己的许多问题，而中国的制度有自己的许多优势，特别是它能代表人民的整体利益，它能集中力量办大事，它能给百姓带来更多实实在在的利益，但邓小平也认为中国制度存有自己的问题，需要汲取他人之长，需要与时俱进，需要通过改革而不断完善，中国在这方面的努力从未停止。

在苏联和东欧于1992年前后走向崩溃的时候，整个西方世界欢呼西方政治制度胜利了，历史也因此而"终结"了，但当时邓小平认为，中国的机会来了，中国证明自己政治制度优越性的机会来了。邓小平本人在苏联解体后不到一个月，就专门去中国的南方视察，呼吁中国一定要抓住这个难得的机遇，进一步改革开放，大幅度地加快中国崛起的步伐。①

事实证明他是对的。检验一个政治制度是否成功的最好标准，就是它为自己的人民提供了什么：今天的中国光是外汇储备一项几乎就等于前社会主义国家经济规模的总和。中国大多数家庭在过去20多年里都经历了一场财富革命，中国今天每年出境访问的人次已超过1.2亿，整个国家初步实现了全民医保。全民养老的制度安排。这和西方模式下，多数国家的多数人在过去20多年内生活水平毫无提高形成了鲜明的对照。当然，中国自己的制度和工作仍存有不少问题，需要通过改革，才能做得更好。

① 见邓小平1992年在武昌、深圳、珠海、上海等地的谈话要点。邓小平：《邓小平文选》第三卷，人民出版社，1993，第370～383页。

中国政治制度的一个突出成就是在产生国家领导人方面形成了自己的制度安排，其最大特征是选贤任能，中国最高决策层的成员至少要担任过两任省一级的领导，至少要治理过 1 亿以上人口，在国家治理和为民谋利方面要有十分突出的政绩。这种选贤任能制度也可称为"选拔 + 选举"的制度，这种制度安排既有中国自己的传统，又有对西方制度的某些借鉴，其产生的领导人总体上的素质和水准，明显高于西方光是依靠大众选举产生的领导人。当然中国政治制度在很多方面还需要完善，但它已经不害怕与西方所谓的民主模式进行竞争，实际上，我们非常欢迎这种竞争，竞争可以使自己的制度更为完善。

二　本国与西方世界和西方模式的关系

西方由于是率先实现现代化的国家，所以习惯了以自己的标准来看待整个世界，甚至有一种冲动，非要把自己的模式强加于人。但中国人对世界的研究表明，照搬西方模式的非西方国家大都以失望、失败，乃至绝望而告终。

1988 年 5 月，一位发展中国家的总统来北京，希望邓小平谈谈中国改革开放的主要经验，邓小平回答说："解放思想、独立思考，从自己的实际出发来制定政策。"他还补充说："不但经济问题如此，政治问题也如此。"这位总统接着又询问邓小平应该如何与西方打交道，邓的回答是四个字："趋利避害"。[①] 中国在自己现代化的进程中，从西方借鉴了很多有益的经验，从市场经济的形成到企业管理模式，从科技研发到文化产业，从高速公路到高速铁路，从互联网经济到整个高新产业，可以说我们在几乎所有的行业，所有的领域，所有的部门，都借鉴了西方国家的有益经验，这大大推动了中国方方面面的进步。但更为宝贵的是在学习和借鉴西方经验的过程中，中国没有失去自我，而是用自己的眼光来判断，博采众长、趋利避害、推陈出新。比方说，中国把加入世界贸易组织的进程变成了一个大规模的学习、适应和创新的过程，使中国的经济和贸易规模很快

---

① 邓小平：《邓小平文选》第三卷，人民出版社，1993，第 260 页。

上了一个新的台阶。再比方说，中国拥抱了信息技术革命为先导的互联网革命，但同时也保持了自己的独立性，最终成为这场革命的佼佼者，今天的互联网世界已主要是英文和中文两个世界，世界最大的10家互联网公司中4家是中国公司，中国已建成全球最大4G网络，中国的手机上网用户已超过9亿户。①

相比之下，西方显然太故步自封了。不少西方人真以为自己的一切代表了历史的终点，结果骄傲使人落后，特别是美国，小布什执政8年，创造了美国国运连续8年下降的记录。欧洲多数国家也面临体制僵化、严重缺乏活力等难题。许多发展中国家也不具备学习和创新能力，只知道跟着西方话语走，结果是各种政治经济社会危机不断，从菲律宾到泰国，从伊拉克到阿富汗，从"颜色革命"的乌克兰到"阿拉伯之春"的埃及都是这样。

三　现代化与本国文化传统的关系

在现代化与本国文化传统关系方面，中国经历了一个曲折的过程。19世纪中叶，英国发动的鸦片战争强行打开了中国的大门，中国当时确实被西方强大的物质力量和军事力量震撼了，这使很多中国人失去了对自己文化传统的自信，甚至产生了中国需要全盘西化的呼声。这方面最极端的例子，就是认为要废除中国的文字，因为汉字阻碍了中国的现代化，中国的文字要拉丁化才行。

但经过一个多世纪的探索，中国人已经看到，自己的文化传统其实是中国现代化事业的最为宝贵的资源，我们可以自信地坚持中国文明本位，同时也汲取他人之长，与时俱进，最终实现中国式的现代化，即一种符合中国民情国情的现代化、一种中国人喜欢的现代化。这意味着我们不仅要赶上西方，而且要在许多领域内超越西方和西方模式。

我们可以用中国文字为例来说明这个问题。应该说，一个民族的语言文字是本民族文化的精神血脉，是民族认同的利器。保持了汉语，就保持

---

① 见《2015中国互联网产业综述和未来发展趋势报告》，http://www.jiemian.com/article/501638.html。

了中国文化的根。在国家现代化的进程中，汉语也不断地与时俱进，它汲取了其他文字的某些长处，从文体修辞到语法词汇，汉语都吸收了大量外国元素。白话文、简化字和汉语拼音等语言方面的创新，大大方便了汉语的学习和推广。

现在看来，今天的汉语一点也不落伍，它十分传统又非常时尚，它能够翻译世界上所有人文和科学的著作，能够与现代科技完全兼容，在互联网为标志的高科技新媒体时代，它甚至展现出很多独特的优势：它有西方语言难以达到的简洁明快，它有西方语言难以达到的丰富形象，它有西方文化难以达到的文化底蕴。汉字紧凑的特点使之特别适合移动互联网时代的沟通：同样大小的手机视频，中文的信息量大概是英文的三到四倍，这也是移动互联网在中国迅速普及的主要原因之一。

更重要的是中国人的文化和信仰就蕴藏在自己的文字中。一个中国人，只要学会了中文，能够听说读写，能够使用一二百个成语，中国文化传统就融化于他的血液中了，他就学会了许多做人做事的基本道理，如与人为善、自食其力、勤俭持家、尊老爱幼、好学不倦、自强不息、同舟共济等，这些中国文化元素已和中国现代化进程融为一体，这不仅使中国能以人类历史上闻所未闻的速度和规模崛起，而且使中国社会保持了比西方社会更多的温馨和更强的凝聚力，这无疑是中国梦最为精彩的内容之一。

四　超越西方：民本主义与综合创新

在较好地处理上述三个问题的基础上，中国迅速崛起，并在越来越多的领域内开始了对西方和西方模式的超越。中国是世界上唯一维系了五千年而没有中断的伟大文明，中国人有超强的历史命运感，因为在数千年的历史长河中，中国在大部分时间内是领先西方的，中国落后于西方是近代发生的事情，而中国人百年奋斗的主要目标就是重返世界之巅，世界上具有这份"天降大任"之光荣与梦想的民族并不多。在这个意义上，中国崛起梦很大程度上就意味着对西方和西方模式的超越。从过去30多年的实践来看，中国民本主义的思想和综合创新的能力无疑是中国超越西方进程中的两个重要特征。

"民为邦本、本固邦宁"是中国人数千年治国的古训。它把人民看作国家的基石，把民生问题解决得好坏看成决定国之命运的大事，看作"民心向背"和"天命"的关键所在。从《尚书》中的"民为邦本，本固邦宁"到《礼记》中的"君以民为本"，到孟子的"民贵君轻"，到王阳明的"亲民"思想，到顾炎武的"厚民生，强国家"，到今天的"全面小康"，中国政治文化传统中这种"民本"理念几乎一以贯之。从中国民间到政治精英，"民本"思想可以说是中国政治的最大共识。

中国"民本"思想本身也随着中国梦的实现进程而与时俱进，它已具有更大的包容性和更多的现代性。今天，它指的不仅是国家要致力于改善民生，而且也指一个国家的制度安排要着眼于在更高、更广的层次上提升人民生活的品质，落实到政府为百姓提供更为优质的服务，落实到让人民过上更安全、更自由、更幸福、更有尊严的生活。

中国人的"民本"思想有其独特的价值魅力。西方政治文化中今天谈得最多的还是西方自己界定的"自由、民主、人权"等价值，他们甚至不惜动用武力在世界上推广这些价值，但他们的做法在非西方国家却频频遭遇失败，主要原因就是这一切与这些国家百姓所盼望的改善民生愿望严重脱节，导致了政治机器空转和无穷的政治纷争、动乱，甚至战争。"阿拉伯之春"变成"阿拉伯之冬"，"颜色革命"迅速褪色，本质上都是这个原因造成的。

现在连西方国家自己也面临着类似的情况。西方模式今天的最大困境也是改善民生乏力。金融危机、债务危机、经济危机等已经导致西方国家百姓生活水平长期停滞甚至下降。西方政坛今天也流行着当年美国克林顿竞选总统时的一句名言：It's the economy, stupid!（真蠢，问题出在经济!）绝大多数西方民众关心的也是经济、就业、福利这些民生问题。在这个意义上，中国人的"民本"思想不仅对于实现中国梦意义重大，而且对于解决许多世界性的难题也有重要的启迪。

综合创新能力比较强也是中国超越西方和西方模式的一个重要方面，这与中国善于学习、长于综合的文化传承有关。比较中国与欧洲的历史，我们会发现一个重要差别是宗教战争的差别。欧洲历史上，不同宗教之间，不同教派之间的战争持续了上千年，今天也留下了很多阴影，克里米亚 2014 年宣布从乌克兰独立出去，背后就有东正教和天主教之间的矛盾。在中国，印度的佛教传入后逐步与中国的儒学、道教互相渗透，互相综合，最终形成了儒、道、释"三合一"中国传统。相比之下，欧洲的延绵不断的宗教战争几乎把西方文明毁于一旦，中国的综合文化使中国避免了欧洲宗教战争的悲剧。从一个更大的范围看，长于综合，长于借鉴别人的有益经验，应该是中国文化中最大的"比较优势"。南怀瑾先生曾这样描述中国的综合文化传统：

> 讲到中国文化，便以儒、释、道三家并举为其中坚代表……如果说中国有哲学思想，却不是独立的专科，中国的哲学，素来是文（文学）哲不分，文史不分，学用不分，无论研究中国哲学或佛学，它与历史、文学、哲学、政治四门，始终无法分解，等于西方的哲学，与宗教、科学和世纪的政治思想，不能脱离关系，是异曲同工之妙。①

当然，古代中国和古代西方情况类似，由于生产力低下，社会分工少等原因，综合文化在中国和西方都比较普遍。中国的《易经》《道德经》《大藏经》等典籍都属于"综合"性经典。同样，西方的《圣经》《罗马史诗》等也可以算是"综合"性经典，在某种意义上，这也反映了当时的欧洲社会也是"综合"性的社会。

进入近代后，西方首先出现了"分"的趋势，最大特征是生产分工的细化，学术学科的分化，政治、经济和社会也日益分离，在现代化基本完成后，西方大众民主政治制度，与经济也相对区隔开来，政治一般不会过分地影响经济。但进入后现代社会之后，我们似乎又看到了"再综合"的大趋势，我们今天面临的国际化和全球化大潮本身就意味着资源在全球范围内的"综合"与"整合"，通信技术的革命性变革使"综合"与"整合"的成本大大降低，世界正日益成为一个地球村，并迅速地进入了大数据时代。从科学角度看，综合与分析相对应。自然科学从

---

① 南怀瑾：《禅家与道家》，复旦大学出版社，1996，第 3 页。

"综合科学"走向"分析科学"，现在又在一个全新的基础上走向"再综合科学"。

有学者认为"中国文化是世界上罕见的多基因文化"，"古代华夏文明的内吸式壮大过程，使它具有特别突出的宽容精神和强大的包容、吸收与变通能力"。[①] 这种基于"多基因文化"的"包容、吸收与变通能力"本质上就是一种特殊的"综合创新能力"。它也体现在中国人特殊的学习能力。从"寸有所长，尺有所短"到"三人行必有我师"，从"谦招益，满招瀛"到"他山之石，可以攻玉"，从"陈言务去"到"学如蝉蜕"，从"推陈出新"到"独辟蹊径"等祖训都反映了这种传统。学者张岱年也一直主张通过综合创新来建设社会主义新文化。

历史上，我们从世界不同文明中汲取养分，从世界各国借鉴经验，就像中亚民族发明的二胡，今天成了中国民乐的主要乐器。英国人发明的乒乓球，今天变成了中国的国球，西方人提出的社会主义理念也中国化了。新中国建立以来，我们借鉴了国外大量的经验，包括苏联的经验和西方国家的经验。改革开放以来，我们有选择地学习了美国在市场经济领域内的经验，日本、德国在企业管理方面的经验，以色列在农业方面的经验，新加坡在开发区建设和反腐倡廉方面的经验，中国香港和中国台湾在房产开发和管理方面的经验。但总体上看，我们没有简单地照搬外部的经验，而是综合了别人的经验，并根据中国的民情国情进行借鉴甚至创新。

在学习的过程中不失去自我，这是中国的一条重要的"赶超"经验。我们在借鉴别人之长的过程中，坚持以我为主，综合创新，其中一个很好的例子就是中国的高铁建设。笔者在《中国震撼》一书中曾这样描述过："我们建设高铁的指导方针是：'引进先进技术、联合设计生产、打造中国品牌'。我们先是利用中国巨大的国内市场优势，通过谈判让世界四大公司转让部分高铁技术；然后是组织自己10多万科研人员对引进技术进行消化、整合、创新，最终形成了超越西方水准的新技术和新标准，创造了中国品牌，使中国得以引领今天世界的'高铁时代'。纵观中国过去30多年的发展，这也是中国模式的战略思路：既学习别人之长，也发挥自己优

---

① 周思源：《中国文化史论纲》，海峡文艺出版社，2014，第20页。

势；在对别人之长进行学习、消化与整合的过程中，大胆创新。进而形成自己独特的东西，实现对西方标准的超越，并最终影响世界"。[①]

在一个更大的范围内，我们过去 30 多年最大的成功几乎都是综合创新。在政治领域内，我们把"选拔"和某种形式的"选举"结合起来，这种做法明显好于西方光是依赖"选举"的制度。在社会领域内，我们拒绝了西方主张的那种社会与国家对抗的制度，而是推进社会综合治理，推动社会协商和对话，建立社会与国家高度良性互动的制度，所以我们的国家和社会都比西方更有凝聚力；在经济领域内，我们实行"社会主义市场经济"制度，这是一种"混合经济"，包含了"看不见的手"与"看得见的手"的有机结合，市场与计划的有机结合，国企与民企力量的有机结合等，虽然这个制度还需要完善，但它已经展现了独特的竞争力，带来了中国经济的飞速增长和百姓生活水平的大幅提高。在法律领域内，我们继续推动依法治国，把"法治"与"德治"结合起来，并力求避免西方法条主义等弊病，建设一种比西方更公正、更高效、成本更低廉的新型法治国家。我们还要继续学习和借鉴世界各国和地区的好经验，但一定以我为主，博采众长，洋为中用，自成一家。

中国近代史上，张之洞说的是"中学为体，西学为用"，日本人近代史上提倡的是"和魂洋才"，都有其道理，但我们再回头看，毛泽东主席说的是"古为今用，洋为中用"，眼光似乎更远，气派也更大。毛泽东主席的意思是：中华民族复兴是"本"，其他都是"用"，我们对古今中外的一切借鉴，都是为了更好地发展今天的中国。我们应该从古人那里汲取智慧，从外部世界汲取智慧，让这一切为我所用，为实现中华民族的伟大复兴而"用"，这也应该是我们综合创新的真正要义。

综上所述，对于一个非西方国家，特别是像中国这样一个文明古国，实现自己的崛起梦，关键取决于是否能够正确地处理三重关系：即现代化与本国政治制度之间的关系，本国与西方和西方模式之间的关系，以及现代化与本国文化传统之间的关系。从过去三十多年的实践来看，中国在处理这三重关系方面，做得比较成功，所以整个国家迅速崛起并开始了对西

---

① 张维为：《中国震撼：一个文明型国家的崛起》，上海人民出版社，2011，第 115 页。

方和西方模式的某种超越。在这个过程中，中国源远流长的民本主义思想和综合创新能力发挥了至关重要的作用。可以说，在探索自己的发展道路上，中国已经取得了决定性的成功。人类历史上一个社会主义国家第一次成了世界最大的经济体（按购买力平价），中国已经创造了世界最大的中产阶层，这一切的意义怎么评价都不过分。中国将继续沿着自己探索出来的成功之路前行，直至完全实现中华民族伟大复兴的梦想，为整个人类文明做出更大更新的贡献。

参考文献

邓小平：《邓小平文选》第三卷，人民出版社，1993。

邓小平：《邓小平文选》第三卷，人民出版社，1993。

南怀瑾：《禅家与道家》，复旦大学出版社，1996。

张维为：《中国震撼：一个"文明型国家"的崛起》，上海人民出版社，2011。

周思源：《中国文化史论纲》，海峡文艺出版社，2014。

国家复兴道路上的中国模式

摘　要　国内外对中国模式有着不同的看法。对中国模式加以讨论，至少应该从大历史、改革模式和具体政策三个层面展开。中国模式核心是中国的政治和经济体制。如何改进中国模式关键是要找到中国政治和经济体制的弊端之所在。

关键词　大历史　改革　政策　体制

引　言

2008 年全球金融危机发生之后，无论是中国本身还是西方各国，人们对"中国模式"发生了很大的兴趣。"中国模式"的概念也就是在那个时候开始流行开来的。不过，如果从内容看，更早开始流行的所谓的"北京共识"实际上也是讨论中国模式问题的。① "北京共识"的概念是同当时在各国流行的"华盛顿共识"的比较之上提出来的。2008 年金融危机之前，西方到处推行"华盛顿共识"，而"北京共识"的作者则看到了"华盛顿共识"的不足，指出了中国改革模式的一些优势。不过，这个概念到了中

---

*　郑永年，新加坡国立大学教授、东亚研究所所长。

①　Joshua Ramo, *The Beijing Consensus*, London：Foreign Policy Centre, 2004.

国便被经常解读成"北京共识"优于"华盛顿共识"，前者应当取代后者；而在西方，人们则开始把中国模式视为对西方模式（也就是"华盛顿共识"）的威胁。也就是说，无论中外，人们对"北京共识"的解读过于政治化了。①

2008年金融危机之后，这种对立情况更趋明显。中国人对"中国模式"的兴趣在于中国较之西方更有效地抵御了金融危机。在更高一个层面，一些人也由此推论出，中国模式优越于西方模式。实际上，无论是民间还是官方，一些人也开始给西方上课。也有西方人对中国模式产生了兴趣。不过，他们对中国模式感兴趣与其说是他们了解中国，倒不如说是他们对西方模式失望。和中国人一样，很多西方人看到了西方危机如何发生的，而中国又如何有效地抵御了金融危机，并在危机之中取得了令人振奋的成就。在2008年危机之后的很多年里，中国一直是推动世界经济发展和增长的一个最主要的力量。也正因为这样，越来越多的西方人又开始谈论中国模式对西方模式所可能构成的威胁。

无论对"北京共识"还是对"中国模式"的讨论都过于政治化，充满了太多的意识形态的偏见。无论是支持者还是反对者，有太多的先入为主的意识，而和中国实际经验不相吻合，结果是无助于帮助人们认识中国。笔者认为，要深刻理解中国模式就必须把其置于中国文明复兴的大背景下。原因很简单，尽管改革开放以来中国各方面都发生了创新，但不管怎样的创新，中国不会变成"其他"国家。人们之所以称中国的崛起为复兴是因为中国越来越具有"中国性"了。从文明复兴的视角更能理解中国模式何从何去的问题。

一 海内外对中国模式的看法

海内外就"中国模式"一直具有争论，但各种争论并没有给人们带来任何共识。总体上看，已经持续多时的争论中，人们关注的对象并不在于

---

① Yasheng Huang, "Rethinking the Beijing Consensus," *Asia Policy*, January 2011；John Williamson, "Is the 'Beijing Consensus' Now Dominant?" *Asia Policy*, January 2012.

客观存在的"中国模式",而是变成了要不要、该不该有"中国模式"的简单问题。毋庸置疑,争论已经过于政治化,甚至道德化。① 这种局面的持续,并不能对人们认识"中国模式"有很大的帮助。

有没有一个"中国模式"的存在?这个模式究竟是怎样的?其模式的内在和外在含义是什么?这个模式从何而来,往何处去?无论就中国本身的发展,还是中国发展对世界的影响而言,都有必要回答这些重要的问题。不过,要回答这些问题,首先就必须去政治化。

海内外,人们对"中国模式"都存在着高度政治化的认知错觉和幻觉。在西方,围绕着"中国模式",人们可以看到三种不同但又互相关联的观点。第一种是人们所说的"捧杀派",就是对"中国模式"大加赞扬,一些人甚至认为"中国模式"不久就要取代西方模式。在"捧杀派"内,人们"捧杀"中国的出发点不同。很多商界的人一直看好"中国模式",因为他们本身的利益和中国相关。因为利益相关,他们也很希望"中国模式"能够可持续发展。也有一些人的确希望中国能够发展出一个和西方不同的模式来。这些人往往对西方模式已经失去了信心,也不认为西方模式一直可以持续下去。而中国改革开放以来所取得的成就,给这些人一个希望。中国一些人说他们是"捧杀",并不见得。很多人的确是这样认为的,并没有多大的恶意。当然,很容易发现他们往往光看到中国所取得的成就,看不到这些成就背后的代价和未来发展的制约因素。

和"捧杀派"相对的是"'中国模式'威胁派"。"威胁派"不仅看到了"中国模式"的存在,更看到了"中国模式"对西方的长远影响。这些人看到中国经过了数十年的改革开放所取得的成就,但同时发现中国的发展并没有根据西方的逻辑,向西方人所希望的方向发展。相反,中国已经形成了自己的发展模式,而这个模式已经颇具竞争力。他们相信,尤其在发展中国家,"中国模式"已经对西方模式构成了很大的压力。"威胁派"中的一些人,更是把"中国模式"提高到价值论的高度,认为"中国模式"所表达的就是一种和西方不同的价值,不仅对西方价值构成竞争,且

---

① 近年来,有关中西方学术和政策领域对"中国模式"概念的争论文献很多,简单的总结参见 Zheng Yongnian, "Where Does the Chinese Communist Party Go From Here? Challenges and Opportunities," *China: An International Journal*, Vol. 10, No. 2, August 2012。

说不定会取代西方价值。

和"捧杀派"与"威胁派"不同，西方很多人并不承认"中国模式"的存在，我们可以称他们为"'中国模式'不定论"。这些人大多看到中国的发展所包含的种种问题和制约因素，不认为中国已经形成了一种可以称之为"模式"的东西，也不相信中国的发展模式可以持续。他们中间，有一些是比较了解中国发展的，能够从比较深的层次来看待中国问题。他们看到了中国体制内部的种种弊端，评估着中国会不会解体甚至崩溃。但是，也有一些人则是在意识形态上敌视中国，他们希望中国解体和崩溃。在这些人看来，中国根本不配产生一个模式。

有趣的是，与西方相对，在中国内部，对"中国模式"也存在着三种不同的观点。第一种是大赞"中国模式"的，认为不仅存在着一个"中国模式"，并且这个模式较之西方模式优越。持这种观点者并不讳言，他们"确立""中国模式"，是要和西方争取国际话语权。他们有的从毛泽东思想那里寻找"中国模式"的起源，有的从西方新马克思主义那里寻找"中国模式"的理论根据，也有从比较发展的角度来看"中国模式"。概括地说，尽管他们对"中国模式"作了很多经验性的研究，但对"中国模式"的评介过于绝对化，客观性不足，由此，他们有关"中国模式"的话语看起来缺乏解释中国的能力。

与上述观点相对，有些人不承认存在着"中国模式"，对他们来说，似乎根本就不需要"中国模式"，因为中国的发展是否成功，取决于中国是否能够发展出西方式的政治、经济和社会制度。在现有体制不改变的情况下，"中国模式"从何谈起？他们因此往往是以西方为标准来衡量中国的发展和进步。如果中国是橘子，西方是苹果的话，在他们看来，橘子的发展目标就是要把自身改造成苹果，在橘子没有变成苹果的时候，橘子本身就什么也不是。

第三种观点可以称为"'中国模式'未定论"。他们认为，中国还处于发展过程之中，存在着很多问题，现在提"中国模式"还是过早。不过，他们中的大多数人则是出于政治方面的考量，秉承了邓小平的"韬光养晦"政策，相信中国自己不宜宣扬"中国模式"，担心会造成不好的国际影响。

　　理性而言，"中国模式"是客观存在的。有些人不承认或者贬低"中国模式"，是因为他们把模式看作一个非常理想的东西。这也不符合历史观。在社会领域，任何一个模式都有其优势也有其不足的地方，根本就不存在一个百分之百的理想模式。任何模式都具有历史性，西方模式也一样。例如，西方的民主模式走了很长的路，从早期的贵族民主，到工业化时代的商业精英民主，到现在的大众民主，经历过很大的变化。西方市场经济模式也一样，从早期马克思主义所说的原始资本主义，到现在的福利资本主义模式，都有一个演变的过程，有个改善的过程，有个进步的过程。就是说，任何模式不是一成不变的，在不同的历史阶段，必须改革自身，以符合时代的需要。

　　"中国模式"是客观的，任何一个国家的人、任何一种文化的人都有权利去认识，去解释这个模式。中国人和西方人都有权利去看这个模式。正因为这样，东西方之间对中国的模式的争论永远不会中断。就像对西方民主一样，东方人经常从自己的观点去看西方的民主模式，他们所得出的结论，跟西方人看自己的民主模式是很不一样的。

　　对中国本身来说，"中国模式"既然已经存在，那么重要的是要回答"我是谁"的问题，就是回答"中国模式"到底是什么的问题。这个任务已经变得很重要。就内部来说，越来越多的中国民众，对中国本身是什么样的一个国家的认识，已经变得越来越模糊。不同的社会群体，已经开始从不同的意识形态角度来定义自身的"中国认同"。种种意识形态的定位，无助于中国认同的确立。中国认同的确立必须建立在对"中国模式"的客观认识之上。

　　就外部来说，"中国模式"涉及的是中国的国际认同问题。无论是传统的还是目前流行的各种意识形态，已经无助于向国际社会解释"我是谁"的问题。这个问题的模糊性也是国际社会对中国发展"不确定性"的重要来源。同样，这种"确定性"只能来自对"中国模式"的客观认知。进而，如果不能回答"我是谁"的问题，中国在国际社会的软力量更无从谈起。

　　更为重要的是"中国模式"的改进问题。不承认"中国模式"的存在，只能导致对这个模式所包含的缺陷的忽视或者漠视。只有承认了"中国模式"的客观存在，才能对这个模式加以认真研究，找到其不足的地方，加以改进。而事实上，如何改进"中国模式"，是中国目前所面临的最大问题。

二　中国文明与中国模式

无论是前些年人们对中国模式的热情还是最近对中国模式的怀疑，都没有能够很好地帮助人们理解中国模式。笔者认为，中国模式至少可以在如下三个层面来加以讨论。首先是中国模式的文明性。笔者在讨论中国模式时倾向于把此置于大历史的宏观层面上。改革开放三十年不够，还要看前面的三十年。而前面的三十年也不够，而要看中国近代以来的国家转型过程。我认为，研究中国模式就是要把那些恒定不变的结构性因素找出来。不管中国如何变化或者变革，中国终究是中国，中国变不成西方或者其他任何国家。那么是哪些因素促使中国永远是中国呢？这些因素就是中国模式的核心，不找出这些因素就不能理解中国模式，当然也会看不到这个模式的优势和劣势。在这个层面，人们需要看到的是中国模式的文明性。[①]

从大历史的角度来看中国模式，不难发现这个模式的存在及其主要内涵。尽管中国模式表现在方方面面，但其核心是中国特有的政治经济模式，这两方面互相关联，互相强化。中国的成就是因为这个模式，而这个模式中的很多因素如果失去平衡，又可导致模式的危机和衰落。

在经济方面，中国是混合经济模式。在这个模式里，国有部门和非国有部门、政府与市场要保持平衡。一旦失去平衡，危机就会接踵而至。世界上哪里也找不到像中国那样的一个经济模式，在那么长的历史时期里，总有一个很强大的国有部门，国家对关键的经济领域起着直接的作用。国有部门承担着国家的很多功能，包括公共基础设施的建设、对付随时发生的各种各样的危机、平衡市场的力量等等。这些在汉代的《盐铁论》里面

---

① 郑永年：《中国崛起：重估亚洲价值观》，东方出版社，2016。

讲得很清楚，历朝历代也都实践着这些理论。国家的这种经济功能在西方是找不到的。[①] 一些人总把国有部门和计划经济联系起来，这不是大历史的看法。

很多人用西方的经济模式来衡量中国经济模式，似乎西方经济模式就是中国的改革目标。但如果中国可以变成西方，那么就没有中国模式了。大家说中国是转型经济，就是从计划经济转型到市场经济，从国有到私营经济，这就没有看到中国模式的本质。正是因为中国有个强大的国有部门，像西方那样的私有化在中国不会发生。从历史上看，私有经济或者民营经济在中国一直是存在着的，但中国绝对不可能走到像西方的那种完全私有化的地步。好多经济学家，一说解决问题的办法，就是私有化。这脱离中国的现实。中国的经济只有一部分是私有化。全面的国有化和全面的私有化都不是中国经济的常态，混合经济模式才是中国经济的常态。解决中国经济所面临的问题只能在承认这个常态的前提下去寻找。

但混合经济经常失去均衡。经常的现象是，当国有部门和政府占据绝对主导地位时，非国有部门和市场空间受挤压，发挥不了正常作用的时候，危机就会产生。和中国比较，西方的经济危机则发生在当看不见的手完全主导了经济活动，而政府的"看得见的手"则不能有效规制市场的时候。

在经济上讨论中国模式还好一些，一旦到了政治领域就变得非常困难，也非常敏感。实际上，如果不看中国的政治模式，就很难理解中国的经济模式，甚至可以说，中国的经济模式是中国政治模式的产物。但讨论政治模式好像一直是个禁区。

政治上，西方是民主模式，讲的是多党制，三权分立。中国政治在发生变化，也在不同的制度方面、在不同程度上接受和容纳民主因素，利益多元化和利益代表也在发生，但不管怎样变化，中国没有也不会变到西方那样的模式。

那么，中国政治模式的特点在哪里？从大历史看，也能够回答这个问题。自近代和西方接触以来，中国也曾经尝试西方式的制度，但失败了。

---

① 郑永年：《中国改革路线图》，东方出版社，2016。

之后，在长达半个多世纪的战争和革命过程中，传统的皇权慢慢地转型到了具有现代性的党权。传统皇权和现代党权看似有不少共同之处，例如，皇权和党权都是中国社会的整合力量，都是中国大一统文化的政治表现，都是贤人政治（meritocracy）的制度承载。但是，党权具有现代因素，传统皇权则没有。皇权只可边缘化，不可民主化。党权则不然。党权既是现代中央集权制度的基础，也可以实现民主化。①

西方的政治模式往往是通过把政治问题外部化来加以解决，因此有反对党和反对力量的存在。中国则不然。现代党权是通过开放政治过程，把外部问题内部化来求得问题的解决。党权是中国政治的核心，不理解党权，就很难理解中国政治。

历史地看，这两种政治模式，每一个模式都有它的优势，也有它的劣势。在西方，以多党政治为核心的民主是经过数百年之久才演变成为今天的样子的。在社会经济发展平衡的国家，西方式民主能够运作良好。尽管是多党轮流执政，但从政策层面看，往往呈现一党的特征。这主要是因为西方存在着一个庞大的中产阶级，无论哪一个政党执政，都要照顾到这个中产阶级的利益。人们常说，西方的政党整合了社会力量。但是，在很大程度上，是西方的中产阶级整合了西方的政党，是中产阶级制约着政党政治的极端化。如果从发展中社会看多党政治的分化功能，这一点尤其明显。在发展中社会，因为社会经济发展水平低下，社会分化严重，中产阶级弱小，甚至不存在，一旦实行多党政治，政党就变成为了分化社会的力量。在非洲、拉丁美洲和亚洲，到处都可以找到这样的例子。

在传统中国，政治过程也是相当开放的。尽管皇权属于皇帝，但治权（或者相权）是向社会开放的，并且是高度制度化（官僚化）的。② 历史表明，治权越开放，国家治理就越有效。相反，当治权不够开放，皇权与治权的关系又处理不好的时候，就要发生政治危机。党权也具有这个特征。有效的治理取决于党权的有效开放，向社会各个阶层、各种利益的开

---

① 郑永年：《中国改革路线图》，东方出版社，2016。并参见 Daniel Bell, *The China Model: Political Meritocracy and the Limits of Democracy*, Princeton, NJ: Princeton University Press, 2015。

② 钱穆：《中国历代政治得失》，三联书店，2001。

放。同时，治权的有效性取决于制度化和专业化。

在第二个层面，中国模式指的是中国的改革模式。人们所说的"中国道路"可以归入这个层面。"中国道路"就是中国的改革是怎么走过来的，要回答"从何而来、到何处去？"的问题。在这个层面，中国的改革很明显呈现渐进性和分阶段性。我自己认为，中国改革分三步走，即先经济改革、再社会改革、后政治改革。这并不是一个价值判断，即中国应当走这条道路。这是个经验观察，先进国家包括欧洲、亚洲的日本和"四小龙"的发展也有这个特征，也走过了这个过程。此外，这种改革模式也符合一些一般的发展常理。

首先，这是一个从易到难的过程。经济改革最容易，说穿了就是要把人们的物质意识动员起来，让人们去追求自己的利益。这是一种本能的释放。社会改革比较难一点。如果说经济改革的主体是生产，那么社会改革的主体就是分配。社会改革要求人们从自己的钱包里面掏一部分出来让社会来分享，这就比较困难。而政治改革最为困难。政治改革表明人们需要放弃一些权力让其他人来分享。在权力主导一切的中国的政治文化里面，放弃权力较之掏腰包要困难得多。

其次，这里也涉及一个体制改革的物质基础问题。经济改革优先因为经济改革可以为其他改革创造物质基础。经济改革优先于社会改革道理很简单，没有生产哪有分配。财富创造出来之后，才可以强调分配。在政治方面，经济改革先于政治改革至少有两个优势。对社会来说，经济改革创造财富和中产阶级，从而为理性的政治参与创造条件。对政治精英来说，可以为他们提供另外一个选择。在政治主导一切的条件下，失去权力就等于失去一切。但如果失去权力之后，可以进入经济领域，那么对政治人物来说，政治改革就不是一场零和游戏了。西方社会就是这样一种状态，政治人物如果在政治竞争中失败，不至于没有出路。

那么，为什么经济和社会改革要发生在政治改革之前？这里主要的问题是制度建设的历史次序问题。任何国家的国家制度表现在政治、经济、社会等等方面。如果说，民主制度是社会发展的产物，那么如果没有其他一系列制度的支撑，民主制度将是微弱的。民主只是众多基本国家制度中间的一种，不能取代其他方面的国家制度。历史上看，先有现代国家，后有国家的民主化。就中国的政治进程来说，如果在经济和社会制度建设之前开始了以选举为主体的民主化，那么很有可能是劣质民主，正如我们可以在一些经济社会发展落后而民主化现行的国家所观察到的那样。至少没有人能够保障，在缺乏有效的经济和社会制度的条件下，民主政治会是高品质的。

在第三个层面，人们可从具体的政策层面来谈论中国模式，也可以叫中国政策模式，可以从经济、社会和政治改革等各个不同领域来透视中国模式。我觉得人们所说的"中国案例"可以是属于这个范畴。改革开放以来，中国已经为人们提供了很多改革政策案例。

目前很多人对中国模式表示出来的不满意都在这第三个层面。在经济政策领域，人们对改革政策的不满也是从不同角度来看的。一些人以西方的标准来评判中国政策模式。比如说，一些学者认为，中国只有20世纪80年代和90年代初有改革，而此后就没有了。因为早期的改革呈现出市场化和分权等属性，90年代之后出现了相反的趋势。另外一些学者认为，中国的政策是从西方那里学来的，称不上自己的模式，就是说根本不存在所谓的"中国模式"。不过，这些看法也不见得很合理。对第一种观点，我觉得集权不见得不是改革，分权也不见得就是改革。如果集权是建立和加强政府对市场的规制，那么也是改革。如果分权产生的只是一个个行政主导的地方性垄断，而非市场，那么也不见得是改革，而是寡头经济。对第二种观点，市场并非只是属于西方的。中国数千年的历史上，市场也曾经发达过。一些市场经济的实践先发生在西方，但这并不是说市场就是西方的。改革开放以来，中国的确向西方学习这一事实并不是说中国不能形成自己的模式。

中国模式的这三个层面互相关联，但也可以对它们进行相对独立的研究。不过，更为重要的是要研究如何改进中国模式的问题。今天谈论中国模式的改进具有非常重要的意义。首先，强调改进就是强调模式的渐进性，而避免激进变革。任何模式都必须随时改进自身，否则就会蜕化，从而失去适应新形势的能力，最终导致激进变革。中国的历史表明，激进变革经常是没有变革，因为激进变革往往意味着重新走一遍。从长远观点看，改进或者渐进才是真正的变化。其次，尽管中国已经形成了自己的模式，但如同其他模式一样，也存在着劣势，因此必须找到劣势之所在。尽管不能实现一个十全十美的模式，但意识到其缺陷则可以预防其衰落，更为重要的是在和其他模式竞争过程中，保持自己的优势。①

三 如何改进中国模式

中国模式核心是中国的政治和经济体制。如何改进中国模式关键是要找到中国政治和经济体制的弊端之所在。政治和经济体制的弊端得到纠正，依附于政治经济体制上的其他缺陷才不至于对模式本身造成致命的影响。

从经济体制来说，中国存在一个比较强大的国有部门，这有它的好处，可以有效提供国家的基础设施建设，公共工程，应付重大的危机和平衡市场等。但如果国有部门占有了绝对的优势地位和政府对市场干预太过的时候，这一模式的劣势就会出现。任何东西走过了头就不行了。西方的模式，个人主义走过头了就不行了。西方模式的缺陷，无论是 20 世纪 30 年代的经济危机，还是这次全球性的金融危机，主要是所有的关键金融领域被私人所掌握和控制，政府没有足够的干预能力，在监控不严的情况下，市场被私人操控，就出现了问题。中国呢？中国模式的缺陷就是一旦国家和政府占了绝对的垄断地位，以致市场作用不能发挥，就会出现问题。换句话说，如果国家参与和干预走过了头，也要产生经济危机。

那么如何改进模式呢？全盘私有化并非中国现实的选择。中国问题的解决方式需要从中国内部来寻找。改进模式的方法在不同的历史阶段是不同的。从目前中国存在的"国进民退""国富民穷"和经济发展优先、社会发展滞后的情况看，模式的改进就是要寻求各个方面的平衡点。

首先，要回答国有部门的边界在哪里的问题。国有部门要有个边界。国有部门不能无限地发展，不可以无限地去侵犯非国有部门的领域。要让两个领域保持相对平衡的空间，容许它们互相竞争。国有和非国有两部门之间的公平竞争很重要。

---

① 钱穆：《中国历代政治得失》，三联书店，2001 年。

其次，政府和市场各自的职能和领域，应该搞清楚。政府可以在哪些领域发挥作用，哪些领域政府应当发挥作用但是没有起到应有的作用，哪些它应该退出来的地方它没有退出来，这些问题都要弄清楚。像社会改革、社会保障、医疗保险、教育、环保等社会政策领域，政府显然都还做得不够。

最后，要在经济发展和社会发展之间找到平衡点。中国领导层提出的社会建设，目标很好，但目标和所使用的实际手段需要衔接。政府只有经济政策，而社会政策仍然太弱。在很多场合，都是用经济政策取代了社会政策。举个例子，要进行社会建设，就要进行一系列社会改革，比如社会保障、医疗卫生、教育、住房等等。在所有国家，这些方面都是需要国家大力投入，但中国则不然。这些本来需要国家大力投入的领域往往成为暴富的领域。在社会政策没有确立的情况下，往往是通过牺牲社会的方法来谋求经济的高速发展。这样就使得中国社会陷入了一个恶性循环：经济发展越快，社会被破坏得越厉害；社会越脆弱，经济发展越不可持续。更为重要的是，要改变国富民穷的情况。这种情况不改变，政府就会失信于民。扶贫、提高劳动收入、改变产业结构（如鼓励发展中小型企业）、税收制度改革等等都可以改变国富民穷的情况，实现社会公平。一个公平的社会才是一个稳定的社会，政府也才具有高度的合法统治能力。

政治上也是一样。改革开放时代，中国在政治上的成功源于开放。过去为什么成功，因为形成了一种比较开放的政治过程，政治过程向社会阶层和利益开放，先向农民开放，后向城市居民开放，向各级部门开放，向各级政府开放。政治的开放性造就了改革的巨大的动力。现在政治改革为什么变得那么困难了呢？一个原因或许是因为政治过程的开放力度又不够了，政治领域如果开放度不够，就容易产生既得利益集团，而既得利益则必然阻碍进一步的改革。

如何继续推进改革？关键在于继续开放。在政治领域，20 世纪 90 年代中期之后向民营企业家开放，这是应当的，因为新的社会群体产生了，就要把它纳入政治过程之中，以扩大执政党的社会基础。但问题是，在这个过程中，也不能忽视其他的社会群体。在经济部门，商会组织变得越来越强大，但如果工会的力量得不到发展，那么和企业主的组织相比较，工人就会处于弱势地位。弱势群体，比如说农民，也应当容许他们组织起来。在经济上强势的群体组织起来、参与政治的情况下，如果不容许弱势群体组织起来，那么两者就要失去平衡。执政党和政府应当起到很大的作用，保持强势社会群体和弱势社会群体之间的均衡，这样社会才会稳定，秩序才能得到保障。

现在的情况是，越想改革，来自体制的障碍就越大。问题的根源在哪里？邓小平提倡"摸着石头过河"，但现在就没有这样的人物敢去摸石头。现在每推出一个政策，利益集团就把这个政策当作谋取私利的一个工具。就像房改，房价是越改越高。本意是好的，但是每改一次就为利益集团提供一个机会赚大钱。其他方面的改革如医疗和教育也是这样。无论怎样的改革议程，一旦被利益集团所挟持，那么就会背道而驰。

邓小平的确是个伟人。当时就有很多的既得利益阻碍改革，所以他一开始不去触动既得利益，而是去开创新的利益，利用新的利益克服旧的利益。城市改革艰难，就先改革农村。国企改革很困难，就先不去改国企，而是去国企之外找，成长出一个非国有部门来。这就是开放的经济过程。结果产生了巨大的新的利益，用新的利益去克服旧的利益。这就是邓小平成功的地方。现在那些在改革开放中扮演很大角色的新的利益，已经变成既得利益了，这些既得利益不想进一步开放了。

实现中国模式改进的出路是政治的开放性。在保持政治开放性方面，可以向其他国家学习。西方国家，大多通过多党制来实现这个目标，但多党制并不是唯一的方法，还有其他促使政治保持开放的方法。比如新加坡，尽管一直是一党独大，但一直保证着这个制度的开放性。只有开放才能对政治过程保持压力，一旦封闭起来，就自我腐败。中国的执政党已经从自身的历史和苏联、东欧的变革历史中学到了非常多的教训。执政党自身如何保持永恒的开放？这永远会是最严峻的挑战。但很显然，如果要避免自我腐败，避免来自社会的激进变革，执政党就必须直面这个挑战。

中国模式是开放的。历史没有终结。黑格尔认为当时崛起的西方"民族国家"是最终的国家形式，但没有过多久，欧洲民族国家之间就发生了无穷的战争。同样，福山在20世纪90年代认为西方民主是最终的政体形式，历史又可以终结了，但进入21世纪以来，西方民主也出现了巨大的危

机。中国有开放包容的历史，中国模式在开放中改进和提升，只有开放才
是可持续的，才会是永久的。

参考文献

钱穆：《中国历代政治得失》，三联书店，2001。

郑永年：《中国崛起：重估亚洲价值观》，东方出版社，2016。

郑永年：《中国改革路线图》，东方出版社，2016。

Daniel Bell, *The China Model: Political Meritocracy and the Limits of Democracy*, Princeton, NJ: Princeton University Press, 2015.

Joshua Ramo, *The Beijing Consensus*, London: Foreign Policy Centre, May 2004.

Yasheng Huang, "Rethinking the Beijing Consensus," *Asia Policy*, January 2011; John Williamson, "Is the 'Beijing Consensus' Now Dominant?" *Asia Policy*, January 2012.

国际社会对"中国道路"的解读

李红军*

摘　要　自"中国道路"成为国际社会关注的热点以来，国际社会对"中国道路"的内涵、性质、特征以及对"中国道路"世界影响的看法等问题进行了深入的分析，呈现了鲜明的特点。总体来看，研究呈现繁荣景象。但是，现实观照不足，意识形态的偏见，也是不容否认的。国际社会关于"中国道路"的讨论，有着复杂的背景。对此，我们应以客观、理性的态度加以认识。

关键词　国际社会　"中国道路"　认知

"中国道路"与实现中华民族伟大复兴这一宏伟目标紧密相连，在探索中国发展道路的过程中，始终贯穿着对民族复兴之梦、社会主义之梦、现代化之梦的追求。20世纪六七十年代，国外学者已经开始关注中国发展道路问题。近年来，世界日益深刻地认识到中国改革开放30多年来取得的巨大成就，同我们所选择的正确道路有着密不可分的内在逻辑联系。自党的十八大报告对中国特色社会主义道路的内涵进行了科学和完整的概括后，国际社会有关"中国道路"问题的探究再次升温并呈现许多新的特点和趋势。了解这些观点和看法，对于推动中国特色社会主义事业发展、实现中华民族伟大复兴具有积极意义。

＊　李红军，贵州师范大学历史与政治学院教授，从事马克思主义基本原理及其中国化研究。

一 国际社会为什么关注"中国道路"

近年来海内外舆论对"中国模式"或中国发展道路特别关注是什么原因呢？概括起来，主要有以下几点。

1. 中国应对 1997 年亚洲金融危机、2008 年的经济危机的成功，引起国际社会对中国发展战略和发展模式的重新审视。1997 年亚洲金融危机和 2008 年的经济危机，使中国经济社会的发展受到了一些影响，但在党中央国务院正确领导下，采取了妥善的对应政策，不仅没有陷入危机之中，而且还保持了经济的稳定和快速发展，中国这种逆势也飞扬的非凡表现，堪称奇迹中的奇迹，使中国崩溃的言论不攻自破，彰显了中国特色社会主义的独特优势。这个时候，中国的成功自然就吸引了全球的目光，国际社会开始重新审视中国的发展战略和发展模式。美国智库卡内基国际和平基金会专家黄育川说，中国成功应对国际金融危机和全球经济衰退，是了不起的成就。相比世界其他国家和地区，中国以一种合理的方式，很好地渡过了危机。"中国领导人干得很好，国家保持了稳定、强劲的发展"。[1]

2. 中国集中力量办大事、强有力地应对特大灾害的能力引起世界关注。长期以来，国际舆论界一种有代表性的声音认为，中国的政治体制是一党执政，陈旧落后，这种格局不改变，市场经济的发展就没有保障。然而，这些年来，中国"神舟"系列航天飞船深入太空空间活动，中国成功应对南方大雪灾、汶川大地震、西北大干旱和舟曲特大泥石流等灾难。中国为迎接奥运会，用三年时间完成三号航站楼的建造，这在西方连完成审批程序的时间都不够。这一系列活动中体现的高速有效的动员能力，震撼全球，充分显示了中国特色社会主义的体制效率和组织优势。面对这些事实，国际上怀疑、批评中国政治制度和社会制度的声音减少，越来越多的国际高层人士对中国政治制度持积极肯定的看法。

---

[1] 吴成良：《成就非凡 前景光明——外国人士高度评价中国经济社会发展成就》，《人民日报》2013 年 3 月 4 日。

3. 东西方鲜明对比的结果。以新自由主义为理论基础的"华盛顿共识"主张私有化、自由化的经济发展道路，在俄罗斯搞"休克疗法"、在拉美形成"拉美模式"、在亚洲形成"东亚模式"，结果在 20 世纪晚期造成了三个重灾区，出现了拉美的经济危机、东亚的金融危机和俄罗斯"休克疗法"的失败。非洲 18 个国家以西方的结构调整方案为主导，减少政府的作用。实行 20 多年后，非洲的国家能力变得更加脆弱，导致了经济更加衰败、社会危机恶化、艾滋病频发等等。近年金融风暴肆虐全球后，人们重新认识资本主义的固有矛盾，反思新自由主义的实质和危害，而恰恰在这期间，"风景这边独好"，出现了"中国奇迹"。过去五年，中国国内生产总值从 26.6 万亿元增加到 51.9 万亿元，跃升到世界第二位。在政治建设、文化建设、社会建设方面取得举世瞩目的成就。"中国的发展，不仅使中国人民稳定地走上了富裕安康的广阔道路，而且为世界经济发展和人类文明进步作出了重大贡献"。正反两方面的比较，使人们纷纷把目光投向蓬勃发展的社会主义中国，国际社会开始认真探究中国发展战略和发展模式的丰富意蕴，并从理论上进行概括和总结。

4. 发展中国家渴求实现现代化的道路，在迷茫中发现了"中国的奇迹"。在全球化背景下发展中国家都在谋求现代化，然而如何实现现代化，对发展中国家来说是一个新课题。当今世界实现现代化有两条道路，一条是资本主义现代化道路，一条是社会主义现代化道路。而这两条道路中，社会主义的"苏联模式"虽然有过辉煌的时期，但最终表明并不十分成功；资本主义现代化道路上的"东亚模式"和"拉美模式"近年又失效，中国作为一个大国在这样的背景下崛起，就格外引人瞩目，使发展中国家加倍关注中国的成功经验。正如中非关系专家丹尼尔·拉志所指出的，"中国独特发展模式的成功引起了国际社会，特别是第三世界国家的广泛关注，成为与后殖民主义时期其他现成经验不同的理念和新的发展援助的来源"。①

———————————

① Daniel Large, "Beyond 'Dragon in the Bush': The Study of China-Africa Relations," *African Affairs*, Vol. 107, No. 426, 2008.

二 国际社会怎样看待"中国道路"

（一）国际社会对"中国道路"内涵的议论

对"中国道路"的内涵和特征理解，国际社会从不同的角度出发，作出了不同的诠释。由于话语体系及思维方式的差异，很多学者认为，"中国道路"与"中国模式"的内核和精华基本相同，是不同语境下的同一概念，因而可以替换使用。2004年，乔舒亚·库珀·雷默在《北京共识》的报告中，把"北京共识"称为"中国模式"，认为"中国模式"的"核心就是一个国家按照自身的特点进行发展"，"它的定义是锐意创新和试验，积极地捍卫国家边界和利益，越来越深思熟虑地积累不对称投放力量的手段。它既讲求实际，又是意识形态，它反映了几乎不区别理论与实践的中国古代哲学观"。①《澳大利亚人报》驻中国资深记者罗恩·卡利克认为"中国模式"由两个部分组成，一是效仿自由经济政策的成功要素，通过使本国经济的很大部分对国内外的投资开放，又允许实现劳动方面的灵活性，减轻税收和监管方面的负担，并把私营部门和国家的开支相结合，从而创建一流的基础设施；二是保持执政党对政府、法院、军队、国内安全机构以及信息的自由流动的牢牢控制。②这种用"经济自由加政治压制"来概括中国模式的观点，得到了许多西方学者的支持。

不少印度的中国问题专家认为，"中国模式"包括：经济上，制定适合本国国情的对外开放政策，趋利避害，与全球化潮流齐头并进；外交上，与邻为善、稳固周边；政治上，稳步推进适合国情的民主改革；军事上，在实现国防现代化的同时，将大量原本投入军事领域的宝贵资源转为民用，极大地减轻了国家的负担。③瑞士日内瓦大学研究员张维为认为，"中国模式"是指"重大的经济改革和较小规模的政治改革"的有机结合，

---

① 〔美〕乔舒亚·库珀·雷默：《中国形象：外国学者眼中的中国》，社会科学文献出版社，2006，294~295页。
② Rowan Callick, "The China Model," *American*, November/December 2007.
③ 宿景祥：《世界看好中国模式》，《环球时报》2004年4月28日。

是"以一种循序渐进、摸索和积累的方式，从易到难进行改革，并吸取中外一切优秀的思想和经验"的发展模式。①

美国霍普金斯大学的乔尔·安德斯在《新左派评论》杂志发表的《中国变化的颜色》一文中指出，中国走的是一条独特的东亚道路，其特点是强大的国家、活跃的家庭劳动经济和主要由小企业组成的私有经济和小规模资本主义经济。② 俄罗斯学者久加诺夫在把"中国道路"与俄罗斯的经济发展道路相比较的前提下，指出中国成功 = 社会主义 + 中国民族传统 + 国家调控的市场 + 现代化技术和管理。③ 从以上分析可以看出，国际社会在"中国道路"内涵问题上没有达成一致意见，但有一个共同的特点，就是多运用诸如"北京共识""经济自由加政治压制"这样的词句或者简单的公式从具体的政策层面进行概括，注重政治与经济方面，忽视文化、社会方面，这就使得对"中国道路"内涵的揭示不够全面，最多只能揭示"中国道路"的某些方面，不可能涵盖"中国道路"的所有内容。

对于"中国道路"的内涵，要做出全面而又深入的概括，不是一件容易的事情。仔细梳理中国改革开放的实践历程，深刻剖析当代中国发展进步的根本原因，我们不难发现，"中国道路"，就当前来说，就是中国实行改革开放、进行社会主义现代化建设的道路。它包含四个方面不可或缺的基本内涵。

第一，"中国道路"坚持共产党的领导。中国共产党是中国人民在长期的革命斗争中的历史性选择，中国共产党带领中国人民艰苦奋战，取得了新民主主义革命的伟大胜利，建立了新中国，确立了社会主义制度，为我国以后的一切发展进步提供了制度保证；中国共产党带领中国人民艰辛探索建设社会主义的规律，开创了一条崭新的具有中国特色的社会主义建设道路；中国共产党是以马克思主义为指导思想的政党，确保了中国特色社会主义的建设道路遵循科学社会主义的原则，沿着实现共产主义的最终目标向前推进；中国共产党是工人阶级的先锋队，是中国最先进的生产力的代表，是中国特色社会主义事业的坚强领导核心。

---

① 张维为：《关于中国发展模式的思考》，《学习时报》2008 年 1 月 21 日。

② Joel Andreas，"Changing Colours in China"，*New Left Review*，Nov. / Dec. 2008.

③ 常宗耀：《关于中国特色社会主义道路的世界意义》，《理论探索》2008 年第 4 期。

第二，"中国道路"是一条坚持发展生产力，通向国家现代化的发展之路。马克思在《〈政治经济学批判〉序言》中提出了社会矛盾运动的基本规律：生产力决定生产关系，经济基础决定上层建筑的思想。这一规律对于发展中的社会主义国家有重大指导意义。大力发展生产力是我国实现现代化的必由之路。改革开放以来，我国通过变革不适合生产力发展的经济体制，建立了充满活力的市场经济体制，大大促进了生产力的发展，实现了经济上的飞跃，加速了我国现代化的进程。

第三，"中国道路"坚持经济、政治、文化、社会和生态文明"五位一体"，全面、协调、可持续的发展方针。强调了发展的全面性、平衡性、科学性，给我们提供了如何使经济社会达到又好又快发展的有效方法。全面兼顾了社会主义社会的不同方面，有利于推进和谐社会的发展。

第四，"中国道路"以全体人民的共同利益为出发点与落脚点。"中国道路"与马克思对共产主义社会的设想相吻合，即都是以人的自由全面发展作为终极目标。"中国道路"以全体人民的共同富裕和建立富强民主文明和谐的现代化国家为发展目标，体现了以人为本的精神，主张社会文明成果由全体人民共同享有，体现了社会公平正义。

（二）国际社会对"中国道路"性质的界定

"中国道路"的性质，是国外学者研究"中国道路"的一个极为重要的方面，不同的学者持有不同甚至截然相反的观点。

1. 走向资本主义道路

这种思路影响的范围最广、形成的时间最长。在很多国外学者看来，中国在改革开放过程中所制定并实施的一些政策与社会主义没有直接的联系，中国的发展道路并不是社会主义性质的，而是资本主义性质的。

在坚持认为社会主义应该实行计划经济而非市场经济的国外学者眼里，一种观点认为，中国社会主义市场经济是向资本主义的过渡，因为市场的逻辑将是推翻国家规则的力量，动摇社会主义的意识形态。如美国左翼学者马丁·哈特·兰兹伯认为，尽管中国以"社会主义市场经济"的名义进行改革，但市场改革只要一启动，就会陷入一种"湿滑的斜坡效应"，"无论用什么方式，将国有资产转变成可以用来剥削自由劳动力的资本性资产，这就是马克思所说的'原始资本积累'的复制"，其结果就是私有一步一步地替代公有，"通往了彻底的资本主义的回归"。[①] 在罗伯特·韦尔看来，社会主义市场经济不可能存在，因为市场化改革的每一个阶段都会出现新的问题，中国共产党无法控制市场的规则，最终的结果将是"利用社会主义来建设资本主义"。[②] 另一种观点认为，中国社会主义市场经济已经是资本主义的一种形态。美国麻省理工学院的黄亚生教授在其所著的《中国特色资本主义：企业与国家》中，通过对中国经济成分和发展指标的分析，指出中国经济已经资本主义化。[③] 他认为所谓的"中国特色社会主义"实质就是"中国特色资本主义"。爱德华·斯坦菲尔德认为，中国吸纳了西方资本主义市场经济的规则制度与精神，采纳了这一套西方的游戏规则，玩着西方社会的竞争游戏，中国已蜕变成一个高度涉入全球生产的新兴国家，成了一个不折不扣的资本主义社会。[④]

2. 不姓"资"也不姓"社"

波兰马克思主义理论家亚当·沙夫通过对中国当前社会生活的观察，对于中国式的社会主义、中国式的资本主义、中国式的封建主义这三种说法，都表示怀疑。[⑤] 他认为，中国的社会形态问题极其复杂，无法明确界定中国特色社会主义社会的性质。英国著名经济学家彼得·诺兰认为中国走的道路既不同于资本主义也不同于社会主义，应把中国特色社会主义道路理解为"第三条道路"，他指出，"如果我们所说的'第三条道路'是指国家与市场之间的一种创造性、共生的相互关系，那么我们可以说，中国2000多年来一直在走它自己的第三条道路。这是中国令人印象深刻的长期经济和社会发展的基础。中国的第三条道路是一种完整的哲学，把既激励又控制市场的具体方法与一种源于统治者、官员和老百姓的道德体系的

---

① Martin Hart-Landsberg & Paul Burket, "China and Socialism," *Monthly Review*, July-August 2004.

② Robert Weil, *Red Cat, White Cat: China and the Contradictions of "Market Socialism,"* New York: Monthly Review Press, 1996, 230.

③ Yasheng Huang, *Capitalism with Chinese Characteristics: Entrepreneurship and the State*, Cambridge University Press, 2008.

④ 〔美〕爱德华·斯坦菲尔德：《中国善于"内化"西方游戏规则》，《参考消息》2010年6月30日。

⑤ 〔波兰〕亚当·沙夫：《我的中国观》，《当代世界社会主义问题》2001年第4期。

深刻思想结合在了一起"。① 俄国学者杰柳辛在《"中国的资本主义"还是"有中国特色的社会主义"?》一文中指出，争论中国的现行制度是"有中国特色的社会主义"还是"中国的资本主义"没有意义，问题不在于名称，只要改革的结果使人民生活能够得到改善，使经济、社会、政治进一步发展，那么世界上具有最独特和最古老文化的国家挂什么招牌并不重要。②

3. 一直坚持"社会主义"方向

虽然一些学者对"中国道路"的认知方向有些偏离，但仍然有一些学者认可"中国道路"的社会主义性质。法国学者托尼·安德列阿尼在《中国还是社会主义国家吗?》一文中说："中国的社会主义市场经济仍属社会主义性质。其理由一是中国目前正处在社会主义初级阶段，当前最主要的问题是发展生产力，摆脱'贫穷的社会主义'；二是中国的国家和集体所有制在经济中占主导地位，公有经济发挥着领导作用，土地仍然实行国家所有制，私营经济的发展受到鼓励；三是中国仍然保留了国家计划和政府宏观调控，只不过通过间接手段进行；四是中国在发展社会主义市场经济的同时，还促进了精神文明的发展，而这种文明又完全不同于西方文明"。③ 美国著名历史学家阿里夫·德里克认为，社会主义已经成为民族形象不可分割的一部分，中国特色的社会主义是利用资本主义经验而又力图克服资本主义发展中种种弊端的社会主义。④ 伦敦经济学院教授林春也指出，"说到底，中国模式的规范性在于它的社会主义取向，志在最终取代一个危机重重的全球资本主义整合模式"。⑤ 智利共产党总书记劳塔罗·卡莫纳说："中国的发展来源于中国人民及其执政党的智慧，他们知道如何才能发展经济，更重要的是，在发展经济问题上，执政党能超越意识形态的生硬标

---

① 〔美〕彼得·诺兰：《处在十字路口的中国》，吕增奎摘译，《国外理论动态》2005 年第 9期。

② 〔俄〕杰柳辛：《"中国的资本主义"还是"有中国特色的社会主义"?》，《国外社会科学》1994 年第 4 期。

③ 徐崇温：《国外有关中国模式的评论》，《红旗文稿》2009 年第 8 期。

④ 〔美〕阿里夫·德里克：《重访后社会主义：反思中国特色社会主义的过去、现在和未来》，吕增奎译，《马克思主义与现实》2009 年第 5 期。

⑤ 林春：《"中国模式"议》，《政治经济学评论》2010 年第 4 期。

签，从更加科学合理的角度考虑经济发展问题。当外界审视中国经济成就时，时常提到中国模式或者中国经验，但更重要的是，这种模式和经验背后的精神实质是中国共产党始终秉持的社会主义发展模式和理念。"①

由上述争论可知，国外学者基于不同的视角对"中国道路"的性质进行了研究，见解各异。应当说，那些否定中国发展道路的社会主义性质的见解或者是别有用心的歪曲，或者是认识上的问题，把现实中不是资本主义的因素贴上资本主义的标签，把现实中存在的一些资本主义因素上升到制度层面，把中国存在问题的根源归因于中国特色社会主义制度。长期以来，不管是社会主义国家的经济学者，还是资本主义国家的经济学者，都普遍认为市场经济就是资本主义经济，计划经济就是社会主义经济。因此，中国实行改革开放后，发展市场经济的尝试在国际上引发了极大争议，认为中国既然搞市场经济，就是要搞资本主义。其实，邓小平在南方谈话中已经明确指出，"计划多一点还是市场多一点，不是社会主义与资本主义的本质区别。计划经济不等于社会主义，资本主义也有计划；市场经济不等于资本主义，社会主义也有市场。计划和市场都是经济手段"。②至于非公有制经济的发展，同样不是中国要搞资本主义的标志。非公有制确实不属于社会主义的因素，但是，不能说允许非公有制的发展就是走资本主义道路。中国允许非公有制的存在和发展的基本前提是不能动摇公有制经济的主体地位，公有制经济不仅在量上，而且在质上，相对于非公有制经济都占有优势。邓小平一再强调，"我们吸收外资，允许个体经济发展，不会影响以公有制经济为主体这一基本点。相反地，吸收外资也好，允许个体经济的存在和发展也好，归根到底，是要更有力地发展生产力，加强公有制经济"。③在社会主义因素与资本主义因素并存的今天，只要我们在政治上坚持中国共产党的领导，在多种经济成分并存的条件下坚持公有制占主体，在意识形态多元化的条件下坚持马克思主义的指导地位，我们就是走在社会主义的道路上。因此，我们必须立足实际，以马克思主义的观点和方法理性分析与辨别，坚决驳斥各种错误观点。

① 《国际社会盛赞中国共产党成立 90 年取得巨大成就》，新华网，北京，2009 年 6 月 3 日。
② 《邓小平文选》第三卷，人民出版社，1993，第 373 页。
③ 《邓小平文选》第三卷，人民出版社，1993，第 149 页。

（三）国际社会对"中国道路"特征的剖析

"中国道路"的特征是基于"中国道路"性质界定基础上的延伸和具体化，不同的学者从各种角度进行了探讨，观点各异。

1. "实用主义"的观点

相当数量的西方学者认为，中国改革开放以来坚持实用主义的发展模式，取得了巨大的成就，因此，"实用主义"是"中国道路"的显著特征。把"不管黑猫、白猫抓住老鼠就是好猫""实践是检验真理的标准"等观点理解为只解决当前现实问题而忽略社会主义长远目标的实用主义举措。日本学者渡边利夫指出，中国不是乌托邦社会主义，而是重视生产力的社会主义；不是主观能动主义，而是物质刺激之类的实事求是主义；不是急进主义，而是实验主义性的实用主义，这正是所谓邓小平经济思想的精髓。[①] 中国共产党提出的构建社会主义和谐社会、科学发展观等理念是实用主义的标志。瑞典学者辛尤汉指出："今天的中国在摒弃了共产主义这种意识形态之后，明显地出现了一种向古老的、非马克思主义价值观的回归。……'社会主义和谐社会'究竟是什么意思呢？它可能包罗万象，也可能一无所指。从这个意义上来说，这个口号奉行的正是现代中国的政治传统——务实主义：是什么无关紧要，只要有用就行"。[②] 科学发展观"将重点放在降低地区经济不平衡、缩小收入差距、提升能源使用效率、遏制环境恶化，以及建立社会福利计划、一个更稳定的社会秩序和更强大的社会道德感。这些都是实用主义的政策，以帮助共产党作为执政党继续掌握权力"。[③] 德国的中国问题专家托马斯·海贝勒认为，将"三个代表"重要思想写入共产党的党章表明中国社会发生了急剧的变化，这种变化正体现了中国现代化进程具有实用主义倾向，经济上，从计划经济到市场经济的转型，或者政治的经济化；政治上，共产党已经从一个阶级的政党发展成

---

① 〔日〕渡边利夫：《邓小平的经济思想与改革开放》，《国外中共党史研究动态》1994 年第 6 期。

② 〔瑞典〕新优汉（Johan Lagerkvist）：《中国模式的局限性》，郭存海译，http://www.21ccom. net/articles/zgyj/xzmj/article_ 2010012099. html。

③ Suisheng Zhao, "The China Model: Can It Replace the Western Model of Modernization?" *Journal of Contemporary China*, 2010, 19 (65): 431.

为一个人民的政党；意识形态上，政府的目标不再是一个遥不可及的"共产主义"，而是一个不太遥远的"和谐社会"。[①]

西方学者之所以把"中国道路"贴上实用主义的标签，关键在于对中国改革开放以来的一些政策、措施的误读，没有考虑到当时提出这些政策、措施的背景，理解上仅停留在字面意思，而没有考虑到其深层次的含义，造成一定的片面性。事实上，在改革开放过程中，中国共产党几代领导集体都始终强调马克思主义与当代中国的具体实际相结合，制定各项方针政策的出发点和归宿都是为了人民群众的利益，与西方宣扬的"有用就是真理"的实用主义有着本质区别。

2. "渐进式改革"的观点

一些学者在比较了中国与苏联的改革后，认为苏联的休克疗法导致制度终结，中国的渐进式改革取得了巨大成就，因而认为"渐进性"是中国模式的突出特点。张维为在《中国震撼》一书中，把中国模式归纳为8个特征，即实践理性、强势政府、稳定优先、民生为大、渐进改革、顺序差异、混合经济、对外开放。[②] 美国布鲁金斯学会中国研究中心主任李成指出，"中国模式从本质上来讲是'摸着石头过河'的模式。在经济改革当中，中国从未采取其他社会主义国家计划经济转型的所谓'休克疗法'，而中国采用的是渐进的、有序的、可控的方式，这也是中国模式的一个主要特点。比如先让经济腾飞，然后再关注合理的分配。就像邓小平讲的'让一部分人先富起来'，让某一部分地区先富起来，然后在过程当中再不断地调整、修整、纠错"。[③] 巴瑞·诺顿也持类似观点，认为中国独特的发展模式具有高度的灵活性与适用性，"灵活性和试验性的方法同'渐进主义'结合起来，这通常通过援引一句中国的俗语'摸石头过河'反映出来"。[④] 在一些西方学者看来，中国的渐进式发展既减少了改革的阻力，使改革能够不断深入下去且保证了发展的连续性，也使中国的改革没有脱离

---

① 〔德〕托马斯·海贝勒：《关于中国模式若干问题的研究》，《当代世界与社会主义》2005年第5期。

② 张维为：《改革开放与中国发展的模式》，《党政论坛》2011年第11期。

③ 《中国模式需保持包容与开放》，《国际先驱导报》2010年12月31日。

④ 〔美〕巴瑞·诺顿：《中国发展经验的奇特性和可复制性》，见王新颖编《奇迹的建构：海外学者论中国模式》，中央编译出版社，2011，第27页。

社会主义轨道。保加利亚社会党国民议会议员亚纳基·斯托伊洛夫认为，"中国把发展、改革与稳定有机地结合在一起，进行了一系列创新试验，实现的是一种渐进、浪潮式的发展，此种模式以政策的连贯性和平衡性见长"。① 但也有学者指出，随着改革的深入，渐进式改革也呈现一些弊端。"中国过去摸着石头过河，取得了改革开放的一系列成功，但问题是不能老摸着石头过河。……当前，国企改革和金融改革进入了最困难的阶段，环境问题、能源问题、社会公平问题等等一些新的挑战也摆在了面前"。② "渐进式改革所产生的二元体制导致国家和社会在转型过程中付出了高昂的社会成本，这些社会成本可能会远远超过短期内既得利益集团所获得的经济利益"。③ 渐进式改革的目的或者不明确，或者让人们从原来的社会主义理想中，逐步接受美好的资本主义现实。④

虽然国外学者对渐进式改革的意义、问题及特点做了全面而深刻的剖析，但其局限性也是显而易见的，他们把渐进式改革看作中国走向资本主义策略的看法是极其错误的。这样的观点忽视了一个基本的前提，即中国的改革没有离开四项基本原则的指导。尽管在渐进改革的过程中，吸取了一些资本主义的因素，但这些因素并未动摇四项基本原则，因此也没有改变中国的社会主义性质。通过渐进式的探索，可以为实现社会主义，实现中华民族的伟大复兴打下坚实基础。

3. "特殊体制与文化"的观点

有些国外学者看到了"中国道路"是建立在特殊的中国体制与文化之上的。美国普度大学教授洪朝辉认为，"中国道路""不以现有的经典理论为指标，不以各国的历史与现状为参照，完全是依据中国近30年的各种发展现实为实证分析的基点"。中国现行的经济制度既不是西方教科书上所讲的社会主义的计划经济，也不是西方典型的市场经济，而是"建立在中

① 《中共具有顽强生命力和强大领导力——西方政党领袖和专家学者寄语中共（海外人士评说中共7）》，《参考消息》2011年6月27日。
② 〔美〕托尼·赛奇：《转型的中国与中国的转型》，见张冠梓主编《哈佛看中国（政治与历史卷）》，人民出版社，2010。
③ 〔美〕托尼·赛奇：《转型的中国与中国的转型》，见张冠梓主编《哈佛看中国（政治与历史卷）》，人民出版社，2010。
④ 〔英〕马克·里欧纳德：《中国怎么想》，林雨蒨译，台北：行人出版社，2008。

国特殊的政治制度、文化传统和社会结构之上的政治权力与经济资本杂交的混合经济"。① 英国伦敦政治经济学院亚洲研究中心主任阿塔尔·侯赛因也持有类似观点，认为中国独特的发展模式与其他国家和地区的发展模式是不同的，"中国的发展是一个幅员辽阔、人口众多的国家在保持自身数千年的社会、文化传统的前提下，经济快速实现市场化、国内和国际两个市场迅速实现全球化的发展模式"。② 英国剑桥大学政治与国际问题高级研究员斯蒂芬·哈尔珀认为，"中国的发展和改革的成功主要归功于其独特的文化、人口学、地理学和统治哲学"。③ 英国学者格雷厄姆·哈钦斯也认为"中国道路"是以中国的国情为基础的，认为中国至今仍然坚持社会主义的一个原因是"中苏之间文化和历史背景的不同比它们在社会主义方面的相同之处更为重要。中国受西方的多样化、个人主义和自由市场经济的影响要比莫斯科晚得多"。④ 此外，还有学者指出，"中国的特色有很多，如人口众多、幅员辽阔、物产丰富、可耕地贫乏、生活方式和生活水平低下、饱受贫穷和落后、历史悠久的儒家传统文化、辛亥革命的挑战、苏联经济模式的失败等。中国很难照搬任何外国的现代化模式，无论是西方的、东欧的，甚至是日本的模式。中国就是中国，她只能走自己的路"。⑤

"中国道路"确实是在中国独特的体制与文化基础之上建立的，国外学者对这一特征的分析比较符合中国的实际，但这一描述也存在局限性，它没有抓住我国社会主义性质这一根本点，并且任何一个国家的社会制度都不能脱离本国具体国情，都有其独特的体制与文化内涵。

（四）国际社会对"中国道路"世界影响的看法

在"中国道路"能否以及如何为其他国家乃至人类社会发展提供经验

① 洪朝辉：《"中国特殊论"颠覆西方经典理论》，《廉政瞭望》2006 年第 10 期。

② 严锋、马建国：《"世界眼"看中国实践：美国学者担忧"中国模式"》，《瞭望》2008 年第 40 期。

③ Stefan Halper, *The Beijing Consensus: How China's Authoritarian Model Will Dominate The Twenty First Century*, Basic Books Publisher, 2010, P. 32.

④ 格雷厄姆·哈钦斯：《为什么中国仍然不受多米诺骨牌倒下的影响》，《每日电讯报》1991 年 8 月 28 日。

⑤ 〔美〕戴维·W. 张：《邓小平领导下的中国》，喻晓译，法律出版社，1991 年，第 263 ~ 264 页。

借鉴这个问题上，国际社会也存在不同的声音，主流的看法是"中国道路"将对世界各国发展产生积极影响。

1. 打破了西方模式的垄断地位

百年一遇的金融危机，宣告了"美国模式就是世界发展进程唯一标准"这一被美国人赋予神权色彩的信条的破产，中国事实上已经开始作为国际政治生活中的一支独立力量而发生作用。美国思想家福朗西斯·福山在《出乎意料》一书中指出："人们将许多不平等现象归咎于美国式的资本主义，全世界对这些不平等现象的不满，可能会将人们的注意力更多地转向像中国这样的社会主义模式，从而结束美国的霸权地位"。① 中国在创造一个崭新的社会、经济和政治体制，它的新型经济模式已经把中国提升到了世界经济的领导地位；而它的政治模式也许可以证明资本主义这一所谓的"历史之终结"只不过是人类历史道路的一个阶段而已。② 英国马丁·雅克说：到2050年，中国将成为世界最大经济体，超过美国和那时的第三大经济体印度。中国将在政治和军事上成为全球最强大国家。③

2. 丰富了世界文明的多元性

一些西方学者也尝试从文明进化角度看待"中国道路"的重要贡献，认为"中国道路"丰富和发展了世界发展模式，为全球的发展注入了强劲、健康、鲜活的因素，必将以其独创性为人类文明不断走向繁荣与发展作出贡献。历史学家汤因比认为，中国可能为人类的文明提供一个全新的文化起点。④ 斯蒂芬·马克斯认为，中国的发展没有采纳"华盛顿共识"，中国模式所带来的理念不仅不同于以西方经验为中心的意识形态，而且还在发展中国家产生了显著的效果。福山也认为，中国模式的有效性证明，西方自由民主并非人类历史进化的终点，人类思想宝库要为中国传统留有一席之地。⑤

---

① 《学者预测世界七大战略意外：北约十年内消失》，http://news.sohu.com/20080131/n254990842.shtml。

② 孟黎：《西方学者眼中的中国未来》，《金融时报》2009年11月20日。

③ 许门友、李楠：《西方"中国模式"热评析》，《理论导刊》2011年第12期。

④ 〔英〕阿诺德·汤因比：《历史研究》，刘北成、郭小凌译，上海人民出版社，2000，第394页。

⑤ 姜加林：《世界视角下的"中国道路"》，《求是》2013年第6期。

3. 为更多国家提供了新的选择和信心

通过国际比较，舆论普遍看到，处于同一历史时期，面对相似的国际环境，中国取得了持续快速发展，中国的发展道路为不少国家树立了参照和榜样。2005 年 6 月 14 日，时任联合国秘书长的安南在接受记者提问时说，中国依靠独特模式实现发展的有益经验，的确值得其他国家，特别是发展中国家借鉴。[①] 美国学者约瑟夫·奈 2008 年初对记者说："中国的经济增长不仅让发展中国家获益巨大，中国特殊的发展模式和道路也被一些国家视为可效仿的榜样……更重要的是将来，中国倡导的政治价值观、社会发展模式和对外政策做法，会进一步在世界公众中产生共鸣和影响力。"[②] 南部非洲资源观察研究所所长卡本巴说："中国走出了一条受世人称赞的'中国道路'，它使中国变得更加强大，人民更加富足"，同时也"为发展中国家，特别是非洲国家起到了示范作用"。[③] 还有学者指出，"中国模式"中的许多做法不一定具有普遍意义，但这些做法背后的思想，特别是"实事求是""以人为本""循序渐进""和而不同"、政府的作用等，则可能有相当普遍意义，并构成了中国的政治软实力。这将对发展中国家摆脱贫困、对全球问题的有效治理、对国际政治和经济秩序未来的演变，产生深远的影响。[④]

4. 为中国赢得了宝贵的话语权

中国的崛起能带来一种全新的思维、一种深层次的范式变化，是西方现存理论和话语无法解释的新认知。阿根廷学者孔萨尼在接受新华社记者采访时指出，"中国文化崇尚'和谐'与'和平'，中国在参与经济全球化过程中也给世界带来了中国文化，这不仅对中国，而且对未来世界的健康发展也非常有意义"。[⑤] 俄罗斯《远东问题》杂志也刊文强调，中国在对待现代文明方面的态度、实施社会政策方面的经验，客观上成为"历史末

---

① 谢鹏：《安南赞扬中国发展模式》，《人民日报》2004 年 6 月 16 日。
② 詹得雄：《国外热议"中国模式"及其启示》，《参考消息》2008 年 3 月 27 日。
③ 《世人称赞的"中国道路"》，《新华每日电讯》2012 年 11 月 12 日。
④ 张维为：《"中国模式"回应世界挑战》，《当代中国史研究》2008 年第 2 期。
⑤ 《十八大的世界意义》，《新华每日电讯》2012 年 12 月 6 日。

日"及"文明冲突"等自由化思潮的有力替代者，从而推动历史发展，防止文明之间的冲突，推动其转向建设性对话，实现全球的共同发展。① 汤因比说："西方观察者不应低估这样一种可能性：中国有可能自觉地把西方更灵活、也更激烈的火力与自身保守的、稳定的传统文化熔为一炉"，"如果中国能够在社会和经济的战略选择方面开辟出一条新路，那么它也会证明自己有能力给全世界提供中国和世界都需要的礼物。这个礼物应该是现代西方的活力和传统中国的稳定二者恰当的结合体"。② 中国话语权的提升，增强了国际政治中的和平因素，有利于世界和平这一共同目标的实现。

当然，国际舆论也有不少对"中国道路"世界影响的消极议论。一些学者认为，中国是社会主义的"反面教材"。认为建立市场经济体制和发展外向型经济使中国离社会主义渐行渐远，国内两极分化严重，对区域间竞争的强化损害了其他国家工人的利益，因而对世界社会主义实践是一种消极的力量。马丁·哈特－兰兹伯格和保罗·伯克特在《中国与社会主义：市场改革与阶级斗争》的前言中指出："中国的经验仍然是建设社会主义的重要的经验源泉。可是，这些经验大多都是负面的。不幸的是，中国政府号称要振兴社会主义的'市场改革'，却导致中国越来越走向资本主义化，走上受外国支配的发展道路。结果是在国内外产生了庞大的社会成本。更为复杂的悲剧是，许多进步分子和社会主义的支持者，却仍然在为中国的经济政策辩护，并鼓励其他国家采纳中国这样的政策"。所以，中国的成功，不但不会为其他社会主义国家带来福音，相反，很可能还会诱使其他国家走向资本主义。一些学者认为，"中国道路"缺乏道德吸引力，不值得发展中国家借鉴，中国的"经济仍然深深地受到腐败、效率低下的国有企业以及不成熟的银行系统的困扰。他们没有真正的法治，他们的监管环境令外国投资者和本国的企业家越来越难以捉摸"。③ "号称社会主义的中国全面市场化，成为世界上贫富差距最大的国家之一。当中国的廉价的出口产品在西方许多地方遭到某些工人和学生团体抵制（与反倾销无关），而'中国制造'被扭曲为血汗工厂的代称时，当骇人听闻的工伤

---

① 〔俄罗斯〕季塔连科：《论中国现代化经验的国际意义》，《远东问题》2004 年第 5 期。
② 〔英〕阿诺德·汤因比：《历史研究》，刘北成、郭小凌译，上海人民出版社，2000，第 394 页。
③ 《美国人不用恐惧中国崛起》，《参考消息》2011 年 1 月 21 日。

数字、矿难内幕、因工资拖欠而被迫自杀或杀人的劳工遭遇、污染景象及地方政府与开发商勾结强拆民宅强占土地等事件一再被国际媒体报到时,'北京共识'或'中国模式'即成自欺欺人的奢谈。"①

我们认为,不管国际社会对"中国道路"持有何种看法,都不能否认"中国道路"的世界历史意义:它增加了人类文明发展的物质财富,展示了世界文明发展多样性的基本特质,唤起了人们对社会主义的信心,为解决人类文明的共同性问题提供了现实可能,为发展中国家提供了榜样示范,开创了大国崛起的和平发展之路。当然,"中国道路"最主要的意义在于它使中国这样一个十几亿人口的大国逐渐摆脱了贫困,人民生活水平有了质的提高,综合国力迈上了一个大台阶,国家面貌发生了新的历史性变化。虽然在发展的过程中,存在着剥削、贫富差距加大、过度消耗资源、生态环境恶化等诸多问题,但这些问题将在中国的发展过程中不断得以解决,不能由此而否认中国模式的价值和意义。另外,由于每个国家的具体国情不同,我们也不认为"中国道路"能为发展中国家提供一个现成方案,简单地照搬照抄中国经验去解决他们本国的问题。习近平总书记曾指出:"文明是多彩的,人类文明因多样才有交流互鉴的价值。阳光有七种颜色,世界也是多彩的。一个国家和民族的文明是一个国家和民族的集体记忆。"② 我们认为,文明有姹紫嫣红之别,却无高低优劣之分。既没有十全十美的文明,也没有一无是处的文明,要看到其他文明的长处,正视自己文明的不足,以平等、谦虚的态度对待各种文明,在相互尊重的基础上实现文明间的交流互鉴,形成促进人类社会发展进步的合力。因此,应该站在整个人类社会发展的高度,去衡量"中国道路"的价值和意义。

三　国际社会关注"中国道路"的特点

自"中国道路"成为国际社会关注的热点以来,国外学者、政要等等对"中国道路"的内涵、性质、特点、意义等问题进行了深入的分析。由

---

① 　俞可平等:《中国模式与"北京共识"》,社会科学文献出版社,2006,第245页。
② 　习近平:《在联合国教科文组织总部的演讲》,《人民日报》2014年03月28日。

于各自知识结构、思维方式的不同而呈现以下特点。

1. 研究呈现繁荣景象

近年来，海外主流中国学对当代中国的研究呈现出日益繁荣的景象，国际上有数十个国家的几百个研究机构和成千上万的研究人员，在从事有关中国问题的研究。最负盛名的研究机构如美国哈佛大学的东亚研究所，日本的亚洲政治经济学会、中国研究所、京都大学人文研究所，加拿大的多伦多大学、约克大学、蒙特利尔等东亚研究中心，法国的现代中国资料中心、德国科隆的联邦东方与国际研究所和汉堡的亚洲事物研究所，俄罗斯的远东研究所等等。英国的《新左派评论》和《中国季刊》、美国的《当代中国》、日本的《中国研究》、俄罗斯的《远东问题》等都是极有影响的中国学研究的主要学术刊物。国外也非常注重现代中国的资料搜集与交流，美国、日本、俄罗斯被称为世界各国研究中国问题的主要资料基地。其中，美国95家图书馆的中文藏书达4亿册以上。研究对象从原来的意识形态、权力斗争等扩展到社会制度和社会结构领域。研究方法上不断变革，追求创新，形成了多样化的态势。如美国政治学家路逊·派伊所著的《中国政治的动态》一书，采用了社会科学和地域研究相结合的综合分析方法。比较研究方法的运用也相当广泛，既有纵向的比较，也有横向的比较，如美国的《比较政治研究》《比较共产主义研究》等杂志就经常刊载运用比较方法研究中国学的文章。另外，国外学者还用数量分析、个案分析等方法来研究中国问题，使研究呈现多元化的格局。

2. 现实观照不足

国外学者对"中国道路"的研究注重文献梳理，掌握的资料比较翔实，在分析历史资料的基础上转入对中国发展道路的讨论。但是，也要看到，他们的研究脱离了中国实际，无法真正与中国特色社会主义的实践"对话"。众所周知，"中国道路"是在中国特有国情下形成并发展的，正是与社会主义初级阶段的国情相结合，才使中国特色社会主义具有强大的生命力，对现实发展具有格外重大的指导意义。研究"中国道路"离开了对中国国情的考察是没有说服力的。由于国外学者了解中国社会的渠道狭窄，仅仅局限于阅读和研究中国的文献资料，拘泥于理论的思辨，较少去做实地调查、实际考察的实证性研究，使他们难以把握理论与客观事实之间的关系，影响了他们对中国发展道路、发展策略分析的客观性和科学性。

3. 意识形态的偏见

有意无意地带有强烈的意识形态偏见是国外学者和西方政要关注"中国道路"的主要特点。郑永年曾指出："尽管中国本身不再强调意识形态，但西方不断要把中国再意识形态化，使用各种充满意识形态味道的概念如'权威资本主义'和'权威民族主义'来描述和打扮中国。"[①] 他们认可中国经济发展取得的巨大成就及对世界经济发展的影响，但对于政治层面则避而不谈，经常淡化"社会主义"色彩，回避中国的"社会主义"性质，不愿意或很少使用"中国特色社会主义"这一概念，不愿意承认"中国道路"的成功就是中国特色社会主义的成功。美国《时代》周刊记者迈克尔·舒曼提出，"我们为什么会这样担心崛起的中国，却不担心崛起的印度？或者说，为什么一个经济强大的中国比一个更强大的欧洲更难以让人接受？"[②] 原因很简单，印度与西方的价值理念是相似的，而中国的成就并非按西方的价值标准取得，而是历经百年忧患，根据中国特殊国情进行不断探索，在付出巨大代价，找到明确方向后取得的。如果他们肯定中国的成就而又肯定其价值理念，那就等于否定了西方本身的价值。所以，为了维护西方国家的价值理念、文化的强势地位，弱化不同于西方的文化认同，西方学者在分析"中国道路"的过程中，自然会出现意识形态化的特点。

总之，国际社会关于"中国道路"的讨论，有着复杂的背景。其中不乏高见，但误读也颇多。对此，我们应以客观、理性的态度加以认识。

参考文献

〔英〕阿诺德·汤因比：《历史研究》，刘北成、郭小凌译，上海人民出版社，2000。

《邓小平文选》第 1~3 卷，人民出版社，1993 年、1994 年。

江金权：《中国模式研究：中国经济发展道路解析》，人民出版社，2007。

---

① 郑永年：《中国模式能够被围堵吗？》（下），《参考消息》2009 年 9 月 10 日。

② 〔美〕迈克尔·舒曼：《为什么我们害怕崛起的中国》，《时代》2011 年 06 月 07 日。

〔苏〕罗·亚·麦德维杰夫:《让历史来审判》,人民出版社,1981。

〔美〕莫里斯·梅斯纳:《毛泽东的中国及其发展》,社会科学文献出版社,1992。

《十三大以来重要文献选编》(上),人民出版社,1991。

《十四大以来重要文献选编》(中),人民出版社,1997。

《十五大以来重要文献选编》(上),人民出版社,2000。

《十六大以来重要文献选编》(上),中央文献出版社,2005。

王丽娟等:《全球化与国际政治》,中国社会科学出版社,2008。

习近平:《在联合国教科文组织总部的演讲》,《人民日报》2014年3月28日。

徐贵相:《中国发展模式研究》,人民出版社,2008。

《中国共产党第十八次全国代表大会文件汇编》,人民出版社,2012。

邹东涛:《"中国道路"与中国模式》,社会科学文献出版社,2009。

中 国 思 想

坚守核心价值体系，迈向文化强国之路

李景源*

摘　要　文化首先是价值体系，文化建设实质上是价值体系建设。迈向文化强国之路，必须对社会主义核心价值体系进行深层次的研究。建设社会主义核心价值体系，是推动文化大发展、大繁荣，提高国家文化软实力，迈向文化强国的必然要求。在建设文化强国的过程中，必须坚守社会主义核心价值体系这个根本。作为当代中国的实践主题和理论主题，中国特色社会主义必然是价值体系的核心，价值体系的其余三项内容都是中国特色社会主义的题中应有之义。

关键词　核心价值体系　文化　中国特色社会主义

推动社会主义文化大发展大繁荣，建设社会主义文化强国，对于实现中华民族伟大复兴的"中国梦"具有重大而深远的意义。党的十七届六中全会明确提出了文化强国战略，号召全党增强文化自觉和文化自信，提出了四个"越来越"的新认识，即在加快转变经济发展方式的关键时期，文化越来越成为民族凝聚力和创造力的重要源泉，越来越成为综合国力竞争的重要因素，越来越成为经济社会发展的重要支撑，丰富精神文化生活越来越成为全国人民的热切愿望。这四句话展示了一种新的文化发展观。习

---

*　李景源，中国社会科学院学部委员、哲学研究所原所长。

近平总书记明确指出："一个国家，一个民族的强盛，总是以文化兴盛为支撑的。中华民族伟大复兴需要以中华文化发展繁荣为条件。"①为此，要迈向文化强国之路，必须对一系列重大理论和战略问题进行深层次的研究。

一　怎样理解文化

1. 文化的定义

文化不同于自然物，它是人的创造物，并为整个群体所共享。从外延上看，它是物质财富和精神财富的总和。从内涵上看，它是人们历史地形成的生活方式。梁漱溟先生认为，"文化，就是吾人生活所依靠之一切"，②他又说："文化并非别的，乃是人类生活的样法。"③ 胡适也认为，"文化是一种文明所形成的生活的方式"。④ 所谓文化是人们生活的样法，即包括日常生活中的吃喝穿住（纪录片《舌尖上的中国》，介绍的就是中国各地不同的饮食文化）、婚丧嫁娶、生老病死，也包括由这些生活形成的日常观念形态。日常观念文化就是用意识和语言来描述过去的生活、未来打算过的生活（中国梦）。可见，文化与人类生活是合为一体的，生活方式这个说法是为文化的林林总总各种现象提供一种统一性、一种共通性。生活方式包括生产方式、交流方式、思维方式。人们用器物文化、制度文化、观念文化来表示上面三种活动方式。

2. 文化的层次

任何事物都有形而上的层面，也有形而下的层面，文化本身也不例外。文化的形而上的层面是指文化的抽象精神层面，它是文化的本质或本体。文化的本体是文化的核心和灵魂，人们总是根据文化的精神层面即文化的形而上的部分，来理解文化的重要性。当人们讲文化是民族的根、文

---

① 习近平 2013 年 11 月 26 日在山东曲阜考察时讲话，人民网，2014 年 8 月 7 日，http://theory. people. com. cn/n/2014/0807/c40531 - 25421812. html。

② 梁漱溟：《中国文化要义》，上海人民出版社，2005，第 6 页。

③ 《梁漱溟全集》第一卷，《东西文化及其哲学》，山东人民出版社，1989，第 380 页。

④ 《胡适文存》第三集，《我们对于西洋近代文明的态度》，黄山书社，1996，第 1 页。

化是民族的魂、文化的兴衰关系到民族精神的生死这些话，都是着眼于文化的精神层面来讲的。文化的形而下的层面是指文化的存在形态或表现形式，即指文化的产品和载体，包括历史文献（如二十四史、《四库全书》等）、陶塑、石刻、砖雕、木器、绘画等。

3. 文化的结构

我们还可以从主体和客体的角度来对文化进行分类。实践是文化形成和发展的基础，文化是人通过实践活动所创造的东西，它不同于外部自然物和人自身的生活本能。主体和客体是实践的基本结构，主体通过实践活动来改造客体，实践的结果体现了主体的所思所想，人把自己反映在对象上，实践的产物是主体对象化了，客体化了。文化的客体存在形式，就是主体的追求变成了客体的形象，如一堆木料变为了一张千工床。文化的主体存在形式，就是客体的属性变成了主体的技能，如陈丽华的紫檀博物馆建设过程，木工先用柴木练习雕刻，掌握技能后再用紫檀雕刻。所以，文化的主体存在形式，就是人的能力和素质，人怀有的人文价值和心态。以年画这种艺术形式为例，中国有三大年画产地，天津杨柳青、山东潍坊杨家埠和苏州桃花坞。这三大产地代表性作品"连年有余"的创作风格各不相同。木版年画要有画工、刻工、印工三方面的合作，才能完成年画的创作和生产。现在评选出的年画文化遗产继承人就是年画文化的主体存在形式。

文化的主体存在形式是动态的，是文化在实践活动过程中的存在，文化的客体存在形式是静态的存在，是物化的存在。文化的主体存在形式随着时间的推移会消失，但活动的结果不会因为活动的结束而化为乌有，这些成果取得了客体的存在形式。它使个体之间、不同民族和地区之间的文化交流成为可能，使文化成果在不同世代人民之间的继承和发展成为可能。时至今日，我们仍然可以在博物馆欣赏到旧石器时代的石刀、石斧，马家窑的彩陶，商代的青铜器，汉代的漆器、唐诗、宋词和元曲、明清瓷器、古典小说等。

从广义上说，文化的客体存在形式就是文化资源。文化的客体存在形式如果离开了主体存在形式，就将失去文化的意义。如地下文物以及图书馆中的文献典籍，不被人发现或没有人研究和利用，只不过是一堆无生命的文物。发展文化产业就是开发文化的客体存在形式，赋予文化资源以新的灵魂和生命形式。只有当文化的客体存在形式转化为主体存在形式，即成为人们实践活动的条件和要素，转化为主体的能力和素质，才能证明自己的存在并得到丰富和发展。文化的主体存在就是人自身的发展。我们发展文化事业和文化产业，发展文化的客体存在，目的还是为了使文化的客体存在形式转化为主体存在形式，促进人自身的发展。所谓文化的结构，就是文化的这两种存在形式的相互作用。

文化建设的核心任务之一是保留文化的民族性，通过文化传承保护民族的文化认同。例如，建筑作为文化的客体存在形式，如古城墙、村镇中的古祠堂，是凝固的艺术，文化的活的化石，在它们身上闪现着文化的活的灵魂。去年我去湖南汝城开会，发现全县有 700 多座祠堂和家庙，规模宏大、建筑精良、雕梁画栋。祠堂具有西方宗教教堂的功能，既是同一姓氏族人与祖先阴阳对话、沟通的场所，同时也是风水文化（前有照、后有靠）、氏族文化（发展、迁徙的历史）、仕途文化（家族名人、进士牌匾）传承的载体，在祠堂中举行的祭祖仪式，承担着个人荣耀与家族荣耀、氏族兴旺与国家振兴关系的教育功能，通过敬祖崇礼活动而产生的神圣感和道德使命感会极大地影响族人的日常生活。如果这些祠堂全部被拆除了，祠堂文化也就被摧毁了。所以，珍惜传统的文化遗存是一项重要任务。

当前，文物古迹和历史文化街区保护工作面临的主要问题是全国各地拆真遗产、建假古董。2010 年济宁地区要建假古董，被政协委员联名反对搁浅。为什么不能建仿古一条街呢？遗留下来的历史文化街区是在不同历史时代由不同的工匠以不同的文化风格和境界精心研磨出来的，蕴含着深厚的历史文化沉淀，体现着当地居民的生活延续性。江南名镇南浔古建筑古香古色，承包给旅游公司以后，把二十多栋古建筑统统拆除，变成统一样式的仿古建筑，门窗结构颜色都一样，完全丧失了遗产的真实性和古镇的整体价值，游客对之嗤之以鼻。聊城也是将历史文化街区全部拆除，统一地建仿古建筑，而且仿古建筑非常丑陋，造成了无法挽回的损失。

对历史文化遗存的保护很费钱，为什么还要保护？一是因为文化古迹承载着先民的文化、历史和情感，二是因为历史遗存是不可再生的、可以反复享用的文化资源，三是古迹持续的文化价值远远超过土地的经济价值。比如，杭州有一个历史文化街区叫河坊街，如果卖给开发商是 5 亿元，现在保护下来的河坊街文化价值评估是 150 亿元。随着时间的推移，老城文化价值还会不断增殖。西递村、宏村这两个古村落，当年本来认为危房过多，居住条件不佳，而计划拆除，通过专家论证开展保护之后，成功申报为世界文化遗产。现在这两个古村落不仅保护了珍贵文化遗产和历史自然风貌，还极大地促进了地方经济发展，2010 年当年收入比十年前增长了5 倍多，原住民收入大幅增加，成为当地中等收入的示范群体。

文化有大传统和小传统，大传统包含小传统，小传统体现大传统。差异化和多样性是文化发生和发展的本质特征。保护古镇、古村落和历史文化街区，就是保护土生土长的小传统文化。小传统文化体现一种生命智慧，即生活在特定地域的人们对当地的地形、气候、土壤、水文、动植物群落等生存条件所作出的最优选择，形成了特有的居住文化生态。如浙江兰溪的八卦村，把自然景观和道家理念结合起来，易守难攻。乡村文化对当代人具有重要的生存论意义。乡村是人和自然亲密接触的生活场所，尊重乡村文化，重建乡村生活的多样性，在当前急速推进工业化、城市化的浪潮中具有重大的战略意义。城市和乡村的关系应是男女之间的恋人关系，是不同性别相互吸引相互欣赏的关系，而不是同一性别相互排斥的关系。未来的中国应是双向的城镇化，追求城市生活的农村人口可以进城，热爱乡村生活的城市人口也可以回流乡村，使乡村成为城里人体验乡土情怀的场所。

二 文化有何重要性

中国拥有悠久的文化，是世界上唯一的传统文化没有中断的国家。中华文化的精髓渗透在中国人的生活方式、思维方式、情感方式之中，对民族的世界观、价值观产生决定性的影响。

第一，文化首先是价值体系，文化建设实质上是价值体系建设

近代以来，中国遭遇三千年未有之大变局，思想文化界围绕救亡图存问题，多次展开讨论。早期提出的"中学为体，西学为用"的讨论，新文化运动提出了重估一切价值的口号，五四运动提出了民主与科学的口号，

1920年展开了东方文化与西方文化的争论，1923年展开了"科学与玄学"的论战，20世纪30年代还讨论了中国能否全盘西化的问题，20世纪80年代以来兴起的文化热、国学热，以及当前国内关于有没有普世价值、怎样理解普世价值的讨论，都是思想文化界关于中国选择何种价值体系的争论。

改革开放以来，国外有关中国发展道路的讨论也是以东西方文化的差异、价值观的差异角度作为立论的根据。撒切尔预言中国的改革不会成功，因为中国倡导的价值观与市场经济是背道而驰的。德国前总理也曾预言，中国不会成为世界级的大国，因为它只能向世界提供产品，不能向世界提供思想。随着中国改革开放的深化，中国从一个落后的国家进入世界体系的核心，带有中国元素的价值观念日益获得发展中国家民众的认同，但也引起了西方少数人的情绪化反应。中国即将成为第一大经济体的发展趋势导致消极情绪笼罩西方，哀叹届时第一经济大国是一个非民主制国家，不是西方的盟友，说什么"世界正在去西方化，进入中国化时代"。2011年6月17日，加拿大多伦多市的音乐厅举行一场辩论会，主题就是"21世纪是不是中国的世纪，即中国是否会统治世界？"在这期间，"中国崩溃论""中国威胁论""中国发展前景不确定论"此起彼伏，中国的发展道路和中国价值观的内涵，日益成为世界关注的焦点。伦敦大学教授《当中国统治世界》一书的作者马丁·雅克认为，要洞悉中国模式不同于西方模式的原因，就必须深入其悠久的历史、文化和传统。中国模式可以概括为经济自由加上政治稳定，儒家文化对中国模式的形成及其发展产生了不可磨灭的影响，中国模式可以看作中国文化传统的具体体现。中国政体的本质，即政府高于社会之上，政府享有巨大的政治权威和正统，人民则是将自己定位为依赖者，两者之间存在一种共生关系，当官要为民做主和以民为本的儒家思想在当代获得重新表达。马丁·雅克实际上提出了一个问题和观点，即文化在更深更广的意义上比政治和经济更内在地决定人们的行为。

第二，文化建设关系到民族精神的兴衰

民族的兴衰与文化的兴衰特别是学术文化的兴衰紧密相关。近代以来，中国遭遇三千年未有之大变局，与民族危亡相伴随的是中国文化的衰落，文化衰落的集中表现是学术文化的衰落，有关中国的学术传统和优势流失到国外。中国的学术文化在国际上失去正统地位、丧失独立性，是令许多志士仁人痛心疾首的事情。如国史方面，陈寅恪有"今日国虽幸存，而国史已失其正统"的论断，针对中国学生纷纷到日本学习中国历史的状况，他痛心疾首地写下了"群趋东邻受国史，神州士夫羞欲死"的诗句。在道教方面国外也有"道家、道教在中国，道家、道教研究中心在法国和日本"的断语。许多志士仁人都把学术文化的兴亡视为关系吾国民族精神生死的大事。他们针对中国文化和学术的险恶处境一齐发出了"国灭，而史不可灭""国亡，而文化不能亡"的呐喊。1937 年 10 月，在清华、北大、南开三校南迁的路途上，金岳霖、冯友兰、贺麟等人议论"中国会不会亡"，大家一致认为，中国不会亡，因为中国的思想不会亡。在抗战期间，大家竭尽全力为民族复兴著书立说，冯友兰写出了"贞元六书"，熊十力出版了《新唯识论》，金岳霖写出了《论道》和《知识论》，钱穆出版了《国史大纲》，为传承中华文化做出了杰出的贡献。时至今日，人文学科在国际上做到学术独立的地位尚未完全实现，这是全体国人和人文学者必须坦诚面对的时代课题。

第三，文化是个体自我认同的根基和安身立命之所

中华文化是中国人须臾不能离开的精神家园，它作为价值观，是大多数人的信念和信仰，是人们的精神支柱，是个体自我认同的根基和安身立命之所。在中国近代史上，许多人文学者为了中华民族及其文化的兴亡问题，有的赴汤，有的蹈火，有的留洋，有的去职，为什么？因为文化关系到民族及其精神的生死。陈寅恪认为，王国维自沉的根本原因实为传统文化殉情。作为文化学者，他既是文化所化之人，也是文化托命之人。王国维与传统文化融为一体，对民族文化之衰亡，常常感受苦痛、往往憔悴忧伤，终于不免与之共命而同尽。徐复观先生在教会学校东海大学教书时，对劝他信仰基督教的人答复说："七万万人的中华民族，对自己的文化真正有责任感的，只有我们少数几个人。我之所以不当基督教徒，不是为了旁的，只是要为中华文化当披麻戴孝的最后的孝子。"① 这是他对于文化的

---

① 《徐复观文录选粹》，《无惭尺布裹头归》，台北：学生书局，1980，第 333 页。

责任感和使命感。冯友兰关于中外文化冲突的认识，再次印证了个人与文化休戚与共的关系。他在 1919 年赴美日记中写道：新文化运动使我懂得在八股之外有真正的学问，进入一个新天地；到美国之后，又发现一个更新的天地。这两个天地是有矛盾的，这是两种文化的矛盾。我是带着这个问题去的，也可以说是带着中国的实际去的。从哲学上解答这个问题，是我哲学活动的开始。1982 年冯友兰到哥伦比亚大学接受名誉博士学位时再次表示，我生活在不同文化矛盾冲突的时代，要回答的问题是如何理解这种矛盾冲突的性质，如何适当地处理这种冲突，又如何在这种矛盾冲突中使自己与之相适应。1984 年，他在《三松堂学术文集》的序言中说，从1915 年至今，六十多年间，所讨论的问题，笼统一点说，就是以哲学史为中心的东西文化问题。

同王国维、冯友兰类似，许多人文学者都是把自己的生命活动纳入对民族文化的守护之中，如鲁迅、郭沫若从学医转到文学创作，他们都是在思考民族命运中找准了自己的人生坐标。费孝通被学术界称为"最后的绅士"，守护中国文化是他一生的期望。当他第一次去英国留学时，奶妈偷偷地告诉他，在衣箱底部有一包灶土，当你想家时或水土不服时，拿出来煮一点汤吃就好了。从此，"乡土中国"成为费孝通挥之不去的信仰和情怀。1943 年，他赴美国访问，被美国现代化成果所震撼："我们是维持东方的传统呢？还是接受一个相当陌生的西洋人生态度？"中国文化发展的未来之路是他晚年反复思考的问题，他说："中国正在走一条现代化的路，不是学外国，而要自己找出来。我为找这条路做的最后一件事情，就是做'文化自觉'这篇文章。"[①] 为此，他提出了十六字箴言："各美其美，美人之美，美美与共，天下大同"，这是他代表中国向世界宣示的中华文化价值观。

吉利汽车老总李书福跨国并购沃尔沃，当时是多家竞拍，吉利师出无名，他们主动出击与媒体见面，提出"用全球资源服务全球"的理念，沃尔沃是全球性的企业，它属于全人类，不属于哪个人。瑞典大使认为，李

---

① 转引自方李莉《"文化自觉"思想的提出——费孝通先生晚年跨越的最后一重山》，《中国文化报》2010 年 11 月 26 日。

书福把一种新的文化带入了沃尔沃，在他身上展现了一个拥抱世界的中国。在与沃尔沃工会组织见面会上，对方让他用三个词来表达他为什么并购沃尔沃？为什么吉利对沃尔沃是最合适的？福特公司老总出面劝阻工会不要给他出难题，福特和吉利谈判文件有数千页，根本不可能用三个词把并购的理念表达出来。李书福当场表示：我可以用三个词来表达"I love you"（我爱沃尔沃），会场掌声一片，赢得了工会的信任。外界称赞李书福是汽车狂人、商界天才、自主品牌的标志性人物，在他身上体现的正是胸怀天下的中华文化精神。

三　坚守核心价值体系，实现中国梦

2012 年 11 月 29 日，在参观《复兴之路》展览时，习近平总书记首次提出"中国梦"概念，基本内容是中华民族伟大复兴。实现中国梦，就是要实现国家富强、民族振兴、人民幸福。实现中国梦，是近代以来中华民族的热切期盼和不懈追求，无数优秀中华儿女前赴后继，抛头颅、洒热血，为的就是这个民族梦想。这个梦想和信念，成为中华民族保持生机和活力，实现文明复兴的力量源泉。

中国梦把中国特色社会主义共同理想形象化了，两者是一体两面的关系。要实现中国梦，必须坚持和发展中国特色的社会主义伟大事业。其原因在于以下两个方面：一是中国特色社会主义能够有效解决实现中国梦的道路问题。中国特色社会主义发展道路是近代以来 170 多年中华民族在救亡图存的浴血奋战中不断摸索取得的成果，是在总结建国后 60 多年成功和失败经验教训中自觉选择的结晶。文化部长蔡武访问以色列，佩雷斯总统对他讲，中国选择了不同于别国的发展道路，这是中国对世界的历史性贡献，这是用金钱买不到的。二是中国特色社会主义能够为实现中国梦解决精神旗帜问题。中国已经进入社会转型期，国内外各种文化思潮相互碰撞、相互激荡和相互交锋，只有自觉高举中国特色社会主义伟大旗帜，才能在多元文化交往中使中华民族伟大复兴的中国梦焕发出新的灿烂光辉。

2013 年 1 月 5 日，习近平在新进中央委员、候补委员学习十八大精神研讨班上的讲话指出："党的十八大精神，说一千道一万，归结为一点，就是坚持和发展中国特色社会主义。"① 他还指出："中国特色社会主义，是党和人民 90 多年奋斗、创造、积累的根本成就，是改革开放 30 多年实践的根本总结，凝结着实现中华民族伟大复兴这个近代以来中华民族最根本的梦想，也体现着近代以来人类对社会主义的美好憧憬和不懈探索。"这两句话不仅点明了中国梦与中国特色社会主义的关系，而且揭示了中国特色社会主义在核心价值体系中的核心地位。作为当代中国的实践主题和理论主题，中国特色社会主义必然是价值体系的核心。

要了解共同理想在价值体系中的主导作用，重要的是搞清楚中国特色社会主义与马克思主义指导作用的关系。马克思主义在本质上是关于科学社会主义的理论，是关于社会主义如何取代资本主义以及社会主义、共产主义发展规律的学说。在三个组成部分当中，科学社会主义是马克思主义的价值理想和奋斗目标，是马克思主义整个学说的核心，马克思主义哲学和政治经济学是科学社会主义的哲学基础和经济学基础，是为社会主义从空想到科学提供科学论证的。正是在这个意义上，邓小平强调马克思主义与共产主义的一致性。1985 年，邓小平指出："社会主义是什么，马克思主义是什么，过去我们并没有完全搞清楚。马克思主义的另一个名词就是共产主义。"② 1986 年，邓小平在回答美国记者迈克·华莱士的提问时说："我是个马克思主义者。我一直遵循马克思主义的基本原则。马克思主义，另一个词叫共产主义。"③ 胡锦涛同志在纪念党的十一届三中全会召开 30 周年大会上的讲话中重申："在当代中国，坚持中国特色社会主义道路，就是真正坚持社会主义；坚持中国特色社会主义理论体系，就是真正坚持马克思主义。"④ 这两句话指明了社会主义与马克思主义的一致性，重申了我们党的马克思主义观。科学社会主义与马克思主义的一致性表明，中国特色社会主义就是当代中国的马克思主义。所以，在当代中国，"坚持马

---

① 习近平：《习近平谈治国理政》，外文出版社，2014，第 22 页。
② 《邓小平文选》第三卷，人民出版社，1993，第 137 页。
③ 《邓小平文选》第三卷，人民出版社，1993，第 173 页。
④ 胡锦涛：《在纪念党的十一届三中全会召开 30 周年大会上的讲话》，人民出版社，2008，第 38 页。

克思主义的指导作用”和“高举中国特色社会主义伟大旗帜”的两种表述在本质上是一回事。

价值体系的其余三项内容都是中国特色社会主义的题中应有之义。民族精神不是一种超历史的存在，它的内涵总是随同历史时代的变化而更新，爱国主义的民族精神具有时代性，以爱国主义为核心的民族精神是与中国特色社会主义伟大实践结合在一起的，中国特色社会主义赋予爱国主义以新的时代内涵。邓小平指出：“有人说不爱社会主义不等于不爱国。难道祖国是抽象的吗？不爱共产党领导的社会主义的新中国，爱什么呢？”① 同样的，中国特色社会主义伟大实践形成了解放思想、改革开放、与时俱进、开拓创新的时代精神。中国特色社会主义之所以具有蓬勃的生命力，就在于它是实行改革创新的社会主义，是充满生机和活力的社会主义。我们党在新时期的历史贡献之一，就是形成了社会主义改革和创新理论，把改革创新视为社会主义发展的直接动力，视为巩固和发展社会主义的内在要求，是中国特色社会主义固有的发展规律。改革创新是中国特色社会主义发展的必由之路，中国特色社会主义与改革开放、开拓创新，就是这样内在地、有机地、不可分离地紧紧联系在一起。以“八荣八耻”为主要内容的荣辱观是中国特色社会主义所倡导的道德人格，是中国特色社会主义文化建设的重要方面。所谓社会主义的荣辱观，就是与社会主义市场经济相适应、与社会主义法律规范相协调、为中华民族传统美德和优秀革命道德注入新的时代要求的道德准则。很显然，以“八荣八耻”为内容的荣辱观统一于中国特色社会主义共同理想。邓小平指出：“中国人民有自己的民族自尊心和自豪感，以热爱祖国、贡献全部力量建设社会主义祖国为最大光荣，以损害社会主义祖国利益、尊严和荣誉为最大耻辱。”②

中国特色社会主义共同理想是社会价值体系的核心。邓小平在谈到社会主义与“四个坚持”的关系时，指出：“四项基本原则首先要求坚持社会主义”。③ 他在谈到四个现代化时，指出：“我们干四个现代化，人们都

① 《邓小平文选》第二卷，人民出版社，1994，第392页。
② 《邓小平文选》第三卷，人民出版社，1993，第3页。
③ 《邓小平文选》第二卷，人民出版社，1994，第256页。

说好，但有些人脑子里的四化同我们脑子里的四化不同。我们脑子里的四化是社会主义的四化。他们只讲四化，不讲社会主义。这就忘记了事物的本质，也就离开了中国的发展道路。"① 他还指出："我们搞四个现代化建设，人们常常忘记是什么样的四个现代化，是社会主义现代化。这就是我们今天做的事。"② "一旦中国全盘西化，搞资本主义，四个现代化肯定实现不了。……中国搞现代化，只能靠社会主义，不能靠资本主义。"③ 江泽民在谈到中国市场经济的特色时，指出："我们搞的市场经济，是同社会主义的基本制度紧密结合在一起的。如果离开了社会主义基本制度，就会走向资本主义。……有些人老是提出这样的问题，你们搞市场经济好啊，可是为什么还要在前面加上'社会主义'几个字，认为是多余的，总是感到有点不顺眼，不舒服。国外一些人提这种问题，有这种看法，并不奇怪，因为他们看惯了西方的市场经济，也希望中国完全照他们那个样子去搞。我对西方国家一些来访的人说，我们搞的是社会主义市场经济，'社会主义'这几个字是不能没有的，这并非多余，并非'画蛇添足'，而恰恰相反，这是'画龙点睛'。所谓'点睛'，就是点明我们市场经济的性质。"④

回溯20世纪，100年来世界变动可谓天翻地覆。先是社会主义革命对世界资本主义的一统天下进行革命的挑战，诞生了第一个社会主义国家。在帝国主义发动了两次世界大战之后，亚、非、拉殖民地被压迫民族迅速觉醒，纷纷举起独立的旗帜，全世界的殖民体系基本瓦解，一百多个国家实现了独立。社会主义的出现和殖民体系的瓦解改变了世界。苏联在世界历史上发展七十多年之后，又遭遇动荡和瓦解。西方学者提出了"历史终结论"，断定资本主义制度已经取得最后的胜利，全世界将永远归于资本主义的旗帜之下。出乎西方人的预料，中国经过30多年的改革开放，又成功地开辟出一条有中国特色的发展道路，中国道路举世瞩目。

如今，中国正处在实现中华民族复兴的关键时期，作为两步走的大战

---

① 《邓小平文选》第三卷，人民出版社，1993，第204页。
② 《邓小平文选》第三卷，人民出版社，1993，第173页。
③ 《邓小平文选》第三卷，人民出版社，1993，第229页。
④ 江泽民：《论社会主义市场经济》，中央文献出版社，2006，第202~203页。

略，到 2020 年要全面建成小康社会，离这个目标只有几年的时间，到 2050 年建成发达国家，离这个目标也只有 30 多年的时间。重要的是，建成全面小康社会，进入发达国家行列，不仅仅是实现物质条件的全面改善和物质生活水平的极大提高，而且也是文化水平的全面提高和精神文明的全面提升，只有这样，中国才能真正实现建成富强民主文明和谐的社会主义现代化国家的目标。

参考文献

邓小平：《邓小平文选》第二卷，人民出版社，1994。

邓小平：《邓小平文选》第三卷，人民出版社，1993。

胡适：《我们对于西洋近代文明的态度》，《胡适文存》第三集，黄山书社，1996。

江泽民：《论社会主义市场经济》，中央文献出版社，2006。

江泽民：《论社会主义市场经济》，中央文献出版社，2006。

梁漱溟：《中国文化要义》，上海人民出版社，2005。

梁漱溟：《东西文化及其哲学》，《梁漱溟全集》第一卷，山东人民出版社，1989。

习近平：《习近平谈治国理政》，外文出版社，2014。

历史教益与当代：战略透支和伟大复兴

时殷弘*

摘　要　战略透支和伟大复兴是当今中国划时代努力中的两大彼此密切联系的实际问题，通过考察和论说《史记》《汉书》和《后汉书》记载的有关经典范例，可以借鉴传统中国的历史教益，这对于平衡"战略军事"战略和"战略经济"战略，防止"战略透支"，进一步显著缩小"战略透支"的可能性至关重要。作为当代主题的伟大复兴与作为传统主题的伟大复兴有着高度的相似性，防止"战略透支"的思想也是值得我们汲取的历史教益。

关键词　战略透支　伟大复兴　历史教益

在中国殊为悠久和非常丰富的政治经验和政治思想史册中，以古喻今一向被频繁和显赫地使用，甚至在思想理念的来源上是其根本之一。就战略原理来说大概尤其如此：无论古今中外，"战略广而言之，实际上就是行事方略或成事之道，……连同旨在实现它们的内在连贯和系统的实践"。[①]它不仅可见于下面援引的某些"传统中国教益"例解当中，而且有时甚至构成一个核心成分，用以形成一个伟大的传统中国王朝的时代性国

---

*　时殷弘，中国人民大学国际关系学院教授，国务院参事。
①　时殷弘编《战略二十讲》，天津人民出版社，2008，编者序，第1页。

策大方向。① 在此，我们试图深切地借鉴传统中国教益，以便考察和论说当今中国划时代努力中的两大彼此密切联系的实际问题：（1）"战略透支"问题，或曰国家目的与手段、目标与资源之间大致平衡的绝对必需；（2）作为传统的和当代的一大主题的"伟大复兴"，连同其传统的和当代的根本路径。

一 "战略军事"与"战略透支"

一个显见的趋势是，习近平执政下的中国在亚洲和西太平洋（特别是从中国海岸到第一岛链、包括南海在内的西太平洋西部）具有愈益增长的权势（power）影响。从中长期说，这一权势影响无疑会、也确实要削弱乃至最终取消美国在该区域的近乎支配性的优势。问题是，追求实现这种抱负的战略，从来就应当是如东汉伟大史家班固所说"屈伸异变，强弱相反"的（《汉书·匈奴传下》）多少类似于汉初约八十年里"战略和亲"与"战略克伐"的相继的交互运用，人们已在目睹"战略军事"（strategic military）与"战略经济"（strategic economy）的同时合成实践。从现实看，无论是着力推进的丝绸之路经济带和"21世纪海上丝绸之路"，还是建立亚洲基础设施投资银行，或力推的亚太自由贸易区建设，"中巴经济走廊"，"孟中印缅经济走廊"等，全都可被认为是这一方向上的大动作。

增进中国在亚洲和西太平洋（特别是西太平洋西部）的权势影响，是愈益清楚的中国对外政策的一大目标，就短期、中期和长期来说，都是如此。服务于这一目标的主要政策工具可以说有两大类："战略军事"和"战略经济"。粗略地说，十八大以来中国主要使用的是广义的"战略军事"，它集中体现为中国战略军力建设的更加速突进、中国对美国的强劲

① 例如《史记·郦生陆贾列传》载："陆生（陆贾）时时前说称诗书。高帝骂之曰：'乃公居马上而得之，安事诗书！'陆生曰：'居马上得之，宁可以马上治之乎？且汤武逆取而以顺守之，文武并用，长久之术也。昔者吴王夫差、智伯极武而亡；秦任刑法不变，卒灭赵氏。◇集解 赵氏，秦姓也。乡使秦已并天下，行仁义，法先圣，陛下安得而有之？'高帝不怿而有惭色，乃谓陆生曰：'试为我著秦所以失天下，吾所以得之者何，及古成败之国。'陆生乃粗述存亡之徵，凡著十二篇。每奏一篇，高帝未尝不称善，左右呼万岁，号其书曰'新语'。"

和广泛的战略/军事竞争和对立、中国与日本的持久激烈对抗、中国在南海和东海争端中的强硬态势以及相伴的密集的军事和准军事活动。它们推进了中国的"硬权势"（hard power），包括战略军力更加大踏步显著增强，战略活动范围急速显著扩展，同时强有力地支撑了中国在南海和东海的领土领海主权声索。然而，它们也多少妨碍了中国的国际"软权势"（soft power），增进了中国东部周边的战略/外交环境的复杂性，同时伴有与日本以及美国的显著增进了的冲突风险，并且作为其主要反弹，客观上促进了美国战略"再平衡"的强化和日本解禁集体自卫权的进程。显然，以此为主线的中国对外战略如果长时间延续下去，就有"战略透支"愈益增大的风险。

因而，很可能作为某种战略审视的结果，从2014年秋天开始，中国政府推出一种有利于"战略经济"的重大决策，它基于中国巨大的经济金融实力和可以成就的更广泛的外交，而且，非常重要的是，它契合了紧迫的国内需要，即国内处于经济增长缓慢，且会继续下行的严峻形势，力求以此增进境外对中国过剩产能的需求。2014年10月和11月中国分别与日本和美国达成的两项重要的安全协议，即中日"四点共识"和中美防止双方军舰军机冲撞协议，它们为中国政府推出战略经济决策提供了有利的环境。总之，中国政府已经并将在未来一个时期内继续将其对外政策着重面"分叉化"，使得"战略经济"成为其优先议程上另一个重大维度。

虽然如前所述，以"战略军事"为主的近乎两年的基本方略有着非同小可的代价和风险，但这些并未令中国胆怯。"战略军事"的某几个重大方面依然存在，存在于中国当前基本的战略态势（或曰战略复合态势）之中，如果考虑到中国对外政策仍有的甚或增进了的复杂性，那么，防止"战略透支"应视为经久而非一时的警戒性任务。中国战略性军力的经久、急剧增强仍在继续，甚至是以加速度继续，而且在可预见的未来仍将必定如此。在这方面，世界已经看到关于西太平洋、至少是西太平洋西部的中美军备竞赛显著浮现，涉及海上、空中、网络空间，甚至外层空间。中国武装力量主要面对海洋和海陆两栖环境的军事斗争准备正在加速度进行。中国在南海和东海发展和伸张自身的海洋权势的决心依然如故，并把在南沙群岛的五至七个岛礁同时进行大规模扩岛（包括建筑飞机跑道在内的军民两用设施）作为其当今的重点战略。这看来多少像是"决定性一击"（*coup de grace*），大大加剧了与美国的战略竞争和对立，同时加剧了与东南亚海洋国家的紧张。不仅如此，中俄两国间的战略/军事协作已迅速地大为进展，特别是有俄罗斯先进军事装备和技术的加速对华输出，还有中俄两国海军在地中海和日本海的联合军事演习。

因而，可以说，中国当前关于亚洲和西太平洋的战略路径成了一种复合性的复杂路径，而以"战略军事"为主的战略转变看起来是个战略性拓展，未见有任何收缩的迹象。上述"战略军事"战略与"战略经济"的需要之间，看来有着某些不可否认，或被漠视的抵触。这应当是中国在战略权衡思考和战略平衡努力方面去应对的严肃的问题。这对于进一步显著减小"战略透支"的可能性至关重要。

二 "战略经济"与"战略透支"

就像"战略军事"已有的实践所彰显的那样，"战略经济"为主的战略也有审慎从事的必需，否则"战略透支"风险会在另一大领域生成，甚或变得严重。就此，需要联系"一带一路"以及"孟中印缅经济走廊""中巴经济走廊"和高铁项目输出等等的设想和筹划去思考相关问题。归结起来，就是要心态审慎、政治审慎和战略审慎。

首先，必须深入认识别国充分参与建设的必要性和为此进行更为充分的国际协商的必要性，必须将它们真正做成国际合作的共同事业，因为这样才能消减外部的阻力，争取它们真正获得成功。关键的瓶颈在哪里？不主要在中国的国内，而在中国与其他拟合作的国家之间进行双边、国际的磋商和谈判，它们非常复杂，对方的能动性往往不高，反应和行动滞后。目前，似乎中国一头大热，而其他国家仅小热，甚至不热。不过，尽管美国日本反对，有来自亚洲、非洲和欧洲的50多个国家积极参加亚投行，也是战略经济的一大成就。

再则，应当更深入地做工作，让大家理解"一带一路"既是中国的事业，也是有利于他国发展的国际共同事业。要认真地向"一带一路"沿途国家探寻它们各自真正需要什么，而不能主要由中国界定它们需要什么。

在这方面，必须充分重视中国与"一带一路"沿途国家的经验、包括发展经验的对接，不能想当然地认定中国大搞基础设施建设和投资拉动经济的经验可以广泛适用，会普遍受到欢迎，而漠视不同国家、不同社会复杂的特殊性，或在有些情况下甚至会做出与当地相反的取舍选择。否则，我们就会重蹈自己反复批判的西方普遍主义的覆辙。

还有，至今，关于"一带一路"的创议几乎大都来自中国，需要将某些重大的创议着意留给别国，为此可以等待，在等待中妥善地做"动员"工作，并由此增进别国合作的主动性和积极性。须明确地认识到，中国方面的有关战略规划只是所需战略规划的一部分，还需要有与合作国家的共同的战略规划，前者须按照后者予以调整。

不仅如此，中国还必须注意少说多干。说得过热就一定会加剧俄罗斯和印度的反感，并且引发和加剧中亚各共和国和南亚/印度洋小国的猜疑。在中国这里，"一带一路"的对华地缘战略意义大致只应关起门来自己讲，不应少有顾忌地公开讲，否则只能"证实"外国的担忧和猜疑。需要充分地认识到，在中亚各共和国和南亚/印度洋小国的领土上建设庞大的基础设施体系固有几乎"天然的"敏感性。这些国家当然有关于长远的主权、自主、安全以及利益分配的疑问和担忧。这类建设"天然地"容易引起民族主义性质的疑虑，激起民族主义笼罩下的国内政治论争和相关的不良效应，如果中国做得不够恰当的话。还有，关于外国的疑虑、担忧和利益追求，要认真研究它们在什么程度上是合理的与不合理的，中国应该如何更合适地对待。

"欲速则不达"，因而，战略经济的实施要分阶段，逐步深化，要对中国自身的知识、影响力和战略策略的限度有清醒的认识，需要仔细地区分或分辨就不同问题领域、不同区域和不同国家而言的一个个不同的具体形势，形成和及时修改不同和具体的战略设想甚或战略规划，要根据实际情况调整我们的抱负、实践力度和规划；在某些方面可以加快和加强，在另一些方面需要放缓和收缩，以待基本条件的改善，以待他国做出积极的反应，提出切实可行的参与的计划与方案。

推进"一带一路"以及其他重大的对外经济项目是中国经济未来发展的一个愈益重要的组成部分，因而必须从全局的视角去看待。尽管战略经济的实施中不少组成部分必须服从非经济、非财政的目的，亦即外交、政治甚或战略目的，为在一段时期里承担经济和财政方面的负效应，然而，总的来说，战略经济必须产生广义和狭义的经济/财政收益，否则，从长期来说，国家的资源将难以为继，或者不得不减扣国家其他方面所需的资源投入。因此，对于战略经济的实施必须审慎地进行经济/财政评估，总的来说，不让它们成为长期意义上的"亏本"项目，这或许是推进"一带一路"和其他境外建设项目的"底线"。由于战略经济项目大多在经济风险较高的欠发达国家内，为此，必须有很强的"底线"思维和谋划，以防止发生过度的战略透支。

推进"一带一路"以及其他重大的对外经济项目是中国对外政策的一个重大组成部分，与其他一些重大组成部分密切相关，并且，在许多情况下，在很大程度上依赖后者。宏观上最重要的是，要依靠战略和政策的审视、反思、调试和创新，争取经过一个历史时段去解决或大致解决就周边关系而言的全局性问题，即消减中国周边政策、周边行为和周边形象的内在紧张或自相矛盾性质，争取到适当的时候"搞顺"中国的周边总战略和总实践，使其逐步成为内在统一和通体顺遂的关系和环境。这是中国对外政策的最重要任务之一，而且，这对"一带一路"能够获得成功至关紧要。

三 "战略透支"的历史教益

我们可以用司马迁《史记》、班固《汉书》和范晔《后汉书》的某些部分的有关记载和评论为经典范例，谈论传统中国的历史上"战略透支"的教训和防止"战略透支"的国策。

汉武帝的极严重的"战略透支"是中国史上特别显赫的战略教训之一。尽管击破匈奴帝国殊为必要，但无论如何，和平、"消极"和节约的初汉方针被他彻底抛弃。在武帝的再三重起、经久不息的大规模征战和四面扩张中，初汉积累起来的巨量财政资源迅速耗竭，社会则开始重演初汉以前的凋敝过程。格外巨额的耗费导致国库耗尽，帝国中央破产，于是有孤注一掷的财政"改革"。这位皇帝为了自己反复不已的攻伐征战，加上其晚年几乎无以复加的宫廷奢侈，在几十年里多番以多种措施，剥夺民间商人。① 这往后直至武帝去世的漫长后续主要是：采取将匈奴人推挤至越来越远处的多个战略措施；为摧毁他们而反复进行要么失败要么虽胜犹败的远程征伐。这两者代价巨大，大到令帝国国家破产的地步，但那不是必需的或紧迫的。② 不仅如此，武帝还大致同时在所有方向上进行武力扩张和征服，成效各异，但成本一概巨大。③

《汉书》内载的《徐乐上武帝书》是一番伟大的论说。它基于它反复强调的暴秦的教训，告诫正在武力征服和扩张高峰时期的武帝。它属于中国历史性政治经验中的一类最佳产物，提醒"战略透支"的无谓和危险。④更精彩的是，班固在结束《汉书·匈奴传》的长篇评论中强调，对付北部和西北部边疆以外的"蛮夷"的合适的战略方针应当是一种混合的和情势性的，从对"他们"与"我们"之间基本的差异——族裔/文化/地理差异——的牢固坚定的理解出发，加上由此而来的一种清醒的意识，即像被应用于"我们"的那样，去对他们施以同化或直接治理是不可能或不大可能的，即使花费了巨大的代价。从这出发，必须有一种混合的和情势性的大方针，内含合适的种种"硬""软"成分，去将他们当作不同的人民对待和对付，在坚决和有效地捍卫边疆安全的同时，不梦想对它们的治理一般能是高效的和可行的，近乎对两汉华夏人自己的治理那样。⑤

范晔《后汉书》有一项就"战略透支"问题而言特别有价值的战略记载。⑥ 伟大的光武帝，一位历时195年的东汉帝国的创建者，经过20余年的革命战争和统一战争后，面对社会亟待恢复、人民亟待休养的根本局势，深知"天下思乐息肩"，坚决立意经久和平，压倒性地优先追求国内的安宁和繁荣。在两位重要将领提出一项统一后好战提议（必将导致"战略透支"的提议）之后，他以皇帝诏令的形式，发布一则立意和平、节俭、社会恢复和民众繁荣的历史性宣告，作为其帝国的坚定的大方向。其

① 这些尤其见于《史记·平准书》的集中记载。
② 《史记·匈奴列传》；《史记·大宛列传》。
③ 《史记·南越列传》；《史记·西南夷列传》；《史记·朝鲜列传》。
④ 载《汉书·严朱吾丘主父徐严终王贾传上》。
⑤ 《汉书·匈奴传下》赞曰。
⑥ 《后汉书·吴盖陈臧列传》。

中，他阐发了反对扩张主义和反对好战的深刻哲理，或曰防止对外政策"战略透支"的哲理："'柔能制刚，弱能制强'。柔者德也，刚者贼也，弱者仁之助也，强者怨之归也。故曰有德之君，以所乐乐人；无德之君，以所乐乐身。乐人者其乐长，乐身者不久而亡。"他接着说，"舍近谋远者，劳而无功；舍远谋近者，逸而有终〔这里的远近是就空间（距离）而非时间而言，亦即广义的地缘政治'成本效益估算'〕。逸政多忠臣，劳政多乱人（对外政策与国内政治/社会状态之间的本质关联）。故曰务广地者荒，务广德者强。有其有者安，贪人有者残。残灭之政，虽成必败"。他最后直指眼下的全国形势——百废待兴的形势，那是决定对外政策的根本前提："今国无善政，灾变不息，百姓惊惶，人不自保，而复欲远事边外乎？孔子曰：'吾恐季孙之忧，不在颛臾。'① ……诚能举天下之半以灭大寇，岂非至愿；苟非其时，不如息人。"这一宣告有其大效应："自是诸将莫敢复言兵事者"，很长一个历史时段内"战略透支"的大风险得以杜绝。

四 防止"战略透支"之策

当代中国的对外政策有其压倒性的国内功能。事实上，完全可以从悠久的古老中国主流传统，特别是"对外政策文化"主流传统中找到这一点的颇大部分渊源。中国的悠久政治经验内包括一种哲理性和现实感兼备的、集中致力于中国自身稳定和繁荣的"战略保守主义"，它完全契合关于华夏与远方"蛮夷"关系的儒家意识形态，同时在成本效益方面极为合算（不"烦汗马之劳"）。这在新的当代历史条件下多少被有机地承继下来，大有利于中国的非常突出的经济成长和社会稳定成就，也大大促进了中国的关于对外政策的审慎的战略文化。

诚然，中国的强劲崛起，国内增长对外部资源的迅速增大的依赖，西方强国影响力相对衰减带来的机会，还有更大的民族荣耀的天然吸引力，并非全无可能结合起来而导致对外政策的基本转变，使中国改变压倒性的

---

① 颛臾，鲁附庸之国。鲁卿季氏贪其土地，欲伐而兼并之。时，孔子弟子冉有仕于季氏，孔子指责之。冉有曰："今夫颛臾固而近季氏之邑，今不取，恐为子孙之忧。"孔子曰："吾恐季孙之忧，不在颛臾，而在萧墙之内也。"见《论语·季氏》。

国内优先惯例。然而，也许我们和世界都可以期望，基于多年经验的审慎和耐心的战略文化，加上一个巨型发展中国家的长久的国内任务艰巨性，特别是多达13亿的巨量国内人口实现健康发展和生活幸福的艰巨性，依然并仍会将中国对外态势保持在较温和的调整和有分寸的伸张限度内。

当前，令人关注的是，基本的战略问题与能否坚持有益的"战略保守主义"传统、能否坚持应当经久的和平发展国家方向紧密相关，那就是战略冲劲与战略审慎的平衡，而这平衡在很大程度上取决于坚定的战略轻重缓急意识，避免四面出击的倾向。在有广泛的战略布局和强劲的战略冲劲的同时，尤其需要确定和坚持合理的战略重点，首先追求在这重点上集中的战略决胜。此乃一项重要的战略原则或常理，犹如东汉瓦解时期天才的战略家荀彧给其战略统帅曹操的战略谏言所云，"夫事固有弃彼取此，以权一时之势"。① 为此，所有其他"战场"的战略期望，还有相应的精神和物质两方面的资源支出，都应当按照战略重点的优先位置被打上恰当的折扣。

然而，可以说，中国在近三年那么短的时间里，开辟了那么多"新战场"或"新战线"，其中没有哪一个是在可预见的未来能够形成胜负决定的，因此，中国将在可预见的未来同时从事多项或多线"战斗"。从战略常理来说，这是一种令人忧虑的局面。如果注重如下两条基本的轨迹，那么情况就可能更值得忧虑：（1）中国经济在近两三年缓慢，但会持续下行，国家财政收入亦持续逐渐减少，而且，中国经济本身，世界经济总体发展，以及金融市场愈益增进的复杂性和波动性，会使得中国更不易扭转这个趋向；（2）与此同时，中国的国际介入、海外扩展和相关的财政支出急剧增长，而从这些扩展和支出可以取得的经济收益总的来说却颇不确定。做个比拟，中国的"存款"正在缓慢且持续地相对减少，而中国的支出却在相当急剧地增加，由此，根本性的"战略透支"风险或许正在增长。

鉴于中国当前的总体经济形势，国内的保增长、调结构和深化改革应该成为今后一个时期内的压倒性战略重心。就此而言，中国的国内任务真

---

① 《后汉书·郑孔荀列传》。

正紧迫，而中国在国外的战略发力、权势扩展却总的来说却远非如此，外部的最重要战略取向是维护和平发展的大局，为中国的复兴进程创建稳定、合作与和平的环境综合。战略努力必须有基于深思熟虑的坚韧，战略耐久性往往有决定意义。中国成为伟大的世界强国是一项需要数代人前仆后继、经久努力才能够真正完成的伟业，每一代人可能获取的最好成就何在？就在于大致完成他们处于其中的每个历史性阶段的基本任务。

五 作为传统主题的伟大复兴

复兴是传统中国历史上常有的政治/社会甚或民族主题。所以常有，是出于两大基本缘由：（1）衰落甚或衰毁——王朝、国家、社会甚或民族的衰落或衰毁——构成传统中国周期性的最大事态类型之一；（2）传统中国有着贯穿千年而恒久不息的伟大"复原力"（resilience）。无疑，最大尺度上的衰落和复兴，是华夏或中华民族的衰落和复兴。就此而言，传统中国历史上（甚而整个中国历史上）最伟大的一次复兴乃是 2000 余年前的初汉，因为此前中华国度经历了约 600 年大乱，即从西周崩溃到楚汉战争为止连续不断的普遍分裂、频繁征战、暴烈血拼、外族侵掠、帝国暴政和激烈内战，以致社会凋敝到难以置信的程度，"自天子不能具钧驷，而将相或乘牛车，齐民无藏盖"。①

从高祖吕后，经文景两帝，到击破匈奴帝国为止的武帝，初汉诸君主是传统中国所曾有的头号"民族伟大复兴"者。"复兴"是从一开始就有的根本认识和根本理念，是如前所述高祖从善如流地接受了的儒生陆贾的告诫，即"居马上得之，宁可以马上治之乎？"到文帝时期的贾谊笔下，被凝练为中国史上最伟大的政治论文《过秦论》内短短五个字的最关键论断："攻守之势异也"（"一夫作难而七庙堕，身死人手，为天下笑者，何也？仁义不施而攻守之势异也"）。据此，根本方向被定为，且坚定地保持为"离战国之苦"，"休息乎无为"，以便"民务稼穑，衣食滋殖"。②与此相应，对内坚持

---

① 《史记·平准书》。
② 《史记·吕太后本纪》。

惠农惠民，加上在文帝那里达到极致的宫廷节俭，对外则坚持忍辱负重，仅以坚决不容匈奴帝国向南长驱侵掠为限。显而易见，所有这一切的至关紧要的战略效应之一，就是阻绝"战略透支"。这坚韧的努力到头来造就了惊人的伟大结果："汉兴七十馀年之间，国家无事……民则人给家足，都鄙廪庾皆满，而府库馀货财。京师之钱累巨万，贯朽而不可校。太仓之粟陈陈相因，充溢露积於外，至腐败不可食。"① 以此为资源基础，武帝得以发动数次巨大规模的远征，决战决胜，击破构成致命威胁的匈奴帝国。

另一场伟大复兴，是由光武帝刘秀及其儿子明帝和孙子章帝造就的，在刘氏王朝恢复的意义上史称"中兴"。在王莽"滔天虐民，穷凶极恶，流毒诸夏，乱延蛮貊"②以致社会业已严重凋敝、帝国边乱烽烟四起之后，先有"自然状态"似的暴烈的革命战争，继之以经久和艰辛卓绝的统一战争，其间华夏大地哀鸿遍野，满目疮痍，以致食人惨剧比比皆是。光武帝在统一后的根本意向非常明确和集中，用《后汉书》的概语说，是"在兵间久，厌武事，且知天下疲耗，思乐息肩。……未尝复言军旅"。③ 特别是，如前所述，针对两位重要将领的统一后好战提议（势必导致严重的"战略透支"的提议），他以皇帝诏令的形式发布一则立意和平、节俭、社会恢复和民众繁荣的历史性宣告，作为其帝国的坚定的大方向。他"退功臣而进文吏，戢弓矢而散马牛"，④严格规制和教育东汉首代贵戚，以致他们大都深知"天道恶满而好谦"，⑤并且以"方平诸夏，未遑外事""羁縻之义，礼无不答"⑥为处理对外事务的总方针。在他和明帝、章帝治下逐渐复兴的国内经济社会生活提供了根本的内部条件，使得明帝能够征匈奴，通西域，击叛羌，章帝能够"巨平诸国"、⑦恢复西域。然而无论如何，"不欲疲敝中国以事夷狄"依然是他们的坚定原则。⑧

---

① 《史记·平准书》。
② 《汉书·王莽传下》。
③ 《后汉书·光武帝纪下》。
④ 《后汉书·光武帝纪下》。
⑤ 《后汉书·樊宏阴识列传》。
⑥ 《后汉书·南匈奴列传》。
⑦ 《后汉书·班梁列传》。
⑧ 《后汉书·西域传》。

六　作为当代主题的伟大复兴

仅就复兴的一大关键——"文治"与"武功"的关系而言，当代中国的"中华复兴"努力与传统中国史上的辉煌范例何等相似乃尔！邓小平在他执掌最高领导权的整个时期里，将党和国家的政治、精神和物质资源大都集中于拨乱反正、改革开放条件下的经济大发展，并且为此将中国军力建设和军事现当代化相对"边缘化"，或曰推迟之。此即他的"军队要忍耐"的思想或要求，或曰在当时情况下防止"战略透支"的思想或要求。在这位特别兼具求实精神与宏远抱负的伟大国务家看来，浅显无疑的战略道理之一，就是国家大局优先，构筑基础优先。

"军队要忍耐"原初就意在是暂时的，如邓小平所说，"（将来）我们经济力量强了，就可以拿出比较多的钱来更新装备"，"国力大大增强了，再搞一点原子弹、导弹、更新一些装备，空中的也好，海上的也好，陆上的也好，到那个时候就容易了"。① 两大急剧的事态大概多少提早了当代中国军力建设和军事现当代化的强劲发动，那就是（1）美国依凭骤然亮相的高技术武力极迅速利落地打赢海湾战争，这对中国的政治领导和军界造成了心理震动和思想冲击；（2）继而，"台独"威胁随李登辉 1995 年抛出"中华民国在台湾"论而急剧浮现和急速加重，从而带来了进一步的强烈刺激。在这些背景下，江泽民担任中央军委主席之后，发动军力加速度建设和军事加速度现当代化，其目标，一言以蔽之，是使中国与其武装力量具备打赢高技术、信息化条件下的局部战争的能力。到当今，尤其是在习近平执掌党政军最高领导的三年来，中国战略性军力的大增强和战略性活动的大扩展已经是世界上最显著、最重大、最深远的战略性事态之一，是中国崛起为世界强国趋势的头等表现和头等动能之一。

然而，除非在最紧急的情况下，"不欲疲敝中国以事夷狄"依然必须是中国的一条根本原则。不仅如此，中国未来在军事上无论可能变得多么强大，都须记住中国传统战略哲理中头等重要的一条："兵者凶事"，"用

---

① 《邓小平文选》第三卷，人民出版社，1993，第 99、129 页。

兵不可不重也"。中国史上"战略保守主义"的一篇杰作、武帝时代初期的《淮南王刘安谏伐闽越书》①援引老子"师之所处，荆棘生之"一言，强调"兵者凶事，一方有急，四面皆从。臣恐变故之生，奸邪之作，由此始也"。不仅如此，也像刘安告诫的那样，克劳塞维茨式"战争迷雾"的最大类型之一，在于不要事先持有过分的必胜速胜信心。"《周易》曰：'高宗伐鬼方，三年而克之。'鬼方，小蛮夷；高宗，殷之盛天子也。以盛天子伐小蛮夷，三年而后克。"因而，"用兵之不可不重也"。或者用《孙子兵法》的意义更宽宏、风格更凝重的第一句来说："兵者，国之大事，死生之地，存亡之道，不可不察也。"②

就此，可以援引习近平主席在2014年国庆节的宣告：中国"必须坚持走和平发展道路"；"中国爱好和平，历来知道'国虽大，好战必亡'的道理。我们要始终不渝走和平发展道路，始终不渝奉行互利共赢的开放战略。……促进世界和平与发展。"③这样的宣告既出自中国千年文化传统，也出自当代中国基本经验，并且是长久地防止"战略透支"、争取中国成为伟大的世界强国的一个根本保障。

说到中国的千年传统和当代经验，邓小平以来的当代中国基本经验总的来说简洁明了，但中国千年传统却复杂多样。现有不少学者过头地信仰和鼓吹一条，即中国根深蒂固和几乎一成不变地拥有千年儒家式的和平特性。然而，纵观中国历史，却能分明辨识到历朝历代凡国富兵强，则大多大整军备，大谋武略，大图扩展。其中虽然多有势所必需之举，但内含"战略透支"可能，且亦多有并非必需而付出的巨大代价。远者，秦始皇帝纵兵几十万，北却匈奴，南平百越，初辟南海九郡，中华文明首次突破原战国七国范围。此后，汉武帝倾七十年国家财货积蓄，四面用兵，经半个世纪的大规模兼并扩张，强力营造出一个庞大的帝国秩序，它以华夏本部与其西南、近西和东北外围为郡县，以匈奴故地和西域城邦为半自治区域。开皇之治后的隋朝，贞观之治和开元盛世之际的唐朝，都对四边进行

① 载《汉书·严朱吾丘主父徐严终王贾传上》。
② 《孙子兵法·始计第一》。
③ 习近平：《在庆祝中华人民共和国成立65周年招待会上的讲话》，新华网，北京2014年9月30日电。

了历经多年的大规模武略征服，而唐玄宗在天宝年间更是将大唐兵威史无前例地扩张至当今中亚西部地区，与当时勃然崛起的阿拉伯帝国有了首次大规模直接交战。较近者，明帝国初始尽管发布了十五不征之国，告诫子孙不得妄自出兵，但强盛时期在谋求帝国威望方面并无缩减。明成祖朱棣更是对北方的蒙元漠北政权和远南地区的越南政权进行了连续超远程打击，且斥巨资支持郑和六次远洋航行，以恢宏帝国威望。有清一朝，帝国自康熙时期便不遗余力地经营在远西地区的权势，历经康熙、雍正、乾隆三世，对准格尔接连用兵，远征今尼泊尔、缅甸等遥远之地。

大谋武略往往伴生难以遏抑的过度伸展，或曰"战略透支"。隋因三征高丽而直接导致帝国崩溃，唐则因过分重视对外用兵而内部空虚，以致天宝之乱爆发时帝国腹地竟无御敌劲旅。弱则委曲求全，强则耀武扬威，这权势效应不仅常见于世界古往今来的国家政治和国际政治，也常见于中华文明史上的皇朝时代。中国累积数千年的历史荣耀记忆，还有植根在儒家世界观和政治/伦理哲学中的华夏文明优越理念，则进一步鼓励了传统中国史上各个强盛时期的统治者扩展国势国威，由此迟早会遭"战略透支"之苦，甚至其他相关祸殃。简言之，在精英腐败之外，扩展过度是中华文明史上反复出现的重大弊端，而消减这两大祸因是所有伟大的政治领导的必要使命。

参考文献

《邓小平文选》第三卷，人民出版社，1993。

《后汉书·光武帝纪下》。

《后汉书·郑孔荀列传》。

时殷弘编《战略二十讲》，天津人民出版社，2008。

《孙子兵法·始计第一》。

《史记·平准书》。

中国与国际秩序：国家实力、国际目标与战略设计

门洪华 *

摘　要　国际秩序是大国之间权力分配、利益分配和观念分配的结果，国际秩序兼具稳定性与变革性的特征；大国崛起必然触及国际秩序建构，中国崛起与国际秩序的变革几近同步而行，中国必然就如何重塑国际秩序提出自己的见解。改革开放为中国全面参与国际社会提供了持久的动力，随着国家实力的增强，中国对国际秩序变革的影响力在提高，中国现在是积极的、建设性的、可预期的、重要的国际秩序塑造者。中国参与国际秩序重塑的主要路径是，强调以完善全球性国际制度的基本规则为着眼点，尝试积极参与国际金融秩序的重构，以此为基础积累国际秩序重塑的经验，并将重点放在地区秩序的重构上，逐步加强国际秩序建设的议程创设能力。

关键词　国家实力　国际目标　战略设计

促成稳定的国际秩序被视为大国取得真正成功的重要标志。秩序建设是任何一个崛起大国必须回答的战略和外交议题。随着中国的崛起，中国如何看待和参与重塑国际秩序已经成为世界瞩目的重要问题，也成为世界各国观察中国崛起效应的重要标尺。

国家兴衰、全球化和地区一体化是当前推动世界变革的三大动力。国

---

*　门洪华，同济大学同济特聘教授、中国战略研究院院长。

家兴衰亘古有之，是形成和塑造世界面貌的根本动力，而全球化和地区一体化相辅相成，推动了大国兴衰的步伐，改变了国家兴衰的形式。全球化的发展导致新的国家兴衰，推动着地区合作进程。全球化改变着世界体系的运作规则，使得既有国际秩序的"民主赤字"愈加凸显，既给各国发展带来了新的机遇，同时也必然产生破坏性力量。国家既有参与全球化的渴望，又有着鞭长莫及的恐惧，各国深刻认识到，在全球化和地区一体化并行不悖的时代，各国的繁荣只有在其所属地区的整体共同繁荣之中才能得到保障。基于此，地区合作向着一体化的方向转化，地区一体化愈发受到国家的重视，在各国的秩序目标上，国际秩序与地区秩序建设均体现出重要价值。有鉴于国家主体性的彰显、地区一体化的加强和全球治理的深入，国家改革、地区合作、全球治理促动多元并存，新的秩序建设逻辑正在生成。

中国崛起被视为影响国际秩序的重要力量，其未来战略走向引起国际社会的高度关注，也引动着世界主要国家的战略调整。2005 年《中国和平发展白皮书》提出新的国际秩序构想，"推动国际秩序朝着更加公正合理的方向发展"，从而淡化了持续 30 余年建立国际新秩序的倡议，标志着中国全面融入国际社会之后新的政策导向，并以和谐世界作为标志性诉求。然而，2010 年以来，国际社会对中国的战略走向更为敏感，随着中国新的大战略框架的确立，金砖国家开发银行、亚洲基础设施投资银行等新国际制度的构想与落实，"一带一路"倡议的提出和实施，中国是否正在试图改变既有的国际秩序，成为既有国际秩序的塑造者乃至挑战者，成为国际社会观察和看待中国崛起的重要标尺。

本文从国家实力、国际目标、战略设计等三个主要变量出发，探究中国与国际秩序的关系，重点剖析 1985 年邓小平开始提出和平发展主题以来，中国如何确立和丰富和平发展道路，如何以此为基础在国际秩序构建方面提出自己的理念与主张，并进而付诸实践。

本文的主要观点是：国际秩序是大国之间权力分配、利益分配和观念分配的结果，国际秩序兼具稳定性与变革性的特征；大国崛起必然触及国际秩序建构，中国崛起与国际秩序的变革几近同步而行，中国必然就如何重塑国际秩序提出自己的见解；改革开放为中国全面参与国际社会提供了持久的动力，随着国家实力的增强，中国对国际秩序变革的影响力在提高，中国现在是积极的、建设性的、可预期的、重要的国际秩序塑造者；中国参与国际秩序重塑的主要路径是，强调以完善全球性国际制度的基本规则为着眼点，尝试积极参与国际金融秩序的重构，以此为基础积累国际秩序重塑的经验，并将重点放在地区秩序的重构上，逐步加强国际秩序建设的议程创设能力。

一　大国崛起与国际秩序互动的分析框架

国际社会中的秩序（order）指的是国家间正式或非正式的安排，这些安排为国家提供了一种可预测的、稳定的国际环境，使它们通过基于规则的互动来追求和平解决争端等集体目标。[①] 赫德利·布尔（Hedley Bull）指出，秩序指的是导致某种特定结果的格局，一种旨在实现特定目标或价值的社会生活安排；[②] 国际秩序（international order）指的是国际行为的格局或布局，它追求的是国家社会基本、主要或普遍的目标，包括维持国际体系和国家社会本身的生存、维护国家的独立或外部主权、维护和平等。国际秩序多指国家间秩序，而世界秩序（world order）所关注的不仅是国际秩序，而且包括国家内部的国内秩序以及涵盖了国家体系（system of states）的世界政治体系的秩序。[③] 国际秩序与世界秩序的差别在于，前者是由国家构成的秩序，后者强调其他行为体在世界秩序中的地位和作用。斯坦利·霍夫曼（Stanley Hoffman）认为，世界秩序是国家间建立和睦关系的一种理想化模式，是国家间友好共处的重要条件和规范行为的规章准则，是合理解决争端冲突、开展国际合作以求共同发展的有效手段和有序状态。[④]

---

① Muthiah Alagappa, ed., *Asian Security Order: Instrumental and Normative Features*, New York: Stanford University Press, 2003, p. 39.

② Hedley Bull, *The Anarchical Society: A Study of Order in World Politics*, New York: Columbia University Press, 1980, p. 1.

③ Hedley Bull, *The Anarchical Society: A Study of Order in World Politics*, New York: Columbia University Press, 1980, pp. 16 – 20.

④ Stanley Hoffman, *Primacy or World Order: American Foreign Policy since the Cold War*, New York: McGraw – Hill Book Company, 1978, pp. 180 – 190.

世界秩序是延续人类社会生活主要目的的安排，因此将是一个持续的发展过程，没有终点。全球秩序（global order）则是更为宽泛的概念，不仅包含着国际秩序、世界秩序所关涉的范围，亦将生态环境保护等低度政治（low politics）层面纳入其范畴，进一步将国际治理概念贯穿其中，强调秩序的整体性、全球性、复合相互依赖等特征。

鉴于当前以及在可预见的将来，国际社会仍将处于民族国家时代，我们的分析都是以国际秩序为出发点的。然而，在经济全球化的强烈冲击之下，全球治理的趋势正在显现，将世界秩序乃至全球秩序作为分析的依归也是符合历史发展潮流的。实际上，关于秩序的既有分析，多是将国际秩序与世界秩序一并研究，并未着意探究二者的不同。由于各国都生活在民族国家体制之中，大战之后建立的秩序一般也是国际（国家间）秩序，而不是世界秩序。

根据既有的理解，国际秩序包含如下几个方面的内容：第一，国际秩序是某一时段各主要行为体基于实力造就的格局。换言之，国际秩序是建立在各行为体尤其是主要国家力量对比基础之上的。国际秩序是权力分配的结果。第二，国际秩序是某一时期国际社会各行为体围绕一定的目标，在利益基础之上相互作用、相互斗争而确立的国际行为规则和保障机制。也就是说，国际秩序是国家间尤其是大国之间利益分配的结果。第三，一定时期的国际秩序是否稳定，往往取决于主要大国在核心观念上能否达成和保持一致、有无默契或必要的妥协。换言之，国际体系内共有观念的形成将是决定国际秩序能否建立、可否保持稳定的关键性变量。第四，国际秩序指的是国际社会中的主权国家、国家集团和国际组织等行为体按照某种原则、规范、目标和手段来处理彼此间的关系，以及所建立或维系的某种国际政治经济运行机制和整体态势。也就是说，国际制度是建构和维持国际秩序的决定性变量。

综上所述，笔者认为，国际秩序是国际社会中主要行为体尤其是大国权力分配、利益分配、共有观念形成的结果，而其主要表现形式就是全球性国际制度的创立与运行。

基于以上认识，我们可以说，国际秩序是一种国际公共物品（international public goods），它由各主要行为体尤其是大国提供，又体现并导致了大国之间的合作与冲突。国际秩序之争，实质上是权力之争、利益之争，又主要表现为观念之争、国际制度之争。鉴于大国实力的此消彼长是一种历史规律，在实力基础上的利益分配、主导观念以及反映三种分配结构与进程（process）的国际制度也将处于变动不居的状态之中，国际秩序是一个动态的概念，变革性是其本质特征之一。另外，权力结构、利益结构、观念结构、国际制度又存在某种程度的稳定性，乃至滞后性。新旧秩序的转换将是一个长期的过程。国际政治经济秩序变革的进程与速度取决于实力对比的变化，而后者并不会迅速冲击到既有的结构和国际制度，国际秩序处于这些结构与制度的顶端，故而滞后性也被视为国际秩序的基本特征之一。

大国对国际秩序的影响巨大。布尔指出，大国之所以能够影响国际秩序，只是因为构成国际体系的国家所拥有的权力是不平等的，这使得国际关系格局简单化，大国也可能采取有助于维持或损害国际秩序的政策。布尔通过分析发现，大国所维持的国际秩序在整个国际社会得到了广泛的支持，然而，大国总是面临着如何让其他国家认可自己在国际体系中发挥特殊作用这个问题。世界是不同权力角逐的场所，任何大国都不能在此建立完全符合自己利益的秩序。鉴于此，大国必须避免将自己的特殊地位正式化和明确化，努力避免采取引人注目的破坏秩序的行为，必须满足或部分满足公正变革的要求，必须与二流强国协调维持地区均势。[①]

大国是秩序建构和重塑的主角，其一般规律是，大国软硬实力的增强导致其利益诉求延展，新的国际目标逐步形成，并在国际秩序变动的过程中进行主导或被动的战略设计，成为国际秩序变革的实际推动者，并在全球和地区两个层面展开其战略作为。20世纪迄今，国际秩序变动频繁，秩序斗争从未停歇，大国竞争也在此展开。在国际秩序的建构中，国家实力是基础条件，而观念变革往往发挥着先导性的作用。随着全球化和地区一体化的深入发展，全球治理、地区共同体等理念被提出和逐步接受，而既有的霸权主导观念并未完全退出历史舞台，传统思维与创新思维正在进行着激烈的较量，秩序重构在全球和地区两个层面展开。

---

① Hedley Bull, *The Anarchical Society：A Study of Order in World Politics*, New York：Columbia University Press, 1980, pp. 199 – 222.

二　国际秩序的历史演变

纵观国际秩序的发展进程，其基础是不相关联的多个地区秩序并存，这些秩序均以一国主导为基本特征。随着全球化的冲击（尤以航海革命为重要表现）和大国兴衰，欧洲地区首先形成了均势性秩序，欧洲各列强因工业革命而领风气之先，在全球拓殖，使得地区秩序向全球经济秩序进而向全球政治秩序扩张，经两次世界大战而最终形成了全球意义上的国家间秩序。当然，在一定意义上，全球秩序并未完全掩盖地区秩序的努力（或企图），美国在拉美建立的霸权秩序、苏联在二战期间以及二战后在东欧建立的霸权秩序均可证明之。二战之后，尤其是 20 世纪 60 年代以来，国际秩序变动的突出特征是，随着欧洲自强和亚非拉民族解放运动的深入开展，地区秩序复兴成为潮流，地区共同体秩序作为一种新形式登上了历史舞台，引领着全球秩序变革时代的来临。20 世纪 90 年代迄今，全球秩序的重塑和地区秩序建构的勃兴成为国际秩序建构的突出特征。

纵观古代历史，没有一个国家拥有统驭世界的力量、影响力或遍及世界的利益，也没有一种国际体系曾经达到全球规模，几个地区秩序并存，其中以中国为核心的东亚秩序集中反映了中国的传统政治思想和政治智慧。真正的全球性体系的出现有赖于地理大发现。从 15 世纪末开始，欧洲诸国强力向外拓展，开创了稳定的全球航海体系以及随之而来的全球规模的贸易体系。到 19 世纪中叶，当中国也被殖民体系所触及之际，一个全球性的国际体系产生了。工业革命、运输革命、通讯革命等相继而来，体系内部联系的紧密最终造就了一个全球性的国际经济秩序。在政治上，1648年《威斯特伐利亚条约》的签署，承认了国家主权平等的原则，为日后所建立的国际政治秩序奠定了最原始的政治基础。而值得注意的是，造就这一国际秩序的基础条件就是欧洲均势秩序的形成并趋于稳定。

19 世纪末 20 世纪初，以国际分工的完成、世界市场和世界货币体系的出现、殖民体系的建立为主要标志，一个世界性的国际政治经济体系形成了。在这个体系中，欧洲列强转型为现代民族国家，各自拥有了保护自己不受侵略威胁和对外进行殖民扩张的实力与强烈意愿。大英帝国崛起为世界霸主，同时美国崛起为世界第一经济强国，日本也通过明治维新成功崛起为亚洲强国。19世纪后半叶最为突出的现象是，列强内外夹击，打碎了传统的东亚地区秩序；美国放弃孤立主义，不仅寻求美洲秩序的主导权（以门罗主义为开端），而且开始插手东亚秩序重构（以占领菲律宾和提出"门户开放"政策为标志）；① 欧洲均势秩序因欧陆国家兴衰而急遽变动，德国通过统一实现崛起，成为威斯特伐利亚体系的挑战性力量。这些强国通过战争进行互动的结果，就是第一个全球性国际秩序的出现。它以国际联盟的建立为依托，以凡尔赛－华盛顿体系的确立为标志。可以说，这一全球性国家间秩序的确立是20世纪第一次新秩序的诉求。一方面，它是理想主义思想的实践成果，代表了寻求世界和平的持久努力；另一方面，它是欧洲国际秩序向全球扩张的延续，是资本主义国家建立的国家间秩序向全球的延续，始终带着浓厚的霸权主义和强权政治色彩。

鉴于凡尔赛－华盛顿秩序的分赃性质及其内在的不平等性，该秩序的不稳定是必然的。随着20世纪二三十年代德国的重新崛起和德、日、意法西斯主义思想的泛滥，冲击该秩序的力量和意愿已经磨刀霍霍，一场新的世界大战不可避免。这一时期突出的现象是，美国具有了世界霸主的实力，却拒绝承担世界霸主的责任，而是伺机攫取世界性利益；社会主义苏联的崛起，成为列强纵横捭阖、准备战争的最佳借口。因而，第二次世界大战既是世界人民与法西斯主义的决战，也代表了资本主义试图利用法西斯主义消灭社会主义的努力。战争的结果是，法西斯主义被消灭了，而社会主义苏联却更为壮大，这似乎成了如何建立战后国际秩序的一个难题。

二战结束前后各大国建立国际秩序的努力，代表了20世纪第二次新秩序的诉求。各大国遵循实力原则和利益原则，以划分势力范围的形式，建立了具有强烈地缘政治色彩的雅尔塔秩序。与凡尔赛－华盛顿秩序相比，这一国际秩序有了巨大的进步，凝聚着世界人民与法西斯极端统治浴血奋战的成果，并增添了社会主义的色彩。其进步性体现在，政治上所创立的联合国确认了国家主权平等、民族自决等机制性原则；经济上所创立的国际货币基金组织、世界银行、关贸总协定等，代表了促进全球经济发展的

---

① 门洪华：《霸权之翼：美国国际制度战略研究》，北京大学出版社，2005，第4章。

愿望和努力。该国际秩序是威斯特伐利亚秩序向全球的延伸，主权平等原则成为世界通行的原则，将主权平等原则写入《联合国宪章》是国际秩序发展的重要里程碑。

但是，该秩序并未摆脱霸权主义和强权政治的阴影，其主要表现就是苏美争霸两极格局的出现，导致世界陷入冷战泥潭达数十年之久。其中，美国巩固美洲地区秩序、苏联确立东欧次地区霸权秩序，是两者争霸的重要基础条件，而社会主义苏联在本质上滑向了帝国主义的泥潭。除此之外，主导东亚安全秩序确保了美国在两强争霸中的地缘优势。

从某种意义上讲，二战之后建立的雅尔塔秩序带有历史包袱是必然的，其不平等性早在一个世纪之前已经造就，这一秩序因而被称为"国际政治经济旧秩序"。"国际经济旧秩序"，指的是以发达国家剥削和掠夺发展中国家和欠发达国家为特征的不平等的国际经济秩序，包括以不合理的国际分工为基础的国际生产秩序，以不平等交换为特征的国际贸易秩序，以垄断为基础的国际金融秩序等。国际政治旧秩序指的是以霸权主义和强权政治为特征的国际政治秩序。

在看到国际政治经济旧秩序缺陷的同时，我们也要意识到其发生的内在变革。从根本上看，这种变革来源于经济和技术的发展。全球不同地区不同社会的发展有快有慢，这不仅取决于技术、生产和贸易的变化方式，而且取决于对增加生产与财富的新方式的接受能力。当世界上某些地区出现进步的时候，其他地区就相对或（有时）绝对地落后了。[1] 信息革命是世界变革的决定性力量，迅速改变了国际竞争力的对比状况，进一步拉大了国家之间的差距，同时改变了战争乃至国家安全的形态，对未来的国际秩序有着不可忽视的重要影响。另外，持续的经济增长和世界市场经济已经缓和了国际关系。在当今时代，国家最经常是通过经济效率、合作和国际分工获得更多的收益，而不是通过战争、帝国主义和排他性的经济形式。[2] 但是，经济相互依赖和相互获益的前景并未消除国家之间的竞争和不信任，贸易并不总是一种维护和平的力量。此外，一些国家的富裕和大

---

① 〔英〕保罗·肯尼迪：《大国的兴衰》，蒋葆英等译，中国经济出版社，1989，第538页。
② 〔美〕罗伯特·吉尔平：《世界政治中的战争与变革》，武军等译，中国人民大学出版社，1994，第216页。

多数人的贫困造成了世界的鸿沟，成为造成不和的新力量。① 当然，这个过程也是全球性问题进一步突出的时代，国际秩序的观念、国际机制亦因此进入变革时代。

首先，构成国际秩序基础的实力格局发生了巨大的变化。二战之后，大国兴衰出现了戏剧性变化，强盛一时的苏联帝国轰然崩塌；以中国为代表的发展中大国群体性崛起，冲击着既有的全球权力格局和利益格局；西欧国家痛定思痛之后，联合自强成为地区主义加速发展的先锋，通过欧盟的建立和东扩，再次成为推动国际变革的核心力量；日本先盛后衰，在冷战的夹缝中崛起为世界第二大经济强国，甚至在 20 世纪 80 年代一度有"购买"美国的迹象，但自 90 年代初至今陷入"失去年代"（lost decades），其政治右倾化搅动着东亚格局；六七十年代以来，第三世界崛起为重要的政治力量，② 并提出了改革世界政治经济秩序的要求。实力格局变化最为突出的影响就是地区秩序的重构。西欧共同体秩序的建构，领地区合作风气之先，推动了其他地区秩序的重构。其次，随着实力格局的变化，各国提出了相应的利益要求，利益格局也出现了巨大变革，这不仅体现在南北之间的利益冲突上，也体现在北方国家内部。再次，随着全球化的深入和复合相互依赖（complex Interdependence）的加深，国际合作成为主导性国际行为，而全球治理等新观念逐步深入人心，构成国际秩序的主导观念也在悄然变更。经济全球化在构建全球秩序中发挥着双刃剑的功用，相互依赖导致国际竞争冲突更加激烈，而相互依赖本身也成为制裁对方的工具。但它可能会使得各国在处理冲突时采取明智的理性态度，用对话代替对抗。③ 最后，国际机制出现悄然变革。近代以来，特别是第一次世界大战结束以来，国际社会一直在寻求合作，也一直有着建立超国家的世界秩序的冲动，这种冲动导致一系列国际法和国际政治规则的出现，并建立了一系列制度化的组织和机构。随着权力分散化和国际治理思想影响

---

① 〔美〕罗伯特·吉尔平：《世界政治中的战争与变革》，武军等译，中国人民大学出版社，1994，第 217～218 页。

② 王绳祖主编《国际关系史》（第九卷），世界知识出版社，1996，第 41～75 页。

③ 鲁品越：《产业结构变迁与世界秩序重建——历史唯物主义视野中的世界秩序》，《中国社会科学》2002 年第 3 期。

的扩大，随着更多国家参与国际机制的制定与完善，国际机制的公正属性也在进一步体现。世界转型的加速冲击着既有的国际秩序架构，催生了基于共同利益的国际秩序重塑，国际秩序转型日益体现为以多极化为基础，以共同利益的汇聚及其制度化、共同责任的分担（大国承担重要责任、其他国家分担责任）为趋向。

由于以上几个方面的变化，国际秩序之争趋于激烈。冷战结束之前，建立国际新秩序的呼声主要来自第三世界，其目标是改变自身在旧的国际经济秩序中所处的不利地位，为民族经济的发展创造有利的国际环境。冷战结束之初，发达国家实力更加强大，力主建立新秩序。美国把建立世界新秩序提升到国家战略的高度，急于利用这一时机构筑一个确保美国领导地位的世界秩序；欧盟国家表明恢复欧洲传统地位的强烈愿望；日本提出以日美欧三极为主导建立国际新秩序的主张。实质上，发达国家所主张的世界新秩序是旧秩序的延续和进一步巩固，即利用既有优势地位最大限度地维护自身利益，通过维持现存国际规则或制定有利于自己的国际规则，将所有国家纳入其主导的国际政治经济体系。进入 21 世纪，各国关于秩序建构的重心回落到地区层面，尤其是 2008 年下半年爆发的全球金融危机，使得诸多国家进一步认识到地区合作的价值，它们在推动全球经济治理（尤以二十国集团的活动为表征）的同时，着力于地区地位的巩固，通过推动地区合作探究全球秩序重构的新路径，并为推动全球变革积蓄力量。①

三 中国与国际秩序关系的历史积淀

19 世纪之前，中国一直在东亚相对孤立的地缘政治环境中发展，与世界其他部分相对隔绝。19 世纪中期，欧洲列强用坚船利炮将中国强行纳入其主导的国际秩序，从此开始了中国与国际秩序曲折的互动历程。中国参与国际秩序明显表现为两个特征：从"中国之世界"向"世界之中国"的转变，从"局外者"向"局内者"的转变。二者相互交叉、相辅相成，导致中国在国际秩序中的角色几经变换。

---

① 门洪华：《地区秩序构建的逻辑》，《世界经济与政治》2014 年第 7 期。

历史上，中国科技曾千余年领世界风气之先，其经济规模在19世纪初期仍雄居世界之冠。中国拥有自成体系的悠久文明，在东亚地区形成了自成一体的帝国体系。中国的儒家社会政治秩序体现出"普天之下，莫非王土；率土之滨，莫非王臣"的天下统一格局。这种天下统一的格局构成所谓的"华夷秩序"，完成了"同心圆式"的分成等级的世界体制，可以视之为东亚秩序的雏形。① 这种秩序把中国文化看作规范现实存在的唯一法则，中国皇帝的恩德教化四海。朝贡秩序是中国国内政治统治关系即地方分权在对外关系上的延续和应用，它强调"四夷顺而中国宁"，"修文德服远人"，"柔远人则四方归之，怀诸侯而天下畏之"。中国对华夷的区分是从文化上来强调的，而不是从种族上来强调的。② 建立以中国为中心的经济体系和国际秩序，目的是获得国内稳定和繁荣所需要的外部安全，通过"予多取少"的原则处理周边关系，是一种柔性的霸权秩序。古代中国所建立的地区秩序以朝贡制度为核心，固然有以中国为中心的不平等之嫌，但以文化和贸易手段来维持和平互利的秩序则是可以批判继承的。

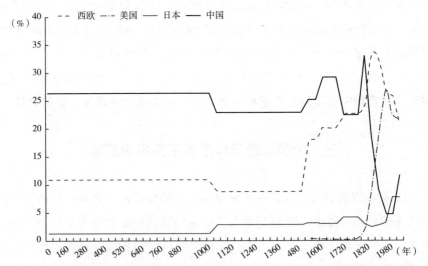

图1　中国国内生产总值（GDP）占世界的比重（公元元年～2000年）

资料来源：Angus Maddison, *The World Economy：A Millennial Perspective*, OECD：Paris, 2001。

---

① 费正清主编《剑桥中国晚清史》下卷，中国社会科学出版社，1985，第37页。
② 冯友兰：《中国哲学简史》，北京大学出版社，1985，第221页。

传统的中国社会故步自封，缺乏创新精神和扩张意识。相形之下，摆脱中世纪束缚的欧洲迅速崛起，并加快了对外扩张的步伐。17世纪，欧洲列强就把殖民触角伸到中国东南沿海。19世纪，在运用外交手段与清帝国建立更广泛、更直接联系的努力接连受挫后，西方列强诉诸武力，发动一系列对华战争，用坚船利炮砸碎了中国天下一统的格局思想，将中国强行纳入其主导的国际秩序。中国经历了从天下一统格局向现代意义上的民族国家的转变。由于被强迫纳入国际秩序，中国长期受到列强的欺凌，领土被肆意瓜分，更谈不上对主权的维护了。

进入20世纪，中国对外交往的主要姿态已经从以天朝上国自居变为争取平等地位。随着国际秩序由地区性扩展到全球——其主要标志即国际联盟的建立，中国积极参与国际秩序的意愿增强了。1916年中国参加了第一次世界大战，自近代以来第一次成为战胜国。但是，在安排未来国际秩序的巴黎和会上，作为战胜国的中国不仅无权参与战后的国际秩序安排，其自身利益也无法得到维护。加入国际联盟是中国融入国际社会的重要步骤。日本于1931年发动大规模侵华战争后，中国一度对国际联盟的争端解决机制寄予厚望。国联虽然派出调查团并发表了调查报告，但该报告偏袒日本，拒绝宣布日本为侵略者，导致国联历史上第一次重大失败。直至第二次世界大战结束，中国才再度在一个从未有过的多极世界中现身。①

第二次世界大战期间，中国承担了在远东战场抗击日本侵略军主力的任务，为打败法西斯做出了巨大的贡献。中国作为主要大国参与了联合国的成立过程，并成为拥有否决权的联合国安理会五大常任理事国之一，中国第一次成为国际秩序的积极参与者。然而，1949年中国共产党建立新中国之后，美国等主要西方国家拒绝承认中华人民共和国，继续承认盘踞台湾的蒋介石集团，支持其继续窃据联合国等国际组织的席位，中国大陆被排除在既有全球性国际制度之外。中国领导人在权衡利弊之后做出了向苏联"一边倒"的外交决策。中国的战略抉择以及随后爆发的朝鲜战争对国际秩序产生了重大影响。

20世纪六七十年代，国际力量呈现大分化、大组合，中苏盟友关系破

---

① 〔美〕基辛格：《大外交》，顾淑馨译，海南出版社，1998，第9页。

裂，社会主义阵营宣告瓦解；资本主义阵营则呈现美欧日三足鼎立的趋势；发展中国家作为独立的政治力量登上世界舞台。中国提出"两个中间地带"理论，要求"两条线作战"，甚至"四面出击"，进一步挑战霸权及其主导的国际体系。进入 20 世纪 70 年代，在苏联霸权成为中国主要威胁的背景下，中国再一次调整国际战略，提出"三个世界"理论，与美国等西方国家的外交关系取得重大突破。1971 年 10 月，中国恢复了在联合国的常任理事国席位，标志着中国赢得了更广阔的国际空间，但中国对联合国和其他国际组织的怀疑并没有立即消除。①

鉴于参与创立战后国际秩序及被排除在秩序决策之外的经历，中国政府坚决主张建立新型国际关系和国际秩序。1953 年底，周恩来在会见印度政府代表团时，第一次提出了"互相尊重主权和领土完整、互不侵犯、互不干涉内政、平等互利、和平共处"的"五项原则"。自中国提出并倡导和平共处五项原则以来，它已为世界绝大多数国家所接受，不但在中国同这些国家签署的条约、公报、宣言、声明等双边关系文件中得到确认，而且在许多重要的国际会议上和一系列国际文件中不断被引用或重申。这是中国对国际关系基本原则的重大贡献，也是中华人民共和国完善国际秩序原则的第一次重要尝试。

中国一贯支持第三世界国家建立国际经济新秩序的主张。1974 年邓小平在第六次特别联大会议上，第一次系统地提出了中国关于建立国际政治经济新秩序的主张：第一，在和平共处五项原则基础上建立起国家之间的政治经济关系；第二，国际经济事务应由世界各国共同管理；第三，世界贸易应当建立在平等互利、互通有无的基础上；第四，对发展中国家的经济援助不附带任何政治军事条件，应尊重受援国的主权；第五，国际社会应更多地对发展中国家提供技术援助等。②

1978 年，中国开始实行对外开放的政策，逐步加快融入国际社会的步伐。中国积极参与现有的国际规则，融入现存国际体系，而不是想办法

---

① 赵全胜：《解读中国外交政策：微观、宏观相结合的研究方法》，台北：月旦出版社，1999，第 105 页。

② 裴坚章、王泰平主编《中华人民共和国外交史》（第三卷），世界知识出版社，1999，第 480 页。

"另起炉灶"。中国成为大多数全球性国际制度的参与者，在对待地区制度上开始采取建设性的态度，并表明了继续推进与国际社会接轨的愿望。中国的国际秩序观在不断充实、发展。

综上所述，中华人民共和国成立至今，中国就是国际秩序的积极变革者。中国曾经被排斥在国际秩序的决策之外，在国际秩序中的作用经历了一个从旁观到参与、从消极到积极的过程，期间中国对国际秩序的认识得以逐步深化。

四　中国融入世界的战略选择①

1978 年中共十一届三中全会召开标志着中国历史的重大转折；1982 年中共十二大进一步明确了社会主义现代化建设的蓝图；1985 年和平与发展主题的提出为中国融入国际社会、全面参与国际秩序提供了战略思路。以此为基础，中国走上改变自己、影响世界的崛起之路。在逐步全面参与全球事务的过程中，中国还深刻认识到自身实力的制约和国际定位的重要性，逐步把东亚合作视为中国参与国际事务的重心所在，其国际秩序建设思路也逐步形成全球与地区并行的态势。

十一届三中全会标志着中国放弃"以阶级斗争为纲"的路线，确立了"把全国工作重心转移到经济建设上来"的战略。邓小平 1979 年 12 月第一次提出在 20 世纪末建成"小康"社会的理想。1982 年中共十二大确定了 20 世纪末国民生产总值翻两番的小康目标，并强调 80 年代"反霸维和、祖国统一、现代化建设"三大任务的核心在于把经济建设搞好。1980 ~ 1985 年，中国工农业总产值增长率达 11.0%，超出了中共十二大的战略预期。邓小平以此为基点，着手调研中国国情，重新设计中国现代化的长远发展目标，从而形成了社会主义初级阶段的理论和"三步走"战略构想。②1987 年 4 月 30 日，邓小平第一次完整地阐述了"三步走"的现代化发展战略：第一步是国民生产总值在 80 年代翻一番（以 1980 年为基数达到人

---

① 本部分和第五部分主要分析 1985 ~ 2015 年时段中国的战略选择与构建实践。

② 中共中央党史研究室第三研究部：《中国改革开放史》，辽宁人民出版社，2002，第 73 页。

均500美元）；第二步是到20世纪末国民生产总值再翻一番（达到人均1000美元）：第三步就是在21世纪用30年到50年再翻两番（大体上达到人均4000美元）。① 1987年中共十三大进一步明确了中国处于社会主义初级阶段，根本任务是解放和发展生产力。国家总体战略的调整是中国国际战略变革的出发点，其主题思想从军事安全、民族独立和自力更生转到经济建设、人民富强与开放参与上，为社会主义现代化建设争取有利的国际环境。从主要维护国家安全转向为发展利益服务，成为对中国国际战略的根本要求。

国际局势和中国国际环境的变化，也为中国国际战略调整提供了历史契机。苏攻美守的局势逆转，中国的国际环境有所改善。中美于1979年1月1日建立外交关系，由于美国政策的调整，中苏两国同时产生了缓和关系的主观战略愿望，此后经过1982～1989年长达7年12轮的政治磋商，双方在各领域的交往逐渐恢复。

随着中国改革开放的推展，中国巨大的经济潜力、市场潜力吸引了众多的外来投资者，拓宽了中国与其他国家关系的内容，使得中国对外关系发展掀起新的高潮。中国开启并加速了融入国际社会的步伐，中国与国际秩序关系的变革时代来临。自此，中国成为推动国际秩序变革的重要力量，且其主动性不断增强。

20世纪80年代初，中国进行了具有基础性意义的重大国际战略调整。这次战略调整的基础以观念转变为前提：从"以阶级斗争为纲"转变为"以经济建设为中心"；对时代主题的认识从"战争与革命"转为"和平与发展"。时代主题的判断首先始于国内共识的培育，并逐步向国际社会公布。1977年，邓小平就讲到"可以争取延缓战争的爆发"；1982年讲到"战争的因素在增长，制约战争的因素也在增长"。1985年3月4日，邓小平在会见日本代表团时指出："现在世界上真正大的问题，带全球性的战略问题，一个是和平问题，一个是经济问题或者说发展问题。"② 1988年12月21日，邓小平在会见印度总理拉吉夫·甘地时再次指出："当前世界上主要有两个问题，一个是和平问题，一个是发展问题。……应当把发展

---

① 《邓小平文选》第二卷，人民出版社，1994，第226页。
② 《邓小平文选》第三卷，人民出版社，1994，第105页。

问题提到全人类的高度来认识，要从这个高度去观察问题和解决问题。只有这样，才会明了发展问题既是发展中国家自己的责任，也是发达国家的责任。"①

和平与发展时代主题的提出，是中国决策者重新认识中国与世界互动关系的转折点。以此为基础，中国共产党的执政理念实现了从斗争哲学到建设哲学的转变，实现了从以阶级斗争为纲到以经济建设为中心的政治战略调整、从教条主义到实践是检验真理的唯一标准的思想战略调整、从计划经济到社会主义市场经济的经济战略调整。和平与发展时代主题的确立，决定了中国国家大战略的基本趋向，为国内国际战略的总体协调奠定了基础。

这次战略调整以 1982 年 9 月中共十二大召开为标志。中国开始放弃"一条线"的战略布局，进一步强调秉持独立自主的和平外交政策，调整以苏划线的僵硬做法，强调发展与世界各国的全方位外交关系。与此同时，邓小平发展了"三个世界"理论，提出了"东西南北"问题，他说："现在世界上真正大的问题，带全球性的战略问题，一个是和平问题，一个是经济问题或者说发展问题。和平问题是东西关系问题，发展问题是南北关系问题。概括起来，就是东西南北四个字。南北问题是核心问题。"②基于此，邓小平倡导"南北对话"和"南南合作"。

同时，邓小平提出了以"一国两制"解决台湾统一问题和通过"搁置争议、共同开发"解决南海争端的思路。随着国际形势的发展和中国实力的增强，建立国际政治经济新秩序成为邓小平关注的战略重点，并在冷战结束前后率先提出国际秩序建设的命题。1988 年，邓小平明确提出，国际新秩序建设"应当用和平共处五项原则作为指导国际关系的准则"。③

随着中国总体战略的调整，对外开放成为中国国际战略的重要组成部分。对外开放既是引进资金和技术的过程，更是一个学习先进观念和制度的过程，也是融入国际社会、改变中国与国际秩序关系的重要路径。在这个过程中，中国加快了融入国际制度的步伐。由于历史积淀因素和现实境

① 《邓小平文选》第三卷，人民出版社，1994，第 281~282 页。
② 《邓小平文选》第三卷，人民出版社，1994，第 105 页。
③ 《邓小平文选》第三卷，人民出版社，1994，第 282~283 页。

况的制约，这一时期中国的战略尤以参与国际经济制度为核心，体现出经济利益导向和目标导向的特征。中国开始强调与国际潮流接轨，着力塑造国际秩序的积极参与者和严格执行者角色。

在此期间，中国关于国际社会的观念发生了变化，逐渐遵循国际社会的规则，参与主要的全球性国际制度，不再把革命当作变革国际社会的途径，而把广泛参与国际社会作为现代化的前提和重要途径，中国的潜力和市场为国际社会竞相关注，中国也因融入国际社会而成为引动国际秩序变革的力量，这也是20世纪80年代中国与诸大国关系向好的要素。

20世纪80年代末90年代初，国际形势发生深刻变化，苏东剧变，冷战结束。在社会主义建设的传统探索遭受重大挫折之际，中国将走向何方？世界瞩目，更有以美国为首的西方国家对中国封锁孤立，促其激变的目的昭然。在这一重大的历史关头，中国逆水行舟，反而加快了对外开放的步伐。中国利用发达国家资本密集型制造业和高新技术产业的劳动密集型制造业部门转移的机遇，进一步发展以出口为导向的外向型经济。

与此同时，面对冷战后的国际纷争，中国创新性地提出社会主义市场经济理论，从而将中国与世界的关系从意识形态的旋涡中解放出来，体现出高度的政治智慧和战略勇气。1992年中共十四大确定了建立社会主义市场经济的战略部署，中国开始步入持续高速发展期。尤其是原定于2000年实现的翻两番战略目标提前5年实现，人民生活水平实现了从贫困到小康的跨越，中国经济发展的潜力开始全面激发出来。1990~2000年，中国GDP增长率达到10.4%，为全球诸大国之最。中国的发展态势与世界格局变动，更促使美国一些战略家将中国列为头号潜在战略对手。①

冷战结束前后，社会主义事业在世界范围内出现了严重挫折，中国国内发生政治风波，加上经济体制中一些深层次矛盾的暴露，改革和发展遭遇了困难。在国际环境上，失去苏联因素的美国在战略上不再需要中国力

---

① 早在20世纪90年代初，美国战略家就中国是否会成为美国及其东亚地区利益之安全威胁展开了激烈的讨论。相关分析请参见 Thomas J. Christensen, "Posing Problems without Catching Up: China's Rise and Challenges for U. S. Security Policy," *International Security*, Vol. 25, No. 4, Spring 2001。

量，中国成为美国战略家心目中最主要的潜在对手之一。自1989年6月开始，美国带头对中国实行"制裁"，中美关系逆转并跌入低谷，双方开始在人权、贸易最惠国待遇、武器扩散等问题上激烈交锋。

1989年下半年，邓小平针对国内外情势的巨大变化，提出了"冷静观察、稳住阵脚、沉着应对、韬光养晦、善于守拙、决不当头、有所作为"等一系列战略方针，坚持不扛旗、不当头，避免了大国对抗导致的大局失控；坚持有所作为，强调在涉及中国主权、安全等重大利益问题上不能没有自己的声音，冷静估量形势发展和利用机遇，在韬光养晦的基础上有所作为。这些战略方针以韬光养晦为核心，以不扛旗、不当头、不与西方搞对抗为基本策略，从而顶住了西方制裁的压力，迅速打破了国际反华势力的遏制图谋。与此同时，中国领导人在国际战略上进行一系列新部署，这尤其体现在国际政治经济新秩序的建设思路、战略伙伴关系的建立和塑造、积极推动地区合作并力争把握主动权等方面。

早在20世纪80年代，邓小平剖析国际局势发生的重大而深刻的变化，提出必须建立公正合理的国际政治经济新秩序。1990年12月24日，邓小平在同中央几位负责人的谈话中指出："在国际问题上无所作为不可能，还是要有所作为。作什么？我看要积极推动建立国际政治经济新秩序。"① 江泽民等中国主要领导人在随后的重要讲话和政治报告中，无不提及国际政治经济新秩序建设的问题。鉴于当时的国际形势，中国推动建立国际政治经济新秩序，主要是强调西方强权主导国际经济秩序和掌握国际秩序话语权的不平等性质，争取国际舆论力量的同情和支持；进而把握战略主动权，团结和争取更多国际合作的力量，推动国际环境向着有利于我国的方向发展。

当然，冷战结束之后，国际秩序重塑成为诸多国家的诉求目标。例如，美国继续强调以其为领袖的国际秩序主张，并致力于单极霸权追求；日本则提出美日欧三足鼎立的国际秩序目标；许多发展中国家也阐述了对国际秩序变革的看法。中国抓住这一热点话题，延续了邓小平以和平共处五项原则为准则的思路，并在理论上予以丰富。

---

① 《邓小平文选》第三卷，人民出版社，1994，第363页。

例如，2002 年，江泽民在中共十六大政治报告中阐明中国的主张：各国政治上应相互尊重、共同协商，而不应把自己的意志强加于人；经济上应相互促进，共同发展，而不应造成贫富悬殊；文化上应相互借鉴，共同繁荣，而不应排斥其他民族的文化；安全上应相互信任，共同维护，树立互信、互利、平等和协作的新安全观，通过对话和合作解决争端，而不应诉诸武力或以武力相威胁。①

2003 年 5 月 28 日，胡锦涛在莫斯科国际关系学院发表演讲，阐述了推动建立公正合理的国际政治经济新秩序的五项主张：促进国际关系民主化；维护和尊重世界的多样性；树立互信、互利、平等和协作的新安全观；促进全球经济均衡发展；尊重和发挥联合国及其安理会的重要作用。与此同时，中国把新秩序与多极化联系起来，把多极化视为推动国际新秩序建设的基本背景，进而与俄罗斯、法国等通过联合声明达成了共同推动多极化和国际秩序建设的战略意向，从而在国际秩序建设上获得了重要的话语权。

由于中国国家实力得到了较大增长，中国与国际社会的合作愈加深入，共同利益有所增长，国家利益的相容性更强，这为中国与国际秩序的积极互动提供了重要支撑，也为中国在理念上的主动权提供了动力条件。

在实践上，鉴于冷战后西方发达国家制裁的压力和周边环境变革的促动，中国将大国关系和周边关系的改善视为重中之重，推动与这些国家发展和建立伙伴关系成为重要的战略举措。1993 年，中国与巴西率先提出建设 "战略性伙伴关系"。1994 年，中俄就新型建设性伙伴关系达成共识，成为中国第一个通过联合声明公开确认的伙伴关系。1996 年，中国的伙伴关系战略首先在周边国家主动拓展开来，中国与巴基斯坦、尼泊尔建立了伙伴关系，与俄罗斯的建设性伙伴关系升级为战略协作伙伴关系。1997 年，中法建立全面伙伴关系，中美决定共同致力于建设性战略伙伴关系。1998 年，中国与英国建立全面伙伴关系，与欧盟建立面向 21 世纪的长期稳定的建设性伙伴关系，与韩国建立合作伙伴关系。2000 年，中国与南非建立伙伴关系。

---

① 《中国共产党第十六次全国代表大会文件汇编》，人民出版社，2002，第 46 页。

20 世纪 90 年代中国伙伴关系战略的提出和实施，一方面改善了中国的国际环境，另一方面也成为中国推动国际秩序良性变革的重要途径。迈入 21 世纪，中国的伙伴关系战略迎来了发展的井喷期，迄今中国已与 70 多个国家和国家集团建立了伙伴关系，形成遍布全球的伙伴关系网络，[①] 这种结伴而不结盟的伙伴战略，堪称中国塑造新型国际关系、推动国际秩序建设的积极探索。

冷战结束之后，国际社会尤其是在中国周边国家出现了"中国威胁论"的潜流，这当然是某些国家有意为之，但中国崛起引起的震动也确实冲击着周边国家，它们对中国未来动向的不安也是客观存在。如何安抚周边、促进与周边国家共享繁荣稳定，成为中国必须关注的重大战略议题。另一方面，中国深刻认识到自身的地区大国定位，克制在国际上一竞短长的冲动，将对东亚地区关系的塑造确定为外交重心，开始把全球秩序建设与地区秩序建设有效统一起来，实现了中国国际秩序思想和战略的创新。

随着中国国家实力的上升，中国在东亚事务上的影响力显著增强。自 20 世纪 90 年代中期开始，中国改变对地区合作的消极、被动姿态，在经济、安全、军事等方面与邻近国家展开了积极合作，成为东亚地区秩序建设的积极推动者。在经济上，中国提议创立中国 – 东盟自由贸易区，强调"10 + 3"（东盟 + 中日韩）机制可以发展成为东亚地区合作的主渠道，以逐步构建地区经济、贸易、投资、安全的合作框架；在安全上，中国提出以互信、互利、平等、协作为核心的新安全观，通过上海合作组织建设将新安全观付诸实践，并将之延伸到中国 – 东盟自贸区的构建之中，为中国参与亚洲地区合作提供了一种积极的范式，[②] 中国还加强了与东盟等国家在非传统安全领域的合作；军事上，中国积极拓展与主要大国的合作，在反恐、防止武器扩散、联合军事演习等方面表现出前所未有的积极姿态。中国推动的东亚合作机制代表了其外交新思路，即在自己利益攸关的地区培育和建立在共同利益基础之上的平等、合作、互利、互助的地区秩序，

---

① 门洪华、刘笑阳：《中国伙伴关系战略评估与展望》，《世界经济与政治》2015 年第 2 期。

② 门洪华：《中国战略文化的重构：一项研究议程》，《教学与研究》2006 年第 1 期。

在建设性互动的过程中消除长期积累起来的隔阂和积怨，探索并逐步确立国家间关系和国际关系的新准则。

自 1997 年起，中国将负责任大国作为其国际地位的标示，进一步关注自身国际形象的树立。中国正在从具有全球影响力的地区性大国走向世界大国，并在全球和平、安全和发展中发挥越来越重要的作用，这就要求中国应该进一步塑造国际社会中负责任、建设性、可预期的大国形象，提供更多的全球性和地区性公共物品。在 1997~1999 年的亚洲金融危机中，中国开始有意识地树立负责任大国形象，并赢得了亚洲诸国的赞誉和尊重。

以此为开端，中国国际战略由内向性转为外向性，中国积极融入国际社会，拓展战略利益，成为国际社会的全面参与者。对冷战后的中国而言，打破外交孤立只是第一步，而如何成为被国际社会接受、让国际社会放心的大国才是战略重点，唯有如此，中国才可能确保实现国家发展基本目标的国际环境。随着中国融入国际社会步伐的加快，中国的战略空间在扩展，但遭受外部冲击的脆弱性在增加。而且，随着中国国家实力的发展，"中国威胁论"在特定时段内形成对中国的国际压力。欧美经济一体化加快，对中国所在的东亚的经济合作产生了巨大的国际竞争压力，也成为中国推动东亚一体化的外在动力。中国对自己所处的国际环境有了更为准确的判断，对自己的国家实力有了更加客观的认识，所设定的国家目标和国际目标更具有可操作性。

负责任大国的战略宣示，意味着中国的自我认同发生了巨大变化。可以说，中国以主权为中心的、独立自主大国的传统认同与负责任大国的新认同相关联，后者与融入国际制度有着更直接的关联，即中国的国家行为越来越受到国际制度的调节。中国明确意识到加入国际制度是打破包围、赢得"负责任"声誉的重要条件。在国际社会里或重大全球问题上，中国越来越融入国际制度，变得更加合作。此外，中国不仅扩大对国际制度的参与，在国际制度中的行为也越来越积极，开始体现积极参与者的特征，其议程创设能力也有所提高。通过国际制度的参与、创设乃至主导，实现融入国际社会和拓展国家战略利益，已是中国既定的战略选择。与此同时，中国积极参与既有国际制度的完善和新领域国际制度的创设，国际制度越来越打上中国的印记，中国塑造国际制度的能力也得以提高。[①]

随着中国国际地位的上升，中国对待国际秩序的观点更加包容辩证。中国认识到，既有国际秩序以西方为主导，确有许多不公正不合理的地方，但中国在现有国际秩序中的地位已呈逐步上升之势。此外，中国进一步客观评估了现有国际秩序的利弊，认识到在以联合国为主导的全球性制度体系中，中国在政治方面占据较明显的有利地位，经济方面亦利大于弊，现有国际秩序对中国而言是一柄双刃剑：随着中国全面参与国际社会，它促进了中国实力的增长和利益的维护；由于现有国际秩序是固有权力、利益格局的产物，它同时也对中国的实力增长和利益拓展构成了限制。鉴于此，中国应以负责任大国的身份参与国际政治经济秩序的建设与变革，以渐进的方式、和平的方式、民主的方式改革现有国际政治经济秩序中的不公正、不合理的方面。同时，中国进一步认识到国际秩序建设的艰巨性，从务实的角度积极推动东亚秩序建设，并思考国际秩序建设的新思路。

五　中国塑造世界的战略路径

进入 21 世纪，中国崛起的步伐加快，GDP 规模连续超过此前看起来似乎难以企及的目标，2010 年超过日本成为世界第二大经济强国；中国的对外贸易增长迅速，2014 年成为世界第一大对外贸易国；随着"走出去"战略的深入实施，尤其是金砖国家开发银行、亚洲基础设施投资银行等新国际制度的构想与落实，"一带一路"倡议的提出和实施，中国对外投资进入加速时期。与此同时，中国高度重视文化软实力建设，进一步夯实中国和平崛起的基础，全面深化融入国际社会，全面深化改革实现自身变革，面对世界金融失序的窘境，开始积极参与到重塑世界的进程之中，融入—变革—塑造的战略框架逐步形成，推动国际秩序变革成为中国大战略的必有之义。

---

① 门洪华：《压力、认知与国际形象——关于中国参与国际制度战略的历史解释》，《世界经济与政治》2005 年第 4 期。

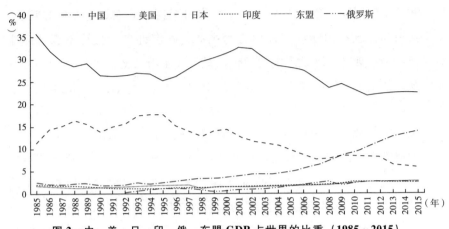

图2 中、美、日、印、俄、东盟 GDP 占世界的比重（1985～2015）

注：GDP 按照市场汇率进行计算，2015 年为估测值。

资料来源：IMF，http：//www.imf.org/external/pubs/ft/weo/2014/02/weodata/download.aspx。

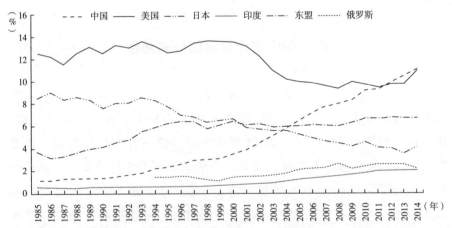

图3 中、美、日、印、俄、东盟对外贸易占世界的比重（1985～2014）

注：原始数据按照现价国际美元计算；中国的数据仅包括中国大陆。

资料来源：UNCTAD，http：//unctadstat.unctad.org/wds/TableViewer/tableView.aspx。

进入 21 世纪，中国和平发展的战略框架逐步搭建并丰富起来。经过数十年的探索和总结，中国在 2005 年 12 月发表了《中国的和平发展道路》白皮书，明确提出了走和平发展道路的主张，强调"走和平发展道路，就是要把中国国内发展与对外开放统一起来，把中国的发展与世界的发展联

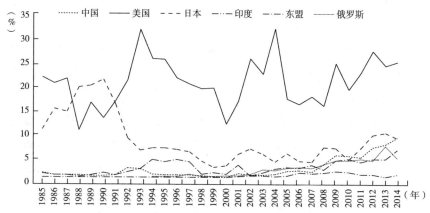

图 4　中美日印俄、东盟对外投资占世界的比重（1985～2014）

注：原始数据按照现价国际美元计算；中国的数据仅包括中国大陆。

资料来源：UNCTAD，http：//unctadstat. unctad. org/wds/TableViewer/tableView. aspx。

系起来，把中国人民的根本利益与世界人民的共同利益结合起来"。① 和平发展道路的精髓，是通过争取和平的国际环境来发展自己，同时又以自己的发展促进世界的和平。

以此为基础，中国提出了全新的国际秩序主张。中国进一步认识到国际秩序建设的艰巨性，从务实的角度积极推动东亚地区秩序建设，并思考国际秩序建设的新思路。《中国的和平发展道路》白皮书第一次提出"推动国际秩序朝着更加公正合理的方向发展"的思想。② 这是一种新提法，表明中国愿意以负责任大国的身份参与国际政治经济秩序的变革，以渐进、和平、民主的方式改革国际秩序。

与此相关，中国领导人提出"和谐社会"的新纲领，并将这一传统理想引申到对国际问题的处理上，明确提出了"和谐世界、和谐亚洲、和谐地区"的理念，强调和谐社会与和谐世界互为条件。和谐世界的提法代表了中国国际秩序的理想意识，和谐也是一种承诺，既是对中国国内的承诺，也是对整个世界的承诺。这种承诺演化为责任，成为中国政府负责任

---

① 中华人民共和国国务院新闻办公室：《中国的和平发展道路》，http：//www. gov. cn/zhengce /2005 – 12/22/content_ 2615756. htm。

② 中共十八大报告将这一思想进一步发展为"推动国际秩序和国际体系朝着公正合理的方向发展"。

大国的自我战略约束。它表明中国领导人明确意识到了中国发展给国际社会带来的影响，将和谐世界作为结合对内和谐、对外合作的战略中间点。

如果说和谐世界思想是一种理念表达的话，而现实配合的战略路径就是共同利益和互利共赢的追求。"共同利益"一词第一次出现在1997年9月中共十五大政治报告中，提出与发达国家寻求共同利益汇合点；中共十六大政治报告提出扩大与发达国家的共同利益；胡锦涛、温家宝等提出了维护与发展中国家的共同利益的主张。中共十七大报告明确提出共同利益的战略追求：共同分享发展机遇，共同应对各种挑战，推进人类和平与发展的崇高事业。中共十八大报告进一步指出："倡导人类命运共同体意识，在追求本国利益时兼顾他国合理关切，在谋求本国发展中促进各国共同发展，建立更加平等均衡的新型全球发展伙伴关系，同舟共济，权责共担，增进人类共同利益。"

中国领导人明确意识到，随着中国全面参与国际事务，相关议程在迅速扩展，与其他国家寻求共同利益的巩固和扩大是可能的，也是必要的。鉴于中国已经成为世界和东亚地区的利益攸关方，以强化和扩大共同利益作为国际战略指导原则有其可行性，符合中国的长远战略利益。①

2005年10月，中共十六届五中全会提出实施互利共赢的开放战略，强调只有坚持互利共赢，才能保障对外开放基本国策持续贯彻下去，才能保障我国的海外利益持续发展下去，才能既实现我国发展的战略目标，又展现我国和平发展的良好国际形象。互利共赢是在中国国际竞争力迅速提高的情况下就对外开放提出的一项方针，体现了中国在实现自身发展之际也高度关注其他国家的利益。

互利共赢被确定为新的历史时期开放战略的基本点，反映了中国作为负责任大国的追求。中共十八大报告强调，中国将始终不渝奉行互利共赢的开放战略，通过深化合作促进世界经济强劲、可持续、平衡增长。中国致力于缩小南北差距，支持发展中国家增强自主发展能力。中国将加强同主要经济体的宏观经济政策协调，通过协商妥善解决经贸摩擦。中国坚持权利和义务相平衡，积极参与全球经济治理，推动贸易和投资自由化、便

---

① 门洪华：《开放与国家战略体系》，人民出版社，2008，第199~202页。

利化，反对各种形式的保护主义。

中共十八大召开以来，新一届中共中央领导集体大力推进国家治理体系和治理能力的现代化建设，引领中国全面融入国际社会并力争发挥更大的国际影响力，标志着中国进入全面深化改革开放的新时代。进入21世纪的第二个十年，中国国家实力有了更大提升，经济实力和综合国力位居世界第二位，工业增加值和对外贸易额位居世界之首。十八大报告提出了到2020年全面建成小康社会的发展目标，习近平提出了"中国梦"和"两个一百年"的战略构想。

以上述战略思想为指导，中国决策者积极推动体制改革的深化，致力于国家治理体系建设和治理能力的提升。与此同时，中国决策者积极参与国际事务，在全球经济治理和世界秩序建设上，体现出建设性的参与者和一定意义上走向主导者的姿态，中国的大国作用凸显。中国决策者提出的一系列外交新理念，丰富了中国的外交思想体系。中国决策者深刻认识到中国崛起给世界带来的震撼，秉承"达则兼善天下"的胸怀，坚持互利共赢的战略思路，强调与各国在利益汇合点的基础上开展合作，积极在力所能及范围内承担更多国际责任，与各国建立和发展利益共同体、责任共同体、命运共同体。中国倡导"命运共同体"的理念，提出构建新型大国关系、共建"丝绸之路经济带"和"21世纪海上丝绸之路"等一系列新倡议，大力弘扬新型义利观，主张对发展中国家义利并举、义重于利，把本国发展战略与周边国家、发展中国家相对接，深化各国之间的互信合作。

中国大力拓展国家战略利益，致力于开启以共同利益、互利共赢、中国责任为核心的新外交时代。[①] 面对国际风云变幻，中国外交变得更加主动，中国领导人向世界传递中国寻求合作与共赢的强烈意愿，表达更加积极地参与国际秩序和全球治理的立场，提出一系列重要倡议，达成诸多重要共识，直接影响地区利益格局，进而触动世界格局的演变，有效增强了中国在国际事务尤其是地区事务上的发言权。

中国提出并积极落实与美国的新型大国关系，通过双边和多边场合促

---

① 门洪华：《开启中国全面深化改革开放的新时代——兼论未来十年中国的大战略走向》，《学习与探索》2015年第8期。

进中美关系的健康发展。中国深刻认识到中国崛起给全球带来的震动，申明走和平发展道路的强烈意愿，提出欢迎其他国家搭乘中国发展列车的倡议，致力于与世界各国发展友好合作关系，分享发展红利。中国深刻认识到发展同周边国家关系的重要意义，提出中国周边外交的基本方针是，坚持"与邻为善、以邻为伴"，坚持"睦邻、安邻、富邻"，突出体现"亲、诚、惠、容"的理念。① 中国决策者为进一步拓展周边外交制定了宏伟蓝图，提出打造中国－东盟自贸区升级版、建立亚洲基础设施投资银行、建设"丝绸之路经济带"和"21世纪海上丝绸之路"等重大倡议，呼吁各国打造互利共赢的"利益共同体"和共同发展繁荣的"命运共同体"，大力提升与周边国家的战略合作关系。

中国正在从地区大国向全球大国迈进，东亚作为其大战略的地区重心显得尤为重要。中国致力于其东亚战略的升级，积极促进东亚合作的制度化，这包括：上述与东盟国家开展的一系列合作及设想，支持东亚国家开展基础设施互联互通建设，提出建设"孟中印缅经济走廊"等构想，通过引导地区安排的方向、促进东亚国家对中国崛起的适应，发展开放性的全地区合作，缓解东亚疑虑，凝聚共同利益，深化地区认同，力争在新一轮东亚乃至亚太秩序的构建中发挥强有力的塑造和引导作用。②

综上所述，中国崛起冲击并改变着国际实力格局、利益格局；中国倡导的和平共处五项原则、新安全观和综合安全观、国际关系民主化、文明多样性、和谐世界、中国梦等，成为影响国际秩序变革的重要观念性因素；随着中国全面融入国际社会，中国不仅成为全球性国际制度的全面参与者，而且积极参与地区制度的创立，成为国际秩序重塑的重要力量。

鉴于中国正处于崛起的过程之中，中国以建设性、合作、可预期的姿态推动国际秩序朝着公正合理的方向发展。在国际政治秩序方面，中国提倡尊重世界文明的多样性，积极推动国际关系民主化，提倡多边主义，提倡综合安全观，主张通过对话解决国际争端；在国际经济秩序方面，中国提倡共同繁荣、共同发展，缩小南北差距，促进全球经济、社会的均衡和

---

① 习近平：《习近平谈治国理政》，外文出版社，2014，第297页。
② 门洪华：《论东亚秩序建构的前景》，《教学与研究》2015年第2期。

可持续发展。在具体部署上，强调在全球层面上倡导综合安全观，强化合作安全规范与制度保障；在地区秩序层面上，积极提升地区塑造能力，构建地区新秩序，为国际新秩序的建立创建地区基础、提供可借鉴的范式。

中国抓住了既有国际金融秩序坍塌、亟须重建的机遇，回应国际社会期望中国发挥更大作用、承担更大责任的诉求，在全球和地区两个层面推动国际秩序的重塑。在全球层面上，中国主张坚持维护联合国的权威、推动联合国发挥积极作用，通过在全球构建战略伙伴关系网络延伸其国际影响力，通过"一带一路"战略的实施、通过国家金融合作机制的搭建、通过强化"走出去"战略，提升中国在国际社会方方面面的作用，努力寻求把经济影响力转化为政治影响力。

在地区层面上，中国提出"亲、诚、惠、容"的地区秩序观，发展开放性的全地区合作，缓解东亚疑虑，凝聚共同利益，深化地区认同，力争在新一轮东亚乃至亚洲秩序的构建中发挥强有力的塑造和引导作用。中国塑造国际秩序，着力于从技术性较强、透明度较高、中国有一定优势的领域开始，如通过主导筹建亚洲基础设施投资银行来推动国际金融秩序变革。

概言之，中国开始在东亚的地区秩序和金融秩序两大领域发力，推动国际秩序朝着公正合理的方向发展。以此为基础，以融入国际社会、推进自身变革、塑造国际秩序为基本内容的中国和平发展战略框架逐步搭建起来，中国的国际秩序建设思路，以中国国家实力的增长为基础，在利益（尤其是共同利益）、观念、国际制度建设等方面有了较为丰富而立体的展现。

六　以稳健步伐参与国际秩序的重塑

中国崛起几近与国际秩序转型同步，中国逐渐成为重塑国际秩序的重要力量。当前，国际秩序转型为中国全面崛起提供了国际条件。推动国际秩序朝着公正合理的方向发展是世界各国愿望之所聚，也是中国顺利实现崛起目标的重要国际条件。从中国历史的角度看，这是中国第一次有机会在重塑全球秩序中发挥积极而全面的作用。

全面研究并深刻认识中国和平发展面临的机遇与挑战，完善中国经济、政治、社会、文化、生态、安全六位一体的战略布局，是中国建设性推动国际秩序变革的前提。裘援平指出，中国和平发展道路绝不会是一条坦途，中国处于由大国向强国发展的关键阶段，实现和平发展的干扰和阻力增强，中国更加需要认清内外环境和自身处境，更加需要把握战略方向并保持定力，更加需要统筹加强内外工作，更加需要谦虚谨慎戒骄戒躁，确保和平发展道路走稳走好。①

巴里·布赞（Barry Buzan）认为，要实现和平崛起的目标，中国需要更多关注和重视区域层面与全球层面国际社会的区别以及两者的互动。对中国来说，通向和平崛起的途径之一，是首先要在区域层次构建一个建立在亚洲价值观基础上、独特的国际社会。② 黄仁伟指出，2020 年以前，中国必须尽一切可能争取对自己比较有利的全球性和地区性国际体系，逐步实现国际秩序的相对公正性和合理性。在今后 15 年左右的时间里，中国对国际体系转型的影响力将主要发生在国际经济体系领域。③ 唐家璇认为，中国的和平发展正站在新的历史起点上，需要我们从思想理念上保驾护航。近现代历史上，任何国家的崛起都必然伴随着思想的崛起，对于中国这样一个正在探索一条史无前例发展道路的社会主义国家来说，思想的崛起意义更加重大。④崔立如则指出，国际秩序重建进程日益与中国国家现代化进程密切相关，因此中国要在地区框架和全球框架上思考问题，把推进国家现代化目标和国际秩序重建的进程结合起来，两个进程同时推进。⑤ 上述观点表明，国际秩序重塑是系统工程，需要综合考虑从观念到实力、利益全面构思，从双边到多边、从地区到全球等逐步推进，具体有以下方面。

第一，强调实力提高与利益拓展是中国积极参与国际秩序重塑的重要基础。一个国家在新旧秩序的转换中和在新秩序中扮演什么角色，有赖于其自身的综合国力。国际秩序首先是实力分配的产物，中国只有崛起为更加强盛的大国，才能成为重塑国际秩序的积极力量。国家实力的增强，不仅源于国内市场的发展和培育，还源于全球化条件下战略资源的获得。

---

① 裘援平：《中国特色和平发展道路的成功探索》，《求是》2012 年第 20 期。
② 〔英〕巴里·布赞：《中国能和平崛起吗》，《国际政治科学》2010 年第 2 期。
③ 黄仁伟：《国际体系转型与中国和平发展道路》，《毛泽东邓小平理论研究》2006 年第 5 期。
④ 唐家璇：《中国和平发展的理论任务》，《公共外交季刊》2011 年第 1 期。
⑤ 崔立如：《把推进现代化和推动国际秩序的重建结合起来》，《国际关系研究》2013 年第 1 期。

同样重要的是，国家实力的增强，不仅以硬实力的稳步上升为标示，也必须以软实力的增强为基础，我们必须将提高软实力作为增强国力的核心之一。另一方面，国际秩序是利益分配的产物，只有进一步拓展中国国家战略利益，才能有效地促进国际秩序朝着我们所期望的方向变革。

第二，强调观念因素对国际秩序建设的重要作用。中国传统文化源远流长、博大精深，许多观念如"协和万邦""万物并育而不相害，道并行而不相悖"等，无不闪耀着哲理的光芒，值得我们继承和弘扬。中国应进一步在国际秩序的主流观念方面做出贡献。

第三，强调国际制度对国际秩序建设的作用。转型时期，国际矛盾往往围绕对国际秩序发展有重要影响的国际规范展开。中国应以完善全球性国际制度的基本规则为着眼点，主动倡议乃至联合主导国际制度的修葺、完善和新国际制度的建立，提高议程创设能力，成为全球规则的全面参与者和积极制定者，以制度建设促进国际秩序重塑，并有效维护和促进中国国家战略利益。与此同时，要强调联合国的作用并积极推动联合国改革，以确保联合国作为国际制度基础的权威地位。

第四，强调以东亚秩序建设为基点。中国应充分认识中国崛起的地区效应，有效降低中国崛起的负面冲击力，促进地区稳定与共同发展，完善东亚共同体的"中国论述"，推动地区制度建设的顶层设计，致力于以汇聚共同利益为基础开展开放透明的东亚共同体建设，通过制度性的合作发展东亚利益共同体，创立责任共担、大国多担的责任共同体，大力促成东亚命运共同体，培育并巩固建立在共同利益基础之上的平等、合作、互利、互助、开放的东亚秩序。

作为东亚关键的利益攸关方，中国迎来为地区发展做出更大贡献的时代，中国承担地区责任，应以大有作为为目标，以力所能及为条件，以循序渐进为原则。与此同时，地区事务纷繁复杂，各国利益诉求不一，唯有逐步建立责任共担、大国承担重要责任的责任共同体，地区合作才能有更为牢固的制度化基础，地区命运共同体的意识才能逐步强化。

有鉴于此，中国要深化对地区公共物品的认识，与各国一道确立地区和平发展的目标，客观评估地区国家的根本利益诉求，既能够做到雪中送炭，又能够实现共享繁荣，从而深化东亚命运共同体意识，实现东亚秩序的重塑。

第五，积极承担大国责任，树立负责任的、建设性的、可预期的国际秩序塑造者形象。在国际社会大转折的时代，基本道义原则的价值不仅不会泯灭，反而在提高。加强国家间合作与协调，维护国际道义，维护国际法基本原则，是树立道义大国形象的重要途径，也是中国国家利益扩展到全球的前提条件。中国正在从具有全球影响力的地区大国向世界大国迈进，在全球和平、安全、发展中发挥越来越重要的作用，这就要求中国进一步塑造国际社会中负责任大国的形象，提供更多的全球性、地区性公共物品，成为国际秩序负责任的建设者和塑造者。

参考文献

〔美〕基辛格：《大外交》，顾淑馨译，海南出版社，1998。

〔美〕罗伯特·基欧汉、约瑟夫·奈：《权力与相互依赖》（第四版），张小明译，北京大学出版社，2012。

〔美〕罗伯特·吉尔平：《世界政治中的战争与变革》，武军等译，中国人民大学出版社，1994。

门洪华：《国际机制与中国的战略选择》，《中国社会科学》2001年第2期。

门洪华：《霸权之翼：美国国际制度战略研究》，北京大学出版社，2005。

门洪华：《两个大局视角下的中国国家认同变迁（1982~2012年）》，《中国社会科学》2013年第9期。

门洪华：《东亚秩序论：地区变动、力量博弈与中国战略》，上海人民出版社，2015。

习近平：《习近平谈治国理政》，外文出版社，2014。

徐崇利：《新兴国家崛起与构建国际经济新秩序——以中国的路径选择为视角》，《中国社会科学》2012年第10期。

Hedley Bull, *The Anarchical Society: A Study of Order in World Politics*, New York: Columbia University Press, 1980.

Shambaugh David and Michael Yahuda, eds., *International Relations of Asia*, New York: Rowman & Littlefield Publishers, Inc., 2008.

"命运共同体"的人文思想

王晓玲*

摘 要 "命运共同体"理念蕴藏着丰富的人文思想，能够从中国的传统文化中找到思想根源。中国传统哲学思想是"命运共同体"理念的智慧源泉，"命运共同体"的道德规范来自中国传统道德规范。不仅如此，"命运共同体"理念还能从中国的外交实践中找到事实依据。构建命运共同体，既面临机遇，也存在困难。应以人文交流为突破口，推动命运共同体理论的构建。首先，中国社会本身应该培养"兼容并蓄、平等多元"的文化理念；其次，中国的对外经济、人文交流要体现"命运共同体"意识；再次，引导海外学术界共建"命运共同体"理论；最后，人文交流应该去政府色彩，去经济色彩，追求自身的价值。

关键词 命运共同体 中国传统文化 外交 人文交流

一 "命运共同体"理念的提出

随着中国的不断发展以及国际影响力的提升，中国在国际舞台上的角色定位不断变化。以习近平为总书记的新一代领导集体执政以来，将国家发展目标设定为"民族复兴"，将中国在世界中的角色设定为"负责任的

---

* 王晓玲，中国社会科学院亚太与全球战略研究院博士，副研究员。

大国"，将中国参与国际事务的态度设定为"奋发有为"，将中国所设想的国际秩序表述为"命运共同体"。"命运共同体"理念是对新中国建国以来60多年外交思想的继承和发展，近年来领导人反复强调这一理念，赋予了其丰富的思想内涵。

2011年，《中国的和平发展》白皮书提出，"要以'命运共同体'的新视角，寻求人类共同利益和共同价值"，提出国与国之间应该建立起"相互依存、利益交融……你中有我、我中有你"的"命运共同体"。① 2012年，中国共产党第十八次全国代表大会《报告》指出，我们要在国际社会"倡导'人类命运共同体'意识，在追求本国利益时兼顾他国合理关切，在谋求本国发展中促进各国共同发展，建立更加平等均衡的新型全球发展伙伴关系，同舟共济、权责共担、增进人类共同利益"。② 2012年在清华大学召开的"世界和平论坛"上，习近平指出："一个国家要谋求自身发展，必须也让别人发展；要谋求自身安全，必须也让别人安全；要谋求自己过得好，必须也让别人过得好。"③ 2013年访问俄罗斯时，习近平指出："我们要实现的中国梦，不仅造福中国人民，而且要造福各国人民。"④ 在同年的二十国集团峰会上，习近平再次呼吁："各国要树立命运共同体意识，在竞争中合作，在合作中共赢。在追求本国利益时兼顾别国利益，在寻求自身发展时兼顾别国发展。让每个国家发展都能同其他国家增长形成联动效应。"⑤ 2013年，习近平在印度尼西亚国会发表题为《携手建设中国－东盟命运共同体》的重要演讲，提出要建设更为紧密的"中国－东盟命运共同体"，并从五个方面论述建设中国－东盟命运共同体的内涵："讲

---

① 《中国的和平发展》，http：//www. gov. cn/jrzg/2011-09/06/content_ 1941204. htm，2016年2月2日。

② 胡锦涛在中国共产党第十八次全国代表大会上的报告：《坚定不移沿着中国特色社会主义道路前进 为全面建成小康社会而奋斗》，http：//politics. people. com. cn/n/2012/1118/c1001－19612670. html，2016年2月2日。

③ 习近平在"世界和平论坛"开幕式上的致辞：《携手合作 共同维护世界和平与安全——在"世界和平论坛"开幕式上的致辞》，http：//news. xinhuanet. com/politics/2012－07/07/c_ 112383083. htm，2016年2月2日。

④ 《中国梦能造福世界人民》，http：//news. sina. com. cn/c/2013－03－23/190726621185. shtml，2016年2月2日。

⑤ 《共同维护和发展开放型世界经济——在二十国集团领导人峰会第一阶段会议上关于世界经济形势的发言》，《人民日报》2013年9月6日。

信修睦、合作共赢、守望相助、心心相印、开放包容。"2013 年，在周边外交工作会议上，习近平提出要"与邻为善、以邻为伴，坚持睦邻、安邻、富邻，突出体现亲、诚、惠、容的理念"，同时又提出要"让命运共同体意识在周边国家落地生根"。① 2014 年的亚信峰会上，习近平主席提出构建"亚太命运共同体"，表示"中国将致力于构建横跨太平洋两岸、惠及各方的地区合作框架，深化区域一体化进程，推动在太平洋两岸构建更加紧密的伙伴关系，共谋亚太长远发展"。

由此可见，中国领导人所阐述的"命运共同体"是一个和平的共同体，是一个包容全世界、容纳不同价值观的开放的共同体。"命运共同体"的内容涵盖政治、安全、经济、文化等各个领域，在政治和安全领域里追求互信与和平，在经济领域里追求合作共赢，在文化领域里追求交流互鉴，在心理上则追求相互认同。"命运共同体"的构建路径是开放的，欢迎世界上所有国家共同参与，并且共享合作成果。

二 "命运共同体"理念的国际秩序含义

"命运共同体"是中国的世界观。今天，国际政治理论以欧美经验、欧美视角为中心，以新现实主义、新自由主义、建构主义为代表，对于国际秩序的解释与"命运共同体"理念不同。我们需要厘清二者间的差异，才能进一步理解"命运共同体"的含义。

首先，"命运共同体"倡导世界各国在国际事务中着眼于国际社会整体利益，考虑国际社会的长远发展，批判"零和思维"，这是一种整体论的思维方式，是一种全球视野和未来视角。因为有着开放的时空背景，以全球的可持续发展为目标，所以"命运共同体"要求国际舞台上的行为主体遵循合作共赢、协商共建的行为准则，甚至要求行为主体在必要时采取利他行为。"命运共同体"认为维护这种行为准则的力量更多的来自道德。"命运共同体"认为国际社会里的行为体不仅仅受物质利益的驱动，还有

---

① 钱彤：《习近平在周边外交工作座谈会上发表重要讲话　强调为我国发展争取良好周边环境　推动我国发展更多惠及周边国家》，《人民日报》2013 年 10 月 26 日。

追求道德的自觉，这被领导人描述为"公正"和"正确的义利观"。相比"命运共同体"，现代国际关系三大主流理论（现实主义、自由主义、建构主义）主要从民族国家这种个体出发考虑国际秩序。它们对于国际社会上行为主体的行为动机的解释虽然有所不同，但都适用西方社会科学中的"理性人"概念，其中现实主义和自由主义对于行为动机的解释最简单，就是追求个体的物质利益，并为此而展开博弈。

其次，"命运共同体"将世界看作一个"有机的共同体"，这是一种以"关系"为出发点的思维方式。"命运共同体"认为，即便在无政府状态下，由于世界各国相互需要，国际关系可以是友好的、合作的、互利共赢的，整个国际社会是有"和平诉求"的。与之相比，西方的国际政治理论从"自私自利"的"理性个人"出发，推导出来的国际社会的最初状态是"弱肉强食"的"霍布斯丛林"，国际秩序是霸权秩序，国际结构是权力博弈形成的均衡状态。这种均衡是不稳定的，如果有新兴国家崛起，就会推翻既有的权力均衡，这就是"修昔底德陷阱"。虽然"新自由主义"通过强调国际组织、制度安排的重要性对"霍布斯丛林"假设进行了修正，但仍然将国际社会成员之间的关系视为竞争性的。虽然建构主义提出"文化认同"能够化敌为友，但只要文化不同，就还会退回到敌对或者竞争秩序。"命运共同体"理念与这种"零和思维"背道而驰，它强调国际社会里每个成员的安全和富有都与其他成员休戚相关，通过合作保障共同安全、增进整体财富、促进文化交流繁荣，才是每个国际社会成员获得安全、财富和文化繁荣的途径。

再次，"命运共同体"是一个民主、公平的共同体，不存在霸权。中国领导人反复强调中国不会走"国强必霸"的道路。正是出于这种思维，面对美国，中国提出了"不冲突、不对抗，相互尊重，合作共赢"的"新型大国关系"，[①] 面对周边国家，中国提出了"亲、诚、惠、容"的外交理念，[②] 在我们描绘出"一带一路"的发展蓝图后，也反复强调"一带一路"的合

---

① 《习近平概括中美新型大国关系：不冲突、不对抗，相互尊重，合作共赢》，新华网，ht-tp：//news. xin-huanet. com/politics/2013－06.10/c_ 116107914. htm，2016 年 2 月 2 日。

② 钱彤：《习近平在周边外交工作座谈会上发表重要讲话　强调为我国发展争取良好周边环境　推动我国发展更多惠及周边国家》，《人民日报》2013 年 10 月 26 日。

作是开放的，是"共建共享"的，中国不会通过构建"一带一路"谋求势力范围。"命运共同体"理念不仅强调法制和民主，而且针对霸权国自私自利、损害国际社会规则的行为提出了"公平"诉求，在一些全球性问题的治理中提出了"共同但有差别的责任"的主张，这与以实力为自己争取最大利益的霸权思维存在很大差异。

最后，"命运共同体"具有开放的价值观体系，是文化多元论。面对差异，"命运共同体"选择的是"和而不同"的包容路径，而不是划分你我、排斥异己。面对不同的意识形态、价值观、发展道路，"命运共同体"提倡"和而不同""兼容并蓄""交流互鉴"。2011年《中国的和平发展》白皮书指出："不同制度、不同类型、不同发展阶段的国家"应该"相互依存、利益交融"。在纪念和平共处五项原则发表60周年纪念大会上，习近平指出："注重汲取不同国家、不同民族创造的优秀文明成果，取长补短，兼收并蓄，共同绘就人类文明美好画卷。"与中国不同，欧美的社会科学理论中，文化多元的思维要少一些，一条从"野蛮人"向"文明人"进化的坐标时隐时现，坐标的终点大致指向欧美现有的制度和文化。因此，美国热衷于向全世界积极输出自身的制度和文化，在全世界构建价值观同盟，建构主义更是把文化视作用于博弈的"软实力"。即便是"英国学派"，也认为"国际社会"只会出现在相似的文化区域内。

三 "命运共同体"理念与中国的传统人文思想

如上所述，"命运共同体"理念与西方国际政治理论之间存在巨大差异。国际政治理论客观上起到了把特定国家的需求、行为合理化的作用。例如美国国际关系理论的核心问题是霸权护持，而英国作为中等强国，其国际政治理论就不以权力政治为核心，而是围绕"国际社会"概念展开，强调制度与规范。[①] 那么中国近年来反复阐述"命运共同体"理念，也有两个目的：其一是向世界阐述中国和平崛起的道路；其二是向世界表述中

---

① 秦亚青：《国际关系理论的核心问题与中国学派的生成》，《中国社会科学》2005年第3期。

国对国际秩序的设想，以中国的世界观优化甚至解构现有国际秩序观念。国际社会不免会提出这样的质疑："命运共同体"是中国崛起的短期策略还是真实目标？20世纪50年代，中国提出"和平共处五项原则"，很快得到了全世界的认可。这不仅是因为"和平共处五项原则"顺应了二战后求和平、反霸权、求共生的国际社会环境，而且其对国际秩序的诉求反映了落后国家的需求，符合中国的国家利益。改革开放以来，我们提出"和平发展"的外交战略，也符合当时中国的利益。但是，中国在成长为世界大国后提出不做霸权国，追求"命运共同体"。从霸权秩序思维去考虑，这是不符合中国国家利益的，必然遭到现有霸权思维的质疑，中国需要解释其正当性。"命运共同体"认为"合作共赢"是一个国家谋求自身利益的路径，但这是对原有秩序的颠覆，中国需要证明其合理性。

为了论证中国选择"命运共同体"道路的必然性，中国的领导人和学者们除了强调当今国际秩序中的合作趋势之外，还从浩如烟海的中国传统思想中、从5000年的中国历史中寻找了很多理论和事实依据，也可以说是围绕"命运共同体"概念对传统文化进行了构建。不仅如此，早在"命运共同体"理念之前，"和谐世界""和平发展"等外交理念与"命运共同体"所体现的思维方式、价值观念也是一脉相承的，寻找"和谐世界""和平发展"理念的传统文化根源的研究也早就开始了。来自国际关系、哲学等学科的很多学者都曾经分析过中国外交思想与中国传统文化之间的关系。尽管他们的研究目的不同、理论主张不同，但客观上都起到了为"命运共同体"理念寻根求源，使其丰富化、合理化、正当化的效果。在这里，笔者将对这类研究成果进行整理分析，以描述"命运共同体"理念的传统文化基因。

1. 中国传统哲学思想是"命运共同体"理念的智慧源泉

无国境的天下思维。古代中国人看世界，表现出明显的整体论思维模式。赵汀阳指出，古代中国的世界观与现代国际政治理论的最大差别在于，中国是从全天下出发审视天下的秩序，是"以天下观天下""以世界衡量国家"，而西方则是"以国观天下""以国家衡量世界"。天子以天下为家，因此产生了"无外"原则，在天子眼中，世界内没有明确的边境线区隔，没有文化上的异端、没有心理上的"他者"，只有远近亲疏。与此处不同的他乡是陌生的，但并非对立的、不可容忍或者需要征服的。因此，古代中国的异姓革命以民心归顺为合法性，中原会接受周边民族的统治，周边民族也会学习中原的文化，这都证明了"天下"的开放性。[①]

以道义得天下。因为"天下"没有明确的边界，民心的归顺决定着"天下"的延展，而征服民心的是道义，所以儒家认为道义比武力更重要。现代西方国际政治理论中只存在追求物质和权力的"理性人"，不存在"心"，儒家思想恰恰相反，认为"民心向背"决定着天下权力的移动，"得民心者得天下"，至今仍是中国人的"常识"。现代西方国际政治理论认为国家实力的大小决定国际地位，但儒家却认为道义的高下决定国际地位。儒家认为：从个人层面看，"仁人志士"比普通民众具有更大的勇气和决心；从军队层面看，"仁义之师"有更高的战斗力；从国家层面看，"仁义之邦"能够在国际社会获得更多支持。换言之，道义不仅决定着一个国家的软实力，而且也决定着其硬实力。[②]

阎学通通过分析荀子的"王权""霸权""强权"论，向我们描述了儒家文化对"有道义的国际秩序"的追求。[③]《荀子》将诸侯国中的主导者分为王、霸、强三类，其中"王权"优于"霸权"，"霸权"优于"强权"。"王权国"与"霸权国"之间不是实力差别，而是道义水平的差距。所谓"义立而王，信立而霸，权谋立而亡"，[④] 王权国因为"遵礼""行义"而得到天下臣服、人心所向，使其他国家不敢侵犯。霸权国达不到弘扬"义"和"礼"的水平，但是有一定的战略诚信，荀子说霸权国"刑

---

① 赵汀阳：《"天下体系"：帝国与世界制度》，《世界哲学》2003 年第 5 期。

② 王日华：《孔子主义国际关系理论与中国外交》，《现代国际关系》2011 年第 5 期。

③ 相似的论述出现在阎学通的多篇文章里，例如：《公平正义的价值观与合作共赢的外交原则》，《国际问题研究》2013 年第 1 期；《道义现实主义的国际关系理论》，《国际问题研究》2014 年第 5 期；《借鉴先秦思想创新国际关系理论》，《国际政治科学》2009 年第 3 期。

④ 《荀子·王霸第十一》，转引自阎学通《公平正义的价值观与合作共赢的外交原则》，《国际问题研究》2013 年第 1 期。

赏已诺信乎天下矣……约结已定，虽睹利败，不欺其与"。① 与"霸权国"相比，"强权国"缺乏战略信誉，遵循弱肉强食的丛林法则，一味追求"强权"导致纷争不断。基于这种评判标准，今天的美国处于"霸"与"强"之间，而中国追求的"命运共同体"理念则近似于"仁眇天下"②的"王道"，是儒家文化追求的一种最稳定最优秀的国际秩序。

有机关联的世界。西方人在解释秩序的形成时，往往以个体为单元，从个体的属性出发展开思考，而中国哲学却更注意观察事物之间的联系。《易经》是中国式辩证思维的代表，它强调对立事物之间的互补，而不是黑格尔式的冲突。面对差异产生的冲突，《易经》把它看作走向和谐、孕育新事物、开创新局面的过程。正因如此，中国文化有着"通变"的思维习惯，认为变化是万物最本质的特征，人需要顺势而变，既要适应"势"，也要利用"势"。新中国成立以来，中国外交政策的几次调整是顺势而为，反映了中国的这种"环境性思维"，今天中国提出"命运共同体"，也是在适应世界发展趋势的同时反映了中国的愿望。因为重视"关系"，所以与紧盯着利益、权力和制度的西方国家不同，中国尤其注重良好的国际环境，热衷于在外交中建立各种友好关系。③

最优生存路径：求同存异、和谐共生。因为从"有机关联"的视角出发看世界，所以中国的传统文化思维在面临世界上的差异状态时，选择通过"和而不同"来化解冲突，达成和谐。差异会带来冲突，避免这种冲突的一个解决方案是"同"，欧洲的宗教战争就是选择"同"的结果。与之相反，古代中国人认为"和实生物，同则不继"："夫和实生物，同则不继。以他平他谓之和，故能丰长而物生之，若以同裨同，尽乃弃矣……声一无听，物一无文，味一无果，物一不讲。"④ 因此，中国人选择了"和"，

---

① 《荀子·王制第九》，转引自阎学通《公平正义的价值观与合作共赢的外交原则》，《国际问题研究》2013 年第 1 期。
② 《荀子·王制第九》中说："仁眇天下，故天下莫不亲也；义眇天下，故天下莫不贵也；威眇天下，故天下莫敢敌也。"转引自阎学通《公平正义的价值观与合作共赢的外交原则》，《国际问题研究》2013 年第 1 期。
③ 秦亚青：《中国文化及其对外交决策的影响》，《国际问题研究》2011 年第 5 期。
④ 《国语·郑语》，转引自赵汀阳《冲突、合作与和谐的博弈哲学》，《世界经济与政治》2007 年第 6 期。

就是在差异中寻找并且建立互相利益最大化的协作关系。古人认为，这种努力不仅能够保障万物共存，而且能够使事物在相互配合中产生最大价值和意义。对此，孔子表述为“己欲立而立人，己欲达而达人”。①

因为持有文化多元主义的立场，所以中国人虽然为自己的文化和哲学自豪，但从来不向其他文明推销。中国的政治文化从来没有被宗教统治过，没有受到基督教那种扩张性宗教的影响，中国人不像欧美人那样，认为自己有责任向全世界传播文化。儒家对于文化传播的态度是“来而不拒，不往教之”。

2.“命运共同体”的道德规范来自中国传统道德规范

儒家思想提出的很多社会行为规范在经过几千年的传承以及与各种文化的交融后，发展成为中国文化的道德规范，至今仍存在于中国人的日常生活中，渗透在中国的外交思想里。

“仁义”是社会行为规则的核心，是威信的来源。“仁”既包含着“利他行为”“亲社会行为”的要求，也包含着追求良好人际关系的含义。不仅是儒家文化，佛教等社会哲学都追求“仁”这种“亲社会”行为，成为中国文化中最根本的道德评判标准。其实世界各国的文化都赞美善良的“亲社会”的行为，但是基督教认为人性与“亲社会”行为是相悖的，因此讨论“亲社会”行为或者“利他”行为时充满了悲观和紧张，选择用法律为“仁”设定底线，古罗马就是通过“法律”来建立社会秩序的。儒家却主张“性善论”，认为“人性本善”，或者即便人性是自私的，也完全可以通过后天的教化而改变。儒家强调“人同此心”“由己及人”“己所不欲、勿施于人”，又说“老吾老以及人之老，幼吾幼以及人之幼”。也就是说，爱己之心、爱家人之心可以延展至爱他人。虽然在不同的关系面前，人的爱表现得“亲疏有别”，但儒家完全接受这种差异，接受这种“人之常情”。由于相信“人性善”又容许“人之常情”，所以“仁”这一行为规则很容易被接受，成为中国人对社会行为的基本道德要求。面对不同社会地位的人，中国人对“仁”的期待是有差别的。中国人要求掌握更多资

---

① 《论语·雍也》，转引自赵汀阳《冲突、合作与和谐的博弈哲学》，《世界经济与政治》2007年第6期。

源的人要为更多的社会成员的利益考虑，做出牺牲，因此我们批判"为富不仁"，要求"达则兼济天下"。"义"指的是为了维护社会公正或者某种社会规范而选择自我牺牲，例如"正义""忠义""孝义"等，对"义"的弘扬使得社会个体能够舍弃自身利益，自觉维护社会规范。在中国人心目中，社会地位越高的人，越应该遵循更高的"仁义"标准，反之，如果一个人展示了较高的"仁义"道德水准，就值得得到更多的尊重。这种"仁义"观念反映在中国人的世界观里，就是和平、利他、公正和有区别的责任。

"礼"是社会秩序得以成立的保障，是文明的体现。"礼"不仅是礼仪，而且也是内化于个人行为的社会行为规划。古罗马更强调通过"法律"来维护社会秩序，而儒家文化更强调通过"礼乐"教化人心，使社会行为规范在社会成员身上内化，以消减个人自私自利的欲望，消减社会成员推翻既有秩序的愿望，使得社会成员各安本分。通过"礼"来维持社会秩序，消耗小，达到的结果又非常稳定。古代中国在周边建立的"朝贡体系"是对"礼"的演示。由于"礼"在维护秩序稳定中是高效的，与之相比，"武力"是低效且不稳定的，因此中国古代王朝并不"尚武"。古代中国在很多时候比周边国家强大，但并不热衷于开疆扩土，而是采取军事防守姿态，总希望以最小的代价维护边境和平。中国主张"国虽大，好战必亡"。这种"以礼治天下"的思维方式对应在"命运共同体"理念里就是相信道德、不过分倚重实力。

四 "命运共同体"理念与中国的外交实践

中国的传统文化很好地反映在新中国建国以来的外交路线中，而"命运共同体"理念则是对建国以来中国外交路线的继承和发展，分析建国以来的中国外交思想，也有助于说明"命运共同体"理念出现的必然性。

新中国成立之初，世界处于冷战格局中，中国得不到资本主义世界的承认，只能与少数社会主义国家发展关系。但是，中国从来都没有放弃扩展外交关系，争取和平的国际环境。在冷战秩序下，中国在朝鲜半岛和越南被卷入战争，但都是被动的。1953年，中国提出"和平共处五项原则"，第一次向全世界阐述了中国期待的国际秩序：相互尊重主权和领土完整、互不侵犯、互不干涉内政、平等互利、和平共处。"和平共处五项原则"所体现的追求和平共生的理念可以看作"命运共同体"理念的雏形。

自改革开放以来，中国始终呼吁"和平"与"发展"。改革开放初期，邓小平先后访问美国、欧洲、日本、东南亚等国家和地区，积极与这些国家和地区改善关系，拓展中国对外经济合作的国际空间。中国一方面致力于发展经济，积极参与国际合作，一方面珍视"和平发展"的国际社会环境，奉行"不结盟"和"韬光养晦"的外交策略。为了争取"和平发展"，中国在香港问题上创造性地提出"一国两制"，在钓鱼岛问题上提出"搁置争议、共同开发"，在其他国家发生国际争端时，也一贯呼吁通过对话寻求解决问题的途径。[①] 1986 年全国人大六届四次会议通过的"七五"报告把中国的"独立自主和平外交路线"总结为十条原则，其中第一条就是：中国从本国人民和世界人民的长远利益和根本利益出发，反对霸权主义、维护世界和平、发展同各国友好合作和促进共同经济繁荣。[②]

冷战结束后，中国抓住机会，主动和俄罗斯、由苏联独立出来的中亚各国、东欧各国、越南、老挝、韩国、印度等国家发展关系。通过这样的主动构建，到 20 世纪 90 年代末，中国全面实现了邻国关系正常化，并开始采取更主动的措施，构建周边共生关系，而第一个就是努力解决边界遗留问题。中国与一些邻国的边界争端有着复杂的背景，但中国通过积极细致的外交努力，用和平的方式基本上确定了与周边国家的法律边界。冷战结束后，美国宣称共产主义"历史终结"，并曾联合西方多个国家对中国实施制裁，这对于中国的政治体制形成挑战，如果处理不好，很可能走向对抗。中国选择避免对抗，并最终走向合作。本着"不对抗""求合作"的原则，中国与越来越多的国家建立起"伙伴关系"。除此之外，中国还积极参与国际合作机制，例如中国－东盟自贸区、上海合作组织、金砖国家合作等。[③]

① 陈水胜：《"和主义"：对中国特色国际关系理论的探讨》，《公共外交季刊》2015 年第 3 期秋季号。

② 张蕴岭：《中国与周边关系：命运共同体的逻辑》，《人民论坛》2014 年 2 月下。

③ 张蕴岭：《中国与周边关系：命运共同体的逻辑》，《人民论坛》2014 年 2 月下。

进入 21 世纪，中国渐渐走到世界舞台的中心。崛起的中国将在国际舞台上扮演何种角色，国际秩序将因此发生何种变化，成为全世界关注的问题，也成了中国必须回答的问题。在这样的背景下，胡锦涛主席在 2005 年提出了"和谐世界"的理念。"和谐世界"是"和平发展"理念的又一次丰富。中国共产党十七大报告指出，要在国际关系中追求"民主、和睦、协作、共赢……政治上相互尊重、平等协商，共同推进国际关系民主化；经济上相互合作、优势互补，共同推动经济全球化，朝着均衡、普惠、共赢方向发展；文化上相互借鉴、求同存异、尊重世界多样性，共同促进人类文明繁荣进步；安全上相互信任、加强合作，坚持用和平方式而不是战争手段解决国际争端，共同维护世界和平稳定；环保上相互帮助、协力推进，共同呵护人类赖以生存的地球家园"。① 与"和平发展"相比，"和谐世界"理念的表达中体现了更多中国文化因素。中国"和谐世界"的概念向世界介绍了中国"尚和"、反对"穷兵黩武"的历史文化传统，介绍了"和而不同""和实生物"的中国智慧，② 这些思想都包含在"命运共同体"理念当中。

中国的外交政策随着世界格局的变化经历了不断发展的过程，但在这个过程中，无论是思维方式还是道德标准都没有改变。"命运共同体"理念不仅是中国的古代哲学思想，也是中国自开始独立自主的外交以来一贯追求的理想。

五 构建命运共同体的机遇与困难

"命运共同体"理念确实能够从中国的传统文化中找到思想根源，从中国的外交实践中找到事实依据。介绍中国传统文化，有助于说明中国选择"命运共同体"道路的必然性，说明"命运共同体"的可然性。要实现一个新秩序，更重要的是率先垂范、奖励遵守秩序者、惩罚违反秩序者。但是，现阶段中国面临的国际环境决定了我们无论是率先垂范还是实施奖

---

① 陈水胜：《"和主义"：对中国特色国际关系理论的探讨》，《公共外交季刊》2015 年第 3 期秋季号。
② 金应忠：《从"和文化"到新兴国际关系理念》，《社会科学》2015 年第 11 期。

罚都还很难。

首先，在霸权秩序中，和平倾向的、利他倾向的行为主体不具备生存优势，尤其在中国国力还远远落后于美国时，这种困难更大。虽然我们有构建"命运共同体"的意愿，但事实是，自美国推行"重返亚太"战略以来，中国与周边国家的领土、领海争端增加，面对朝核问题等冷战遗产，中国始终呼吁和平对话，却未能被当事者所接受。因此，"命运共同体"在现阶段更多的还是一个目标，要完全付诸实践还需要一个较长的过程。中国领导人也意识到这一点，习近平在分析世界形势变化与中国发展的基础上，提出中国现阶段的外交战略布局要努力实现三对矛盾的平衡：一是维护国家利益与做出国际贡献的平衡，二是发展软实力和硬实力的平衡，三是坚持韬光养晦与有所作为的平衡。①

其次，中国还是一个发展中国家，经济仍然不发达、政治和社会制度的建设还有待完善、社会文化以及国民素质都有待提高。中国人虽然追求和谐、共同发展，但由于中国经济发展不均衡，中国社会内部还存在很大的贫富差距以及资源分配不公平现象。中国的发展水平落后于发达国家，中国的全球秩序理念也会因此缺少说服力。更何况世界上很多国家仍然把社会主义制度视作异己，对中国持有偏见，对中国的未来充满怀疑。因此，中国要实现"命运共同体"秩序，还需要以自身的进一步发展为前提。

但是，我们也应该看到当前国际环境给我们提供的机遇。当今世界不是"霍布斯丛林"，在安全方面，大国都是核大国，使得消灭战已经不可能；经济全球化以及信息全球化使得世界各国"你中有我、我中有你"；粮食安全、资源问题、环境问题、传染病、跨国犯罪、恐怖组织等非传统安全问题使得世界各国必须共同合作。在这样的背景下，各国的可持续发展都需要通过全球合作来实现，相互依存的国际权力观、共同利益观、全球治理观都已经成为共识。这让笔者想起赵汀阳在分析秩序形成路径时提到的"艾克斯罗德实验"。"艾克斯罗德实验"以博弈者都不能消灭对手为

---

① 李海龙：《倡导命运共同体　塑造负责任大国——学习习近平总书记关于外交系列重要讲话精神》，《党政研究》2014 年 1 月。

前提，观察实验参与者选择合作共赢还是损人利己。实验结果显示，一个善良、宽容和公正的"一报还一报"策略最终胜出：参与者在第一轮博弈中选择合作，从第二轮开始模仿对方上一步的选择。这意味着：首先是善良，从不先背叛；其次是公正，如果对方背叛就进行回击；然后是宽容，一旦对方改正错误，就马上重新合作。① 这种"一报还一报"秩序成立的前提，除了博弈者无法消灭对手之外，还需要博弈的次数足够多，也就是说博弈关系是持续性的。今天，共存与合作已经成为世界秩序的主流，类似于"艾克斯罗德实验"前提的环境已经存在。因此，在中国的倡导和示范下，命运共同体最终会实现。

六　以人文交流为突破口，推动命运共同体理论的构建

在现有的民族国家理念、霸权秩序下构建命运共同体，安全和政治领域面临的阻力最大。目前，我们在经济领域里取得的成就最大。长期以来，中国积极参与既有的经济合作机制，近来中国主导的"一带一路"战略和亚投行建设得到了很多国家的积极响应，成为"命运共同体"建设的最显著成就。但是，如果只靠经济合作来拉动，"命运共同体"的建设会止步不前。首先，经济伙伴有可能"利尽而散"；其次，如果只有经济合作一枝独秀，中小国家对中国的经济依赖度越高，对中国的警戒心就越强，在安全领域里对美国的需求越大；最后，如果只追求经济数据而不了解对方国家民众的发展需求，经济合作有可能反而招来各国社会对中国的反感。因此，在现阶段，我们应该重视在观念领域里推动"命运共同体"的构建。"命运共同体"理念具有道德优越性，符合时代发展趋势以及世界人民的意愿。我们应该在经济走出去的同时让"命运共同体"理念也走出去，与更多的国家取得观念上的共识。

如果我们以向海外推广的心态看待"命运共同体"走出去，马上会发现"命运共同体"理念还存在以下问题：一是，我们虽然能够从中国的传统文化中找到支撑"命运共同体"的理论和事实，但那是现代国际关系、

---

① 赵汀阳：《冲突、合作与和谐的博弈哲学》，《世界经济与政治》2007年第6期。

现代社会出现之前的历史文化，我们还面临一个如何将古代文化适用于现代国际社会的问题。二是，"命运共同体"把国际社会的"行为主体"看作是有道德追求的，那么就要回答道德标准是什么的问题。我们提出要有"正确的义利观"，同时又主张文化多元，那么不同文化的道德标准，对"义"的定义可能是不同的，"命运共同体"成员的行为就出现了不确定性。阎学通提出"仁、义、礼"近似于现代社会中的"公平、正义和文明"，具有普遍适用性，且分别高于"平等、民主和自由"的价值观。但是，"公平""正义""文明"在不同的文化语境里可能也是不同的。且不论极端宗教，印度实际存在的"种姓制度"是否符合"公平正义"的原则？如何在普适性的道德与文化多元主义之间找到最大公约数，这恐怕需要我们今后在对外交流中进行更具体的探索。三是，我们认为世界各国都有"发展"的需求，因此"互利共赢"的原则能够获得共识，但真正开始合作，我们会发现世界各国的发展阶段不同、文化背景不同、面临的社会问题不同，对"发展"的定义、对"利"和"赢"的定义也就不同。很多国家都从中国的经济发展中获取了红利，但对中国的好感却不升反降。因此，中国的发展追求与海外哪些人群的互利共赢？什么样的经济合作能够让对方社会感到最优的舒适度？这些问题都需要我们在今后的对外交流中进行深入思考。

"命运共同体"理念之所以对道德准则、发展目标缺乏明确的表述，有一个重要的原因，就是"命运共同体"理念目前只是中国的理念。如何向世界说明中国的道德观念，如何提炼出放之四海而皆准的道德观念，如何在现代、全球舞台上适用传统中国文化，这些问题需要我们在对外人文交流的过程中进行思考和解答。"命运共同体"理念虽然还不够完善，还缺乏国际舞台上的实践经验，但开放的价值体系同时也使得"命运共同体"理念有着很强的可塑性。"命运共同体"理念的构建过程应该欢迎世界各国共同参与，应该也遵循"共商、共建、共享"的路径，共同构建"命运共同体"理论应该成为今后中国对外人文交流中的一个旋律。

要在对外人文交流中推广和共建"命运共同体"理念，首先要从中国自身做起，其次要反省目前中国对外人文交流中存在的问题，开展更加有效的人文交流。

1. 中国社会本身应该培养"兼容并蓄、平等多元"的文化理念

中华文明虽然有着多元文化的基因，但我们也有着"亚洲文明中心"的历史记忆，在周边地区有着强烈的文化自尊心甚至文化民族主义。古代的"中华秩序"是一个以中华文化为评判标准的差序格局，但是今天我们追求的"多元文化"是平等的，在中国与周边国家的人文交流中，我们应该抛弃心中的"差序格局"，反省"文化宗主国"意识。在中国与经济落后国家的人文交流中，我们应该摒弃偏见，以开放的心态理解各种文化的差异。在与欧美等国家的人文交流中，我们往往又犯了另外一个错误，那就是缺乏文化自信，盲目追随西方话语体系。这些心态都违背了兼容并蓄的文化多元主义。

近代以来，中国因为备受侵略，产生了强烈的民族主义和受害意识，这是殖民者留下的思想枷锁，但也被用作凝聚民众力量的思想动员工具，具有一定的积极作用。今天，中国的舞台不断扩大，有了构建"命运共同体"的抱负，这就倒逼中国的舆论和教育都要有国际视角。

很难想象 13 亿中国人的心中如果有一个西方先进国家—中国—落后国家的文化差序格局，如果持有排他性的对抗倾向的民族主义，世界如何能够形成命运共同体。中国社会自身应该首先反思以霸权体系为基础的世界秩序观，反思民族主义，建立多元平等、兼容并蓄的文化多元主义。在政府外交中转换思维的难度不大，但今天越来越多的中国企业、中国人走出国门，越来越多的中国网民与世界链接，公众对政府外交决策的影响越来越大，外交工作越来越大众化，"命运共同体"理念的建设随之成为全民教育问题。这要求中国的思想界、教科书、媒体做出相应的改变。

2. 中国的对外经济、人文交流要体现"命运共同体"意识

这也包含两方面的含义，首先是中国的对外交流要体现不同国家之间"互利共赢"的意识，其次是要摒弃"拜金主义"，追求可持续发展，在经济合作的同时体现对当地社会、文化、环境的关怀。现代国际关系在欧洲的"大航海"中拉开序幕，随之而来的就是强国对落后国家的军事侵略，为霸权秩序扣上了第一粒纽扣，伴随之后的还有经济资源掠夺、污染产业转移等，但中国的崛起希望给全球社会持续地带去福利。

中国走向世界最主要的道路是经济合作。今天，越来越多的中国企业、中国技术甚至消费者正在走出国门，中国因素对海外社会的影响在增强，将来会有更多国家的民众真切感受到中国因素给他们生活带去的冲击。令人担忧的是，目前在中国周边的很多国家里，民众接触中国越多，对中国的评价越负面。虽然每个国家对中国缺乏好感的具体原因不同，但我们在与所有国家的交流中存在着一些相似的问题。首先是对对方的文化缺乏了解，缺乏尊重当地文化的态度，海外中国企业因为不了解当地文化而与当地工人、社区产生摩擦的新闻屡屡见诸报端。其次，仅仅了解文化风俗是不够的，我们还需要了解其他国家的发展需求、社会结构、阶层差异以及主要社会矛盾，使中国企业与当地的合作尽可能惠及更广的人群，得到广泛而长远的支持。在追求经济利益的同时，中国企业还应该与当地社会就资源利用、环境保护等问题进行协商，达成社会共识，还应该适当回馈当地社会，兼顾社会、经济与环境的共同发展。如果我们走出国门后只是追求单一的经济利益，简单地选择与当地的政府、大财团甚至是华侨华裔合作，那么就有可能成为激化当地社会矛盾的因素，不但不利于宣传"命运共同体"理念，而且企业本身也会暴露在社会风险中。

现阶段，政府应该为民间的对外交流合作储备人才、提供充足的知识，并建立起引导监督机制。要在对外交流合作中实现"互利共赢"，需要充分理解对方国家，需要与对方社会进行充分沟通。现阶段，政府应该通过大学招生、学校专业设计等方面的政策引导，建立起充足的国别问题人才库。政府要充实现有的国别信息库，以更便捷的途径向社会公开，为走出海外的企业尤其是中小企业提供咨询和培训服务。民间的交流合作分散在不同的场域，信息分散，渠道多样，价值观和利益诉求非常复杂，存在的问题非常多。针对中国与每个国家的民间交流，政府应该建立起一个连接企业、媒体、智库、旅行社、学校、非政府组织、外交部门的"委员会"，对民间交流进行监督和引导。这个"委员会"应该是一个水平、开放、常态化的有机网络，不断地收集和交流信息，互相提供咨询，及时发现民间交流中存在的问题和隐患，给予正确的指导。例如，这个"委员会"可以监督中国企业在海外的违法行为、破坏环境行为，对企业的社会影响进行评价，帮助企业与当地社会进行协商等。

3. 引导海外学术界共建"命运共同体"理论

"命运共同体"理念的构建要走国际共建的道路，要吸收更多国家的智慧，要以中外交流的经验为基础，我们必须引发国外思想界的参与热情。现阶段，政府应该有意识地影响海外的思想库，这包括两方面的努力：一是扩大海外人才库，二是提升中国话语体系在海外学术界的影响力。政府可以通过提供奖学金、设立面向海外的研究基金、支援中外学术界进行共同研究等方式吸引海外优秀人才到中国学习和开展研究。政府和高校还应该强化对来华外国留学生的管理，并在留学生毕业归国后为其提供长期的支持。在很多非英语国家里，虽然有一定数量的中国问题专家，但其中多数人在欧美接受教育，以欧美的视角看待中国。以韩国为例，中韩学术领域的交流非常活跃，韩国社会对中国专家的需求不断上升，但在过去的 20 年里，韩国影响力较大的高校、智库中，有在中国留学或者长期工作背景的学者比例没有增长，反而有小幅下降，很多"知华"学者在倾向于美国思维的学术圈里发表言论往往有所顾忌。韩国学术界里美国霸权之所以愈演愈烈，是因为随着学术竞争日趋激烈，其学术评价越来越重视 SCI 论文、越来越重视英语能力。中国学者走出海外固然重要，但同时我们还应该扩大汉语在国际学术圈的地位，为海外的"知华"学者提供有力支持。在中国周边，如果我们能够以人文交流协议的形式，承认对方国家的学术期刊，将其体现在学术界的成果评价中，就会起到逐渐弱化美国学术霸权、放大中国声音的作用。

4. 人文交流应该去政府色彩，去经济色彩，追求自身的价值

要在海外推广"命运共同体"理念，需要中国的人文交流更高效、更受欢迎。

首先，政府应该放弃直接干预人文交流活动，转而通过各种人文交流委员会规划和监督各个领域的对外人文交流，人文交流应该追求独立于政治和经济的自身价值。进行如此转变的原因来自两个方面。第一，与政治、安全领域的合作相比，人文交流的领域非常分散且遵循不同的行为逻辑，人员有限、组织结构垂直化的政府很难对其进行有效管理。韦伯把社

会行为分为四类：目的－工具合理性行为、价值合理性行为、情感行为以及传统行为。安全、经济领域里的行为主体主要是政府、军队、大企业，这些组织拥有垂直官僚结构，收集信息能力强，由精英进行决策，决策时立足于本领域的宏观长远利益，其行为基本遵循目的－工具合理性。但人文交流领域里的行为主体非常多样，有中小企业、新旧媒体、非政府组织乃至普通人。这些行为体有各自的利益诉求和价值观，在互动过程中掌握相关信息不充分，也没有明确的责任意识。因此人文交流中的互动存在更多的情感行为、习惯性行为以及受各种价值观影响的行为，具有很强的不确定性。仅靠政府这种专业领域知识有限、垂直结构的组织，很难全面掌握人文交流领域中的细节问题，难以对这一领域的非理性行为做出及时反应。经验证明，政府直接参与人文交流，与耗费的外交资源相比，其收效有限。第二，很多国家仍然对社会主义国家持有偏见，政府直接主导人文交流，很容易被意识形态化，从而被对方社会所排斥，孔子学院在一些国家遭到质疑就是一个例子。

其次，人文交流应该专注于追求思想与文化的交流和繁荣，不能把政治目的和经济目的作为目的。政治合作、经济交流和人文交流这三个领域必定互相影响和牵制，但人文交流不能成为政治和经济合作的附属品或者工具。目前，中国的文化交流受政治、经济因素的影响太多，自身价值受重视程度不够。我们经常配合双边关系的发展举办"庆典式"的文化活动，经常搞"文化搭台、经济唱戏"。今天，中国周边地区的安全局势较为稳定，中国人的物质生活水平不断提升，对文化精神生活的需求也在增长。因此，追求丰富多样的思想文化，这本身所具有的价值会不断提升。如果人文交流没有相对独立于政治和经济的空间、价值目标，那么其自身的价值会大打折扣，民众对于人文交流的兴趣会降低。在现有国际秩序下构建"命运共同体"理念，我们还要同时维护国家核心利益。每当中国与其他国家产生领土、领海等问题上的冲突，都会打击"命运共同体"的构建。考虑到这些困难，人文交流更应该去政府色彩，才能够在政治、安全领域遇到困难时保留更大的空间，继续推动"命运共同体"的建设。

参考文献

蔡亮：《共生国际体系的优化：从和平共处到命运共同体》，《社会科学》2014 年第 9 期。

陈水胜：《"和主义"：对中国特色国际关系理论的探讨》，《公共外交季刊》2015 年第 3 期。

郭树勇：《国际关系：呼唤中国理论》，天津人民出版社；2005。

金应忠：《国际社会的共生论——和平发展时代的国际关系理论》，《社会科学》2011 年第 10 期；《试论人类命运共同体意识——兼论国际社会共生性》，《国际观察》2014 年第 1 期；《从"和文化"到新兴国际关系理念》，《社会科学》2015 年第 11 期。

梁守德：《论国际政治学的中国特色》，《国际政治研究》1994 年第 1 期。

刘淑梅：《修昔底德与孔子：两种国际政治思想的渊源》，《国际关系学院学报》2006 年第 3 期。

〔美〕罗伯特·阿克塞尔罗德：《合作的进化》，吴坚忠译，上海人民出版社，1996。

秦亚青：《国际关系理论的核心问题与中国学派的生成》，《中国社会科学》2005 年第 3 期；《中国文化及其对外交决策的影响》，《国际问题研究》2011 年第 5 期。

任晓：《论东亚"共生体系"原理——对外关系思想和制度研究之一》，《世界经济与政治》2013 年第 7 期。

苏长和：《共生型国际体系的可能——在一个多极世界中如何构建新型大国关系》，《世界经济与政治》2013 年第 9 期。

宋秀琚：《西方主流国际关系理论对"国际合作理论"的不同解读》，《国际论坛》，2005 年 9 月。

王日华：《孔子主义国际关系理论与中国外交》，《现代国际关系》2011 年第 5 期。

王义桅、倪世雄：《比较国际关系学及国际关系理论的中国学派》，《开放时代》2002 年第 5 期。

阎学通：《公平正义的价值观与合作共赢的外交原则》，《国际问题研究》2013 年第 1 期；《道义现实主义的国际关系理论》，《国际问题研究》2014 年第 5 期；《借鉴先秦思想创新国际关系理论》，《国际政治科学》2009 年第 3 期。

杨洁勉：《中国走向全球强国的外交理论准备——阶段性使命和建构性重点》，《世界经济与政治》2013 年第 5 期。

叶自成：《国际关系研究中的中国视野》，《外交评论》2005 年第 3 期；《从华夏体系历史看美国国际关系理论范式的西方特色》,《世界经济与政治》2012 年第 2 期。

俞正樑:《建构中国国际关系理论　创建中国学派》,《上海交通大学学报》(哲学社会科学版) 2005 年第 4 期。

赵汀阳:《"天下体系":帝国与世界制度》,《世界哲学》2003 年第 5 期;《冲突、合作与和谐的博弈哲学》,《世界经济与政治》2007 年第 6 期。

张春:《建构中国特色的国际道德价值观体系》,《社会科学》2014 年第 9 期。

张蕴岭:《中国与周边关系:命运共同体的逻辑》,《人民论坛》2014 年 2 月下;《关于建构和谐世界的思考》,《当代亚太》2008 年第 2 期。

张蕴岭:《构建和谐世界:理论与实践》,社会科学文献出版社,2008。

大　国　比　较

论美国的世界大国地位、作用及其走向

吴心伯[*]

摘　要　美国作为世界大国的地位发轫于第一次世界大战，奠定于第二次世界大战，成型于冷战时期，膨胀于后冷战时代。美国对 20 世纪的国际政治产生了无与伦比的影响，这种影响有积极的一面，也有消极的一面。在 21 世纪初，美国在战略和经济上经历的挫折以及国际环境的巨大变化给其在世界上的地位与作用带来全新的挑战，美国面对这种挑战所做出的调整将对 21 世纪的国际政治、中国崛起的外部环境以及中国的国际战略产生重大影响。

关键词　地位　作用　走向

一　美国走向世界大国

美国走向世界大国之路始于一战。美国军队介入欧洲战事、威尔逊总统提出十四点和平原则和建立国联的设想，象征着美国告别了孤立主义，开始作为一个新兴大国登上了世界政治舞台。同时，威尔逊所表达的改良弊端重重的传统国际政治、建立一个公正和平世界的愿望，也表明美国是国际舞台上的一个新型大国，具有比英法德等传统大国更加进步的国际政治理念。然而，正如历史发展所揭示的，美国借助一战发挥世界大国作用乃是昙花一现。战后不久，孤立主义卷土重来，美国未能加入其创导成立

---

*　吴心伯，复旦大学国际问题研究院常务副院长、美国研究中心主任，教授。

的国联，也失去了通过这一新的国际机制革新国际政治的机会，两次大战期间美国奉行的有限的国际主义大大限制了其在国际事务中的作用。在20世纪30年代经济危机期间，作为世界最大经济体的美国"拒绝牺牲自己的部分利益以承担领导世界共同走出经济萧条的责任"，[1] 从而导致了危机的扩大和深化。面对日本军国主义和德国法西斯的扩张，美国的反应不力，"拒绝捍卫战后国际和平机制和干预德、意、日的扩张行为"。[2] 美国和英法等国的软弱助长了法西斯的侵略气焰，其结果是二战的全面爆发，包括日军袭击珍珠港，重创美国。由此可见，一战后美国在世界事务中缺乏大国责任与担当不仅给世界政治、经济和安全带来了严重的消极后果，也使自身蒙受了巨大损失。

二战爆发后，罗斯福总统痛定思痛，决心美国不仅要与其他同盟国家一道战胜德日侵略者，更要主导建立新的世界秩序，维护世界和平与安全。在付出二战的沉重代价后，美国终于义无反顾地在世界舞台上发挥大国作用。从积极方面看，美国的作用主要体现在以下方面。一是建立了世界性的政治、经济和安全体系，即联合国、世界银行、国际货币基金组织、关税及贸易总协定等等。虽然这一新的世界政治经济架构不等同于世界政府，但它深刻和长久地影响了国际政治的走向。二是提出了一系列新的国际政治理念。在1941年由美英首脑发表的《大西洋宪章》中，提出了不追求领土扩张、尊重各国人民选择其政府形式的权力、非殖民化、各国平等贸易、广泛开展经济合作等重要原则，发展了威尔逊的理想主义，体现了美国在当时的历史条件下国际政治理念的先进性，奠定了20世纪国际政治规范的基础。三是战后帮助西欧和日本实现经济复兴。美国对西欧实施了马歇尔计划，共提供130多亿美元的援助；对日本则帮助其稳定经济，并向其提供大量物资援助。[3] 虽然美国对西欧和日本的经济支持是在

---

① 王立新：《踌躇的霸权：美国获得世界领导地位的曲折经历》，《美国研究》2015年第1期。

② 王立新：《踌躇的霸权：美国获得世界领导地位的曲折经历》，《美国研究》2015年第1期。

③ 资中筠主编《战后美国外交史——从杜鲁门到里根》（上册），世界知识出版社，1994，第76～88页；赵学功：《巨大的转变——战后美国对东亚的政策》，天津人民出版社，2002，第36～37页。

冷战背景下进行的，具有强烈的反苏反共和地缘政治竞争的色彩，但西欧和日本的经济复兴有利于世界经济从二战的废墟中较快恢复，并在 20 世纪 60 年代形成美日欧三足鼎立的格局。

如果说美国在二战期间和二战结束后不久对其世界地位和作用的看法带有威尔逊理想主义的色彩，具有一定的时代进步意义的话，随着冷战的爆发和加剧，美国的国际行为逐渐异化，越来越具有霸权主义、强权政治的特征，其领导作用越来越多地表现为在全球范围内的侵略扩张。一是国际政治的军事化。二战后美国虽然不像老牌帝国那样谋求殖民地，但通过建立庞大的军事同盟体系，在全球范围内设立众多的军事基地，对战略要地和战略资源实施控制，从而加速了世界的分裂，加剧了东西方的军事对抗。在冷战的几十年间，国际政治的核心就是军备竞赛和军事对抗。二是频繁而多样化的对外干预。既包括朝鲜战争、越南战争这样大规模的军事行动，也包括更加隐蔽的政治渗透和颠覆活动。美国通过"多米诺骨牌理论"之类的逻辑，把世界任何一个地方所发生的事件与美国的利益挂钩，从而为美国的干预找到借口。[①] 这些行为严重损害了诸多国家的独立、主权，造成了众多的人道主义灾难。三是罔顾国际道义。在反共意识形态和地缘政治利益的驱使下，美国以善的名义行恶，长期支持一些腐朽、反动的政权，直接或间接压制、镇压一些国家人民进步的政治抗争运动和正义的民族解放运动，阻碍了这些国家的政治和社会进步、民族独立和统一。美国的这些行为违背了国际道义，也与其促进民主、人权的自我标榜大相径庭。

二 美国在后冷战时代

冷战终结，美国不战而胜，迎来了二战结束以来最大的战略机遇期。从加强美国的世界地位和国际影响力看，华盛顿在以下方面做得比较成功。[②]

---

① 事实上，被视为"遏制之父"的乔治·凯南也不断对美国在冷战时期推行的上述政策提出批评。见张小明《我所认识的乔治·凯南》，《世界知识》2005 年第 8 期。

② 参见王缉思、徐辉、倪峰主编《冷战后的美国外交（1989～2000）》，时事出版社，2008，第 2～8 页。

一是大力推动全球化。冷战终结使世界从二分天下变为一体天下成为可能，这也为美国利益和影响力的全球扩展提供了天赐良机。克林顿政府看到了这一历史性机遇，提出了以"参与和扩展"为特征的国家安全战略，要使美国积极地参与世界事务、发挥领导作用。克林顿政府的这一战略在很大程度上是通过推动全球化来实现的。借助全球化的潮流，美国的政治、经济和文化的影响力空前扩张，令世人觉得全球化就是美国化。客观上看，全球化促进了商品、资金、技术的全球流动，为一些发展中国家带来了良好的发展机遇，而发达国家也拓展了投资和商品市场，收获了丰厚的利润。因此全球化得到了大多数国家的欢迎，被视为后冷战时期最主要的时代潮流。美国既是全球化的引领者，又是全球化的最大受益者，既收获了可观的政治影响力，更收获了巨大的经济利益。

二是塑造国际机制。在冷战期间，二战后建立的国际机制或因美苏对抗的掣肘而不能顺利运转，或因东西方的分野而受到地域上的限制，国际机制的效用大打折扣。冷战结束消除了这些障碍，国际机制的重要性重新凸显。于是华盛顿挟后冷战时代美国力量与影响力的优势，借助全球化的理念和趋势，积极推动国际机制建设。"在这一历史时期，特别是克林顿时期，美国参与建立、制定、补充的国际组织、国际公约、协定，同各国发表双边或多边的联合声明，其数量和所涵盖的地理范围、专门领域，都是国际政治历史上空前的。"[1] 这一轮的国际机制建设，如同二战后的那一轮一样，广泛嵌入了美国的理念，充分体现了美国的利益偏好，是美国在国际政治、经济、安全领域收获冷战红利的表现。

三是维持同盟体系。美国在冷战时代建立的庞大的同盟体系，是美国霸权的重要支撑，是美国海外最重要的政治和战略资产，因此，虽然苏联解体了，华约解散了，冷战终结了，但华盛顿无意放弃这笔如此重要的战略资产。在欧洲，北约被赋予新的安全使命，并向东欧和前苏联地区扩展。在亚太地区，美韩、美日、美澳等双边安全同盟均被保留下来，其中美日同盟通过再定义而扩充了其功能，从保卫日本转变为应对西太平洋的

---

① 参见王缉思、徐辉、倪峰主编《冷战后的美国外交（1989～2000）》，时事出版社，2008，第2～8页。

安全挑战。当然，随着安全形势的变化，同盟的传统功能在弱化，维系美国与其盟国（特别是欧洲盟国）的纽带不再像冷战时期那样紧密，但美国同盟体系的延续对其在后冷战时代维护和巩固其世界地位、主导世界事务发挥着至关重要的作用。

另外，美国在后冷战时代的对外行为也犯下了一系列重大失误，这对美国的国际地位、国际形象和后冷战时代的国际政治都产生了消极的影响。

首先是"赢家通吃"的心态和政策。苏联崩溃、冷战终结在很大程度上是苏联内部的原因导致的，换言之，苏联并不是被美国打败的，而是自己打败了自己，但美国政治精英却普遍将美苏竞争的这一结果解读为美国的胜利，并将继承苏联的俄罗斯视为战败国。在这一思维的影响下，以赢家自居的美国一是要充分享受冷战终结的红利，二是要在战略上尽可能削弱俄罗斯，使其难以东山再起。这典型地表现在北约东扩上。北约对东欧和前苏联地区的扩张表明美国不仅要将前苏联在东欧的势力范围尽收囊中，而且要对俄罗斯"兵临城下"——将北约的军队和武器部署在俄罗斯边界附近。它给俄罗斯带来的不仅是安全上的威胁，更是政治上的耻辱。作为一个有着悠久历史与大国心态的国家，俄罗斯不可能对此忍气吞声。事实上，北约东扩成为冷战后美俄关系的转折点，莫斯科与华盛顿的关系从冷战后短暂的蜜月期步入合作与对抗的阶段。① 到了小布什执政时期，美国支持的在独联体国家发生的"颜色革命"则是对俄罗斯政治与安全利益的进一步侵蚀，从而加剧了美俄对抗。在美国的步步紧逼面前，俄罗斯开始反击，2008 年格鲁吉亚冲突向华盛顿发出了强烈信号，2014 年普京出手克里米亚，则是对北约东扩的最强有力的回击。乌克兰危机的爆发和美俄对抗的升级在某种意义上象征着后冷战时代美国对俄政策的失败，它把后冷战时代世界事务中的一个重要伙伴变成了对手，失败的原因主要在于"赢家通吃"的心态和这一心态主导下的贪婪的地缘政治扩张无视了该地区力量对比和地缘政治的基本现实。

其次是发动阿富汗、伊拉克两场战争。小布什政府深受新保守主义思潮的影响，迷信美国的力量优势，谋求对外输出其政治制度和价值观。

---

① 参见王缉思、徐辉、倪峰主编《冷战后的美国外交（1989～2000）》，时事出版社，2008，第 2～8 页、第 135 页。

"9·11"事件为小布什政府发动阿富汗、伊拉克战争提供了机遇，但到头来却成了美国在后冷战时代最大的战略败笔。小布什政府在阿富汗不仅要打败塔利班，而且要重建阿富汗，建立一个安全、民主、世俗化的阿富汗政府，在伊拉克不仅要将萨达姆赶下台，还要塑造一个自由和民主的政治与社会秩序，这实际上远远超出了美国的能力。正如基辛格所指出的，在阿富汗的重建工作"带有浓重的理想主义色彩，几乎可以与二战后德国和日本的民主建设相提并论。"而在伊拉克，"事实证明，以多元民主取代萨达姆侯赛因的残暴统治比推翻这个独裁者要困难得多"。① 不仅如此，美国绕过联合国发动伊拉克战争，充分暴露了其单边主义倾向，它不仅疏远了反对入侵伊拉克的盟友，挑战了联合国的权威，更向世人显示出在一个单极或接近单极的世界上，美国会如何滥用其力量优势。美国为发动伊拉克战争而以虚假情报误导国际社会、美军在伊拉克的虐囚行为更使美国的国际形象备受打击。更为严重和影响深远的是，"'反恐战争'渐渐呈现种族性和宗教性"，② 加剧了美国与伊斯兰世界的紧张和对抗。总而言之，发动阿富汗、伊拉克两场战争使美国付出了巨大的生命和财富的代价，软实力也严重受损，战略上陷入被动，其消极影响将是长期的。

最后是追求单极世界。冷战结束后，是建立一个平等、合作的国际新秩序，还是建立一个美国霸权主导下的单极世界秩序，是对美国执政者政治智慧的考验。老布什在第一次海湾战争期间提出的"世界新秩序"构想带有大国协调的色彩，克林顿在第一任期谋求建立的则是一种美国领导的以国际机制为依托的秩序。到了克林顿的第二任期，"美国经济的持续增长，在高科技领域的领先地位，在新军事革命中独占鳌头，北约东扩和美日同盟的再定义，这些都强化了华盛顿建立美国主导下的单极世界的愿望"。③ 1999年初，克林顿在展望21世纪美国的外交政策时直言不讳地表示，世界各国联系日趋紧密，全球化趋势不可逆转，要使世界免遭过去曾

---

① 〔美〕亨利·基辛格：《世界秩序》，胡利平等译，中信出版社，2015，第417、426页。
② 〔美〕兹比格涅夫·布热津斯基：《战略远见：美国与全球权力危机》，洪漫等译，新华出版社，2012，第70页。
③ 吴心伯：《太平洋上不太平：后冷战时代的美国亚太安全战略》，复旦大学出版社，2006，第165页。

经经历过的灾难，就必须有一个领导，但只能有一个领导；美国得益于全球化的趋势，更加繁荣，更具有信心，也因此最有能力领导这个世界。[1]小布什政府在2001年入主白宫后，全面奉行"优势战略"主导的国家安全战略，致力于塑造美国治下的和平。2002年推出的《国家安全战略报告》声称："美国在全世界拥有前所未有和无可比拟的实力和影响力。由于我们一贯忠于自由原则和自由社会的价值观，美国的这一地位被赋予独一无二的责任、义务和机会。这个国家的强大实力必须用于促进有利于自由的均势。"[2] 约翰·伊肯伯里（G. John Ikenberry）认为，"9·11"后美国形成的新的大战略"坚定地维护一个单极世界，在这个单极的世界秩序里，美国根本没有实力相当的竞争对手。不允许任何没有美国参加的大国联盟谋求霸权"。[3] 从克林顿到小布什，美国大战略的基本目标越来越明确，这就是要建立美国主导下的单极世界，巩固和加强美国的优势地位。克林顿政府为强化其对世界事务的控制力，对欧洲防务一体化表现出强烈反感，对亚洲金融危机期间日本提出的建立亚洲货币基金的设想予以阻止。小布什政府则积极谋求美国的实力尤其是军事实力的优势，并表现出充分运用这种力量优势的强烈意愿，信奉单边主义，强调绝对安全。美国对单极霸权的追求不仅使其失去了在后冷战时代推动建立一个伍德罗·威尔逊—富兰克林·罗斯福式的国际秩序的机遇，更暴露了其霸权性格中自私、狭隘、残暴的一面。特别是在目睹了小布什政府对外政策的所作所为后，世界对"美国治下的和平"更加警惕、更加抗拒。

三　重新定义美国

对美国的世界地位与作用来说，21世纪第一个十年与第二个十年之交是一个转折点。一方面，两场战争和一场危机使美国在战略上和经济上遭

---

[1] 符泉生：《从克林顿旧金山讲话看美国21世纪外交政策》，新华社，华盛顿1999年3月18日电。

[2] The White House, *The National Security Strategy of the United States of America*, Washington, September 2002, p. 1.

[3] G John Ikenberry, "America's Imperial Ambition," *Foreign Affairs*, September/October 2002, Vol. 81, No. 5, p. 49.

到重创；另一方面，俄罗斯的战略复兴和中国的战略进取改变了后冷战时代美国在战略上独步天下的局面。在新的形势下，美国必须重新思考其在世界上的地位与作用。

毫无疑问，美国的优势地位在下降。这主要是美国的力量优势不断缩水、外部挑战越来越复杂所致。就力量优势而言，第一，军事上，俄罗斯军事力量重振和中国军事现代化的推进削弱了美国的军事优势；经济上，当前美国经济占全球经济总量的22%左右，降至二战以来的最低点。第二，美国对国际事务的主导能力在下降。在联合国安理会，近年来中俄两国在一些重大问题上成功否决了美国及其盟友的提案。过去数年中，其他国家在联合国与美国的投票行为不一致的比例在上升，这反映了美国对国际事务的影响力在下降。第三，美国处理外部事务的资源在缩水。在巨额预算赤字的压力下，美国军费削减将是长期趋势。美国对外援助占世界各国援助总额的比例在下降，因为中国和欧洲一些国家提供的援助在增加。对外援助是长期以来美国影响别国和国际事务的主要抓手，现在美国有关的援助项目一减再减。第四，美国的软实力在下降。金融危机重创了美国发展模式的吸引力，国内政治僵局使其政治制度的影响力大打折扣，斯诺登对美国监控全球网络行为的大揭秘更使美国的国际道义形象黯然失色。

另外，与冷战时期或20世纪90年代相比，现在美国在国际上面临的挑战更加棘手和多元。首先，战略竞争对手发起挑战。俄罗斯的强势战略复兴和中国在经济、战略上的崛起，对美国构成了冷战结束以来最棘手的地缘政治挑战。普京在乌克兰问题上的强势反击令西方尤其是美国措手不及，使此前一直顺风顺水的北约东扩面临巨大阻力。除了有限的经济制裁，美国似乎难以采用其他有效的手段对付俄罗斯。中国的崛起在很长一段时期里主要表现在经济上，美国视之为机会并采取大体积极的态度。然而，随着习近平的执政，中国在战略和安全方面的进取态势愈加突出。近年来，中国不仅在坚定地拓展其战略利益，也在巧妙地把经济资源转化为外交和战略资源，这对美国是个全新的挑战。虽然奥巴马政府在南海问题上不断加大对中国的压力，但迄今为止美国的应对并不成功。其次，美国与伊斯兰世界的矛盾无解。伊斯兰国的崛起是恐怖势力掀起的新一波浪潮，也反映了美国与伊斯兰世界的矛盾的长期性。奥巴马政府本来希望通过撤军伊拉克来摆脱这个包袱，但现在看来事与愿违。美国发动阿富汗战争和伊拉克战争，加深了它与伊斯兰世界的矛盾，这个矛盾将长期困扰美国，消耗其资源，分散其精力，并使其外交努力复杂化。第三，美国长期主导的国际机制的治理能力在全面下降。世界贸易组织多哈回合谈判僵局难破，七国集团在世界经济治理中的作用显著下降，世界银行向新兴国家和发展中国家提供贷款的额度被来自中国的贷款超越，国际货币基金组织并没有监测到 2008 年在美国爆发的金融危机，等等。这表明了美国主导的国际机制的功能在退化，世界需要新的更有效的国际治理机制。

那么，美国优势地位的下降究竟是一个周期性的趋势，在经历一段时期的下行之后又会缓慢或快速回升，抑或是一个结构新趋势，即一些结构性因素使得这一趋势具有难以根本扭转的长期性？笔者认为，当下美国地位的下降是结构性的。之所以做出这一判断，是基于以下理由。第一，美国经济的内在活力在下降。20 世纪后半期的两次美国经济衰退，每次复苏的时间都较快，美国经济总量也都恢复到占世界经济总量的 1/3 左右，而2008 年这次危机复苏所花时间甚长，经济总量也只占世界经济的 20% 多一点。此外，金融危机以来美国非农生产率年均增长率一直低于 1%，远低于 1998~2007 年间的 2.8%。[1] 美国经济长期增长的前景并不看好。[2] 第二，从国际层面看，20 世纪 90 年代美国力量和地位的大幅提升得益于苏联解体和日本经济泡沫破灭这两大利好，今天放眼世界，不会同时出现对美国重大的战略与经济利好。在西方制裁压力下的俄罗斯不会重演苏联的崩溃，中国经济增长速度即使下降到 6% 甚至 5%，也不会像日本经济那样陷入长期低迷。第三，由于新兴经济体经济力量的上升，美国正在失去经济超级大国的地位，因为它占世界经济的比重已缩水到 20% 多一点，在不远的将来要跌破 20%，而按照购买力平价，中国经济总量已在 2014 年超过美国。由于中国的快速发展，美国业已失去了世界最大的制造国和第一

---

① 甄炳禧：《21 世纪：美国世纪还是中国世纪——全球视野下的中美实力对比变化分析》，《学术前沿》2015 年第 11 期。

② 参见徐海燕、何建宇《美国经济霸主地位的衰退趋势研究——基于 GDP 比重分析的视角》，《复旦学报》（社会科学版）2013 年第 5 期，第 108~115 页、135 页；宋国友：《美国霸权衰退的经济逻辑》，《美国研究》2015 年第 1 期。

货物贸易大国的桂冠。

上述变化对美国国际地位的影响是深远的。后冷战时代短暂的单极时刻已经结束，"美国治下的和平"将只会存在于历史记忆中。虽然与其他主要力量中心相比，美国仍享有综合力量优势，但这种优势在逐渐萎缩。冷战结束后美国相对于世界第二大经济体的领先程度一度不断扩大，今天美国与世界第二大经济体的差距则在不断缩小。① 自二战后登上世界舞台的中心以来，美国当下面临一个全新的身份：既非两极世界中西方阵营的盟主，也非单极世界的唯一霸权，而是多极世界中的大块头。就其世界作用而言，美国仍然会在世界事务中发挥重要的领导作用，但其影响力今非昔比，既不能单打独斗，也不能颐指气使，在处理重大的国际问题时，华盛顿将不得不越来越多地依赖其他主要力量中心的合作、协调与责任分担。

美国力量优势和世界地位的变化势必带来国际战略的调整。实际上，这种调整已经在奥巴马执政时期显露出来。② 奥巴马本人对美国在世界上的作用的看法与小布什有很大不同。他是美国优先论者，主张美国首先要把自己的经济搞好，同时也是国际自由主义者，认为美国在处理世界事务时要充分依靠国际合作。2010 年奥巴马政府制定的首份《国家安全战略报告》以及奥巴马为此报告所撰写的前言，提出了指导美国战略的一些基本原则：美国的力量和影响力源自美国国内；美国的军事手段必须与外交、国际发展等手段相辅相成；承认美国力量的有限性和难以完成其在国内外所做的所有"承诺"；奉行多边主义和国际合作，建立新的伙伴关系，加强国际准则和机制，等等。③ 奥巴马执政后即着手推动美国战略的转型，其第一任期内的转型努力主要体现在结束伊拉克、阿富汗这两场战争和实施"亚太再平衡战略"上，第二任期内对叙利亚化武事件的应对以及通过谈判解决伊朗核问题等举措，凸显了对外战略中"奥巴马主义"的如下

---

① 关于中美两国实力对比的变化，参见甄炳禧《21 世纪：美国世纪还是中国世纪——全球视野下的中美实力对比变化分析》，《人民论坛·学术前沿》2015 年第 21 期。

② 这一部分的分析节选自吴心伯《美国引以为豪的发展模式面临挑战》，《红旗文稿》2014年第 12 期。

③ The White House, *National Security Strategy*, Washington, May 2010.

特点。

首先是减少对外军事干预。由于认识到美国面临的许多安全挑战包含了外交、经济、文化等因素,难以仅仅用军事手段解决,而是需要平衡和综合地使用各种力量手段来应对,奥巴马政府强调必须"明智、准确和审慎地"使用军事力量,作为解决问题的办法,武力是最后的手段,它在美国对外政策中发挥的是支持而非主导作用。① 对叙利亚化武事件的处理体现了奥巴马政府对外用兵的新的原则。实际上,对运用军事力量的谨慎态度源于伊拉克和阿富汗两场战争的教训及其所产生的厌战情绪,也与美国的预算压力有关。

其次是充分利用外交手段,包括与盟友和其他大国的合作,来处理国际热点问题。这既是基于成本分析,也符合民主党的外交理念。在伊核问题上,奥巴马政府充分抓住了伊朗新总统鲁哈尼上台所提供的机遇,顶住国内来自保守派和亲以色列势力、国外来自以色列和沙特阿拉伯的压力,坚持在"6 + 1"框架内就伊核问题达成协议,从而打破了伊核问题上长期存在的僵局。在伊朗核问题上取得的进展意义在于,它不仅证明"奥巴马主义"是行得通的,而且也为推动巴以和谈创造了有利条件。

再次是有选择的介入。美国在海外的实质性介入,无论是军事的还是外交的,将取决于美国的利益关联度以及解决该问题的预期成本和可行性。奥巴马在2014年发表的国情咨文中表示,他只会在"真正需要"的情况下才会派兵参战,并且不会让美军卷入无底洞式的冲突中。② 这意味着今后美国只会在有限的地区实质性地投入军事资源。

最后,美国将主要依靠无人机和特种部队打击海外恐怖组织,避免派出大规模地面部队。这既符合奥巴马结束"反恐战争"的政治需要,又能减少美军士兵的伤亡,并且在击毙本·拉登等恐怖分子头目的行动中被证明是行之有效的。虽然无人机打击因造成了不少平民伤亡而受到批评,但奥巴马政府将会继续使用这一手段打击海外恐怖组织。

---

① 美国国防部长查克·哈格尔在美国战略与国际问题研究中心的演讲,2013 年 11 月 5 日,http: //www. defense. gov/speeches/speech. aspx? speechid = 1814.

② "President Barack Obama's 2014 State of the Union Address," January 28, 2014, http: //www. whitehouse. gov/the-press-office/2014/01/28/president-barack-obamas-state-union-address.

奥巴马总统任期即将结束，未来美国的国际战略何去何从？尽管近年来美国专家学者的辩论莫衷一是，2016年总统大选两党候选人所提出的主张也大相径庭，但美国既不可能回归孤立主义，也不可能重拾全球霸权战略，而是最有可能奉行"有选择的干预战略"。所谓"有选择的干预战略"，根据美国学者罗伯特·阿特（Robert J. Art）的定义，就是"选择对美国最有利的目标，并以最有效的方式利用美国的巨大力量促进这些目标的实现"。① 该战略谋求维护美国的全球领导地位，主张保留美国在欧洲、东亚和波斯湾的关键性联盟和前沿军事存在，"以帮助塑造这些地区的政治、军事和经济格局"。与此同时，该战略强调，"美国应避免野心过大和过于单边主义的双重错误：也就是说，美国应避免试图做得太多，并且应避免过于单打独干"。② 实质上，"有选择的干预战略"认识到美国资源的有限性和世界所面临的挑战的复杂性，更加关注维护对美国重要的利益而非谋求控制世界的权力，追求有限霸权。在目标和手段上，这一战略竭力保持美国的优势地位和重要的海外利益，同时又适应了美国力量优势下降的现实和趋势，赋予决策者较大的灵活性。如果说冷战时期美国建立和巩固其在西方阵营的地位是美国霸权的1.0版本、后冷战时代美国谋求全球单极主导地位是美国霸权的2.0版本的话，"有选择的干预战略"所追求的有限霸权则是美国霸权的3.0版本。从前面对奥巴马对外战略特点的分析来看，美国霸权的3.0版本是奥巴马开启的，并很可能为下一届美国政府（不管是共和党还是民主党）所继承。

四　中国该如何应对？

对于处在崛起快通道的中国来说，美国战略调整的趋势既带来了机遇，也蕴含着风险。从积极方面看，首先，随着美国谋求全球霸权的意愿和能力的下降，美国的决策者或许更能达观地看待多极化背景下中国的崛起，避免完全以零和思维看待中国力量的发展和影响力的扩大。换句话

---

① 〔美〕罗伯特·阿特：《美国大战略》郭树勇译，北京大学出版社，2005，第284页。
② 〔美〕罗伯特·阿特：《美国大战略》郭树勇译，北京大学出版社，2005，第202～205页、297页。

说，中国的崛起将被视为美国面对的诸多挑战之一，而不是美国战略上最主要的威胁。这无疑为中美关系的发展提供了空间。其次，在霸权力不从心的背景下，美国需要更多地借助国际合作来达到其外交政策目标，这些合作既来自盟国以及伙伴国家，也来自主要的力量中心。鉴于中国力量和影响力的上升，无论是地区层面还是全球层面，中国都将是美国越来越借重的对象。这为中国顺势扩大国际影响力提供了机遇，也为中美发展新型大国关系增添了动力。从消极方面看，由于美国的战略调整是与美国的相对衰落同步的，面对中国力量的快速发展、大国外交的稳步推进和国际影响力的节节攀升，美国可能会产生一种越来越强烈的战略焦虑感，对中国的战略进取以及在力量和影响力上赶超美国感到不安，不仅会加快应对中国崛起的外交、安全和经济布局，而且有时可能会对中方的某些政策行为做出激烈反应，从而严重恶化中美关系。近年来美国强力介入南海问题即是一例。此外，美国对国际事务有选择的介入意味着某些地区的问题和冲突会长期化和扩大化，在中国的利益越来越全球化的背景下，这会影响中国的海外利益，也将迫使中国在外交上越来越多地去应对此类挑战。

中国该如何应对美国战略的这一发展趋势？首先，在美国国力相对下降、中美力量差距逐步缩小的情况下，对中国来说，重要的是做好对美国的安抚工作，加强与美国的对话、沟通以减少对方的疑虑和猜忌，这包括强调中国继续走和平发展道路的决心和与美国发展新型大国关系的意愿。其次，中国在拓展周边利益、延伸战略触角时要注意把握好时机，并在具体操作上注重"有理、有节"。同时，对于与周边国家的领土和海洋权益争端要创新思维与手段，在有效管控的基础上，实现和平解决。再次，在亚太地区，应积极推进包容性外交，大力提倡与推动地区经济与安全合作，防止美国以"盟友加伙伴"网络孤立中国，割裂亚太。最后，在全球层面，应凸显中国作为负责任大国的意识和与国际社会合作的意愿，以积极的姿态参与全球问题的处理，使美国切实感到崛起的中国是其在全球事务上的重要伙伴，一个越来越强大的中国是世界繁荣与稳定的重要力量。与此同时，中国也通过积极参与全球治理进程来改变现有的西方主导的全球治理架构，使世界政治经济权力结构更加合理，从而提升我国际影响力，更好地维护和促进我国家利益。

参考文献

〔美〕亨利·基辛格：《世界秩序》，胡利平等译，中信出版社，2015。

〔美〕罗伯特·阿特：《美国大战略》，郭树勇译，北京大学出版社，2005。

王立新：《踌躇的霸权：美国获得世界领导地位的曲折经历》，《美国研究》2015年第1期。

王缉思、徐辉、倪峰主编《冷战后的美国外交（1989～2000）》，时事出版社，2008。

吴心伯：《美国引以为豪的发展模式面临挑战》，《红旗文稿》2014年第12期。

徐海燕、何建宇：《美国经济霸主地位的衰退趋势研究——基于GDP比重分析的视角》，《复旦学报》（社会科学版）2013年第5期。

资中筠主编《战后美国外交史——从杜鲁门到里根》（上册），世界知识出版社，1994。

赵学功：《巨大的转变：战后美国对东亚的政策》，天津人民出版社，2002。

日本为何在崛起后走向军国主义道路

李　文*

摘　要　从明治政府成立到甲午战争爆发，日本占主导地位的发展理念和政策措施是富国强兵与殖产兴业。从甲午战争到一战结束，日本积极参与殖民地争夺，使用有限的武力实现了侵略扩张和财富迅速增长的目标，形成主要依靠战争与掠夺跻身列强行列的军国主义。从"九一八"事变到战败，日本妄想独占亚洲，称雄世界，一意孤行地走上了企图单纯依靠暴力征服世界的法西斯主义道路。日本在崛起后走向军国主义道路，是其本身在政治、社会结构方面存在严重缺陷这一客观现实在特定历史条件下的必然反映。

关键词　日本　明治维新　军国主义

一　日本的近代崛起

　　日本从1853年美国佩里舰队叩关被迫开国开始，通过明治维新在较短时间里实现了富国强兵，成功走上了资本主义发展之路。到20世纪初，无论是经济上、军事上，还是政治上，日本都已成为亚洲首屈一指的强国。列宁曾经指出，在维新政府建立不到半个世纪的时间里，日本就已经同美

---

　　*　李文，中国社会科学院美国研究所副所长、亚太与全球战略研究院原副院长，研究员。

国一样，显示出了西欧类型的"经济上的（资本主义的高度的特别迅速的发展）、政治上的（代议制度）、文化上的和民族上的""最先进的资本主义国家"的"全部特征"。[①]

（1）经济上成为先进工业国。"无论在任何时代，经济发展水平都是成为大国的关键因素。生产力发展、经济增长，是综合国力得以维系和持续提升的基础。军事力量、科技水平通常与经济实力紧密联系。某一大国经济的兴衰与其作为一个军事大国或政治大国的兴衰之间，存在显而易见的联系。"[②] 日本的近代崛起，最突出的表现就是经济发展水平的显著提升。

日本的崛起是在经济发展水平偏低的情况下进行的。以经济起飞时的有业者的年人均收入为例，日本的指数为100，美国为604，英国为516（见表1）。但制度创新和新政策的实施，促进了工业经济的快速增长。1866年至1873年，日本工业年平均增长速度为32.2%，而当时主要的西方列强中，英国为3.3%，美国为5%，德国为3.8%。截至1890年，日本工业经济年均增长率为12.1%，英国则为1.7%，美国为5.2%，法国为2.1%，德国为3.5%。到19世纪90年代，日本基本完成"第一次产业革命"，工业资本由1884年的504万日元激增到1893年的7825万日元，增长了14.5倍。可以说，在中日甲午战争爆发之前，日本已经基本上完成了由农业国向资本主义工业国转型。[③] 对此，列宁给出了这样的评价："日本是一个进步非常快的新兴资本主义国家。"[④]

表1　工业化开始之际主要国家有业者人均收入

国家	时期	与起飞时间的关系	有业者人均收入指数（I. U）	罗斯托确定的起飞期
美国	1830	起飞开始15年前	604	1845~1860
英国	1801	起飞开始后16年	516	1785~1805

---

① 《列宁全集》第23卷，人民出版社，1958，第282~283页。

② 李文、韩秋韵：《多极化时代的日本国家定位》，《日本学刊》2016年第1期。

③ 吴廷璆：《日本史》，南开大学出版社，2004，第459页。

④ 《列宁全集》第22卷，人民出版社，1958，第251页。

续表

国家	时期	与起飞时间 的关系	有业者人均 收入指数（I. U）	罗斯托确定 的起飞期
法国	1840～1849	起飞开始后 10～19 年	304	1830～1860
德国	1854	起飞开始 1 年前	406	1855～1875
瑞典	1861～1869	起飞开始 9～1 年前	353	1870～1890
日本	1887	起飞开始后 7 年	100	1880～1890
中国	1935	起飞开始 15 年前	139	1950
印度	1930～1940	起飞开始 20～10 年前	230～250	1950
巴西	1928	起飞开始 10 年前	163	1938

资料来源：Simon Kuznets, Wibert E. Moore, and Joseph J. Spengler Durham, *Problems in Comparisons of Economic Trends in Economic Growth：Brazil，India，Japan*, N. C.：Duke University Press, 1955, P. 15；W. W. 罗斯托：《经济增长的阶段》，郭熙保、王松茂译，中国社会科学出版社, 2001, 第 38 页。

从 19 世纪末到 20 世纪初，日本的经济规模迅速扩大，实际 GNP 增长了 2.2 倍，工矿业生产增加 3 倍以上。[①] 1860～1913 年，日本经济年均增长率为 4.1%，1913～1938 年，年均增长率为 4.5%，在当时资本主义世界为最高。1870～1905 年，工业增长率达到 12%，远远高于同期的英国与美国。由于经济增长迅速，日本与西方列强之间的差距也在不断缩小，日本在世界工业生产中所占比重不断上升，从 1913 年的 1% 上升到 1937 年的 4%。日本名义人均 GNP 由 1885 年的 21 日元上升到 1910 年的 80 日元，增长了 2.8 倍。

表 2　近代主要工业国经济发展速度的国际比较（%）

国家	1860～1913 年	1913～1938 年		1860～1913 年	1913～1938 年
日本	4. 1	4. 5	德国	3. 0	1. 3
美国	4. 3	2. 0	法国	1. 1	1. 1
英国	2. 4	1. 0			

资料来源：筱原三代平：《日本经济的成长和循环》，创文社, 1964。

---

① 〔日〕西川俊作、阿部武司：《日本经济史·产业化的时代》（下），杨宁一、曹杰译，三联书店, 1998, 第 42 页。

伴随经济的增长，日本的产业结构不断发生变化。到 1930 年，在 GDP 中，第一产业的比重就已经由 1885 年的 45.2% 下降到 17.6%，而第二、第三产业的比重则分别由 14.7% 和 40.1% 上升到 31.6% 和 50.8%。自 1885 年到 1915 年，农业有业者人均 GNP 由 86 日元上升到 156 日元（按 1934~1936 年的价格计算），年均增长率约为 2%。与农业就业人口相比，非农业就业人口的人均 GNP 在 1885、1915 和 1940 年都是农业就业人口人均 GNP 的 3~6 倍。[①]

表 3　日本产业革命时期各产业产值及比重的变化

单位：亿日元

年份	农林水产业	工业	建设业	交通通讯	商业服务业	合计
1885	3.39 (45.2)	0.86 (11.5)	0.24 (3.2)	0.18 (2.1)	2.83 (37.7)	7.50 (100)
1890	4.96 (48.4)	1.21 (11.8)	0.36 (3.5)	0.21 (2.4)	3.50 (34.2)	10.24 (100)
1895	5.67 (42.7)	1.93 (14.5)	0.48 (3.6)	0.39 (2.9)	4.82 (36.3)	13.29 (100)
1900	8.58 (39.4)	3.65 (16.8)	0.97 (4.5)	0.85 (3.9)	7.72 (35.4)	21.77 (100)
1905	8.77 (32.9)	4.77 (17.9)	0.86 (3.2)	1.44 (5.4)	10.85 (40.8)	26.69 (100)
1910	11.19 (32.5)	7.41 (21.5)	1.57 (4.6)	2.30 (6.7)	12.01 (34.7)	34.48 (100)

注：括号内数值为相关产业在国民经济总产值中所占的比重。

资料来源：安藤良雄编《近代日本经济史要览》，东京大学出版会，1981，第 8 页。

表 4　1880~1940 年日本各产业就业人口的变化

年　代	第一产业（%）	第二产业（%）	第三产业（%）
1880	83.2	6.6	11.1
1900	70.0	13.8	16.2
1910	63.0	17.7	19.3
1920	53.8	20.5	23.7
1930	49.7	20.3	29.8
1940	44.3	26.0	29.0

资料来源：中山伊知郎：《经济学大词典》，东洋经济新报社，1959 年；

厚生省人口问题研究所：《人口的动向——日本与世界人口统计资料集》，厚生统计协会，1987，第 208 页。

---

① 西川俊作、阿部武司编《产业化的时代》（上），岩波书店，1990，第 83~84 页。

表5　1885～1940 年日本产业 GDP 比率的变化

年　份	第一产业（％）	第二产业（％）	第三产业（％）
1885	45.2	14.7	40.1
1900	39.4	21.2	39.4
1910	32.5	26.0	41.5
1920	30.2	29.1	40.7
1930	17.6	31.6	50.8
1940	24.1	35.9	40.0

资料来源：安藤良雄编《近代日本经济史要览》，东京大学出版会，1981，第8页。

（二）军事上成为帝国主义列强。殖民时代，决定大国兴衰的首要因素是军事力量。英国、法国依靠军事力量，曾占领了大片殖民地。"在19世纪中叶的欧洲，重大政治问题一向是依靠武力加以解决的。德意志帝国是在以武力建立的新的国际结构中最强大和最显赫的国家，但所有欧洲国家都得出了结论：大规模的军事力量对它们的民族生存是不可或缺的。"[1]作为资本主义的后起之秀，从19世纪80年代开始，日本政府大力扩充军备。为缩小与西方列强在军力上的差距，在瓜分殖民地的竞争中赢得主动，日本政府逐年增加军费开支。据统计，1893年以前历年的军费开支分别占岁出总额的25%至30%左右。[2]仅在1881～1887年，日本陆军费用增加了40%以上，海军经费增长了200%。[3]

在军事工业方面，1883年日本开始生产7厘米口径的意大利式野炮、山炮和12厘米口径的"加农炮"、15厘米口径的臼炮。到19世纪末期，日本的军工业已十分发达，12厘米的榴弹及各种口径的炮弹、弹架、水雷等武器均已实现自造，尤其是舰艇也实现了全钢舰身，自行建造的"高雄""赤城""八重山""大岛"号相继加入海军服役。[4] 1890年为生产枪炮、舰船服务的重工业工厂已有38家。[5] 由于甲午战争获得的战争赔偿

① 〔美〕R. R. 帕尔默乔·科尔顿、劳埃德·克莱默：《两次世界大战：西方的没落?》，陈少衡等译，世界图书出版公司，2011，第1～2页。
② 杉田一次：《近代日本的政治战略》，原书房，1978，第118页。
③ 大隈重信：《开国五十年史》，开国五十年史发行所，1907，第210、218页。
④ 〔日〕守屋典郎：《日本资本主义发展史》，丁未译，世界知识出版社，1950。
⑤ 刘天纯：《日本产业革命史》，吉林人民出版社，1984，第59页。

投放了庞大的军费，军事工业出现繁荣景象。1906 年陆海军兵工厂的职工达到 9.3 万余人，1909 年以军事工业为主的企业职工人数已达 15.7 万人。[①]

表 6　1887～1890 年日本军事工业情况表

工厂名称		蒸汽动力状况		职工人数
官办	东京炮兵工厂	15 台	407 马力	2223
	大阪炮兵工厂	10 台	241 马力	1308
	横须贺海军工厂	32 台	520 马力	2456
	海军兵工厂	12 台	343 马力	883
民办	石川岛造船厂	5 台	132 马力	350
	川崎造船厂	5 台	111 马力	730
	三菱造船厂	7 台	230 马力	550
	田中机械厂	4 台	85 马力	680

资料来源：小山弘健：《日本产业结构研究》，伊藤书店，1943，第 94～96 页。

舰艇技术革新的背后是钢铁业的发展。自从 1884 年日本田中机械厂接管釜石炼铁厂之后，釜石炼铁厂的生产能力逐年提高，到 1890 年，其产量已超越当时世界著名的意大利"格雷戈里铸铁"，到 1892 年，釜石炼铁厂已经成为拥有 5 个熔炉，1200 名雇员，年产量达 6900 吨以上的大型炼铁厂。钢铁铸造业的迅猛发展，为日本军工企业提供丰厚的原料，满足日本扩军备战的战略需要，为通过军事崛起以实现整个国家的崛起提供了物质上的保障。

甲午战争之后，第二届伊藤博文内阁向第九届议会提出了包括大规模扩张军备以及与之密切结合的扶植产业（扩充交通、通信和金融）的岁出总额达 1.9 亿日元的预算（比上年增加 1 倍）。陆军方面制定了从 1896（明治 29）年度起新建步兵 6 个师团、骑兵 2 个旅团、炮兵 2 个旅团，现役兵力比甲午战争当时增加到 2 倍以上的计划。

---

① 〔日〕井上清、铃木正四：《日本近代史》（上册），杨辉译，商务印书馆，1972，第 205、208 页。

　　拥有一支强大的海军的是日本国家崛起的重要标志之一。甲午战争结束后，北洋海军剩余舰艇投降日本，包括1艘铁甲舰、3艘巡洋舰、6艘炮舰、2艘练习舰，以及数艘鱼雷艇，吨位高达1.6万余吨，为日本海军在甲午战前总吨位的1/4强。[①] 北洋海军的覆没以及巨额赔款直接导致了中国海军事业遭受重创而一蹶不振，而日本却利用这些巨额赔款充实军费，在甲午战争胜利后，日本政府立即通过了海军提出的第一期扩充计划（从1896年起的七年计划），即建造以战舰为主的54只舰艇（跨年度费总额9497万日元）的方案。海军力量的增强，使日本获得了东亚的制海权。1905年，日本又打败俄国，摧毁了俄国的太平洋舰队，进而日本对制海权的控制由东亚延伸到整个亚洲，进入世界海军强国之列。

表7　1914~1922年日本陆、海军军费预算表

单位：百万日元

年份	总预算	陆军预算	海军预算	军费比率
1914	668	95	104	30%
1916	602	94	102	33%
1918	902	119	184	33%
1920	1504	232	399	42%
1922	1501	256	397	44%

资料来源：生田惇：《日本陆军史》，《军事历史研究》1989年第3期。

　　1922年2月6日，美、英、日、法、意五国签订《五国条约》，规定五国海军主力舰吨位比例为5：5：3：1.75：1.75。日本一跃升为仅次于英国和美国的世界五大海军强国之一。

　　（三）政治上成为世界大国。通过发动甲午战争、参与八国联军镇压义和团、挑起日俄战争、参加第一次世界大战，日本经济和军事实力迅猛增长，国际地位显著提升。"在甲午中日战争迈出走向大国的第一步，在日俄战争中迈出第二步后，参加第一次世界大战的第三步使日本最终成为世界级大国。"[②]

---

　① 据统计，日本海军在甲午战前共有舰艇33艘，总吨位63738吨。参见戚其章《晚清海军兴衰史》，人民出版社，1998。

　② 宋成有：《新编日本近代史》，北京大学出版社，2006，第267页。

第一次世界大战后，根据巴黎和会通过的《凡尔赛和约》，成立了国际联盟以维护世界和平。作为在战争中发挥了主要作用的战胜国，日本与英、美、法、意等四国一道成为国际联盟五个常任理事国。至此，日本已被公认为世界五强之一，取得世界级政治大国的地位。

二 理念、战略与措施

日本的现代化和产业化是自上而下、自中央而地方推进的。1868年，日本通过明治维新，瓦解了幕藩制国家，建立了能够领导现代化的天皇制国家，完成新旧政权交替。"推进现代化和产业化的领导者身居中央，靠政治权力引进产业文明并使它扎根于这个社会。"① 因此，日本领导者持有和采用何种强国理念、战略和措施，对日本国运的兴衰具有决定性影响。

（一）殖产兴业，形成资本主义（1968～1893）。明治初年，日本领导人认识到日本民族在激烈竞争的殖民时代，要免于西方资本主义国家的凌辱，必须脱胎换骨地进行自我更新、富国强兵。在战略选择上，当时高层存在是对外战争优先还是发展经济优先两种主张。1873年，持后一种主张的大久保利通集团战胜了主张首先对韩国发动征服战争的西乡隆胜集团，掌握了政府的实际权力。1874年，大久保利通正式提出通过"殖产兴业"发展资本主义方略。他指出："现今各种纠葛渐趋剪除，海内人民安乐太平、各安生业之际，政府官员当为急务者，乃是寻求保护人民之实。……何为实耳？财用是也。"② 强调唯有"劝奖民业，开殖物产"，才能"使国家精神旺盛，使为政之基础坚固"。③ 在三条实美、岩仓具视等人的支持下，大久保利通政权发起了规模宏大的殖产兴业运动，内容包括：政府接管原由幕藩政府建立和经营的各种兵工厂和矿山企业；由政府直接引进和移植西方先进技术设备，兴办各种模范工厂和实验场；制定各种企业保护法，建立和发放各种产业

① 〔日〕富永健一：《社会学原理》，严立贤等译，社会科学文献出版社，1992，第308页。
② 大久保利通：《大久保利通文书》第5卷，早川纯三郎，1927，第561页。
③ 大久保利通：《大久保利通文书》第7卷，早川纯三郎，1927，第74～77页。

助成金和低息贷款，鼓励和扶植民间企业的成长。这些政策措施，使日本得以以较短时间完成产业革命，成为亚洲第一个实现现代化的国家。

（二）侵略扩张，转向军国主义（1894~1930）。日本因国土狭小，一直有把世界体系的一部分控制在自己手中的强烈冲动。丰臣秀吉早在16世纪就曾尝试使用武力征服朝鲜与中国。从甲午战争到一战结束，通过参与殖民地争夺快速发展的想法在日本朝野日益盛行。虽然这一时期战争与掠夺尚未上升到压倒一切的地位，但日本已经开始把自身的富强寄托于对邻近国家、民族掠夺和奴役，侵略扩张已经取代殖产兴业成为基本国策，"每隔十年反复进行一次的对外战争以及在战争间隔中的扩充军备，成了保证资本主义发展的手段"。[1]

1894~1995年的甲午战争是明治政府成立后发动的第一次对外战争，战争的胜利对日本的崛起和崛起后走上军国主义具有转折性和决定性意义。巨额战争赔款帮助日本顺利完成了1897年10月开始的由银本位向金本位的转变，从而促进了日本同实行金本位制国家的贸易，使出口在 GNP 中的比重由5%迅速上升到15%左右，给国内经济带来了飞跃发展的转机。战争的胜利使日本得以开拓东亚市场，促使纺织工业急速扩张，产量从明治二十八年（1895）的36万捆提高到明治三十二年（1899）的75万捆，4年之间增长了1倍多。[2] 战争的胜利使日本形成了第二次创业高潮。由于有了巨额赔偿，1895~1896年日本新增设的计划资本总额，铁路为1亿5847万日元，银行为1亿9212万日元，其他的诸公司为2亿3448万日元。其中尤其以棉纺织业、铁路和银行业投资的增大，带动了企业的全面复兴。[3] 从1895到1900年5年间，日本公司新增4665家，资金额增加4.7亿日元，其中运输业、金融保险业和纺织业的增幅最大。在日本产业化历史中起到了重要作用的八幡制铁所就是主要依靠战争赔偿兴建的。[4]

---

① 〔日〕藤原彰：《日本近现代史》第三卷，伊文成等译，商务印书馆，1992，第7页。
② 〔日〕坂本太郎：《日本史》，汪向荣等译，中国社会科学出版社，2008，第424页。
③ 石井宽治：《日本的产业化和财阀》，岩波书店，1992，第4页。
④ 西川俊作、阿部武司编《产业化的时代》（下），岩波书店，1990，第20~24页。

表8　日本工厂数的年度变化

行业	职工数	工厂数（A）	创建于 1867 年以前	1877～ 1885 年	1886～ 1894 年	1895～1902 （B）（B/A）
制丝业	126535	2478	82	304	796	1296（52.3）
纺织业	78882	207	1	22	59	125（60.4）
发火物	54530	212	6	21	70	115（54.2）
织物业	53555	1630	123	94	454	959（58.8）
船舶车辆	19169	73	18	10	15	30（41.1）
烟草业	16605	363	77	23	79	184（50.7）
窑业	13559	435	116	59	104	156（35.9）
印刷业	10023	214	12	44	70	88（41.1）
酿造业	8047	364	208	21	59	76（44.1）
机械制造	7180	136	8	17	51	60（44.1）
制纸业	5239	82	5	4	22	51（62.2）
小计	393324	6194	656	619	1779	3140（50.7）

　　资料来源：农商务省商工局公务课编《工场通览》（1904 年刊），转引自石井宽治《日本的产业革命》，朝日新闻社，1997，第132页。

　　1904～1905 年在中国国土上进行的日俄战争，也为日本经济增长带来积极影响。战争的胜利提升了日本的国际地位，非常有利于日本企业垄断朝鲜和中国东北的市场和资源，进入中国内地和南洋的市场，对日本重工业、化学工业方面确立大机器生产起到了强有力的推动作用。此外，日本为防备俄国的报复等将来可能发生的战争，采取了扩充军备的国策，推动了军事工业的发展。在交通方面，实行了铁路的国有化；在海运方面，明治二十八年（1895）的轮船总数为 528 艘，10 年后则增到了 1390 艘，增加了 1 倍多，总吨数也从 36 万吨增加到 126 万吨，增加了将近 3 倍。因此，贸易出现了空前的繁荣，明治三十年（1897）的出口额为 16000 万日元，明治三十九年（1906）则增到 42000 多万日元，同期的进口则从 21000 多万日元增到 41000 多万日元。日俄战争之后，日本出现了经济景气，大量新兴企业涌现，市场繁荣，贸易额增加，特别是以东京、大阪、神户为中心，大批自主生产蒸汽机、内燃机、锅炉等的专门机械厂也发展了起来。①

甲午战争和日俄战争推进了日本企业的集中和垄断。企业的大规模化和资本的集中，很快又使少数大公司在行业内部扩大了垄断的倾向。在纺织行业中，钟纺、东洋纺等公司都是由十几家小公司合并而成的大公司；在人寿保险行业，日本、千代田、明治、第一、帝国等五大公司垄断了全国总保险合同中的大部分；在银行业，有了三井、三菱、住友、安田等资本的集中。处于三井财阀控制之下的公司，包括直系和旁系在内，多达120家，其资本总额约占全国公司资本额的15%。②

甲午战争和日俄战争的胜利，促进了日本资本主义与天皇制军国主义的紧密结合。获得重大利益的资产阶级开始热衷于对外侵略政策，叫嚷所谓"国旗飘扬的地方，贸易随之"。官僚、军部、政党都开始认识到实行大陆政策是一笔非常划算的买卖，但三国干涉也使他们懂得，不得不把到嘴的肥肉再吐出一部分的根本原因就在于不够强大，这种认识与同仇敌忾的精神结合起来，使他们很容易在主要通过战争充实国力问题上达成共识。

甲午战争的胜利，使日本获得加入殖民时代国际体系的资质。战争使中日关系的历史上第一次出现了强弱的逆转，日本成为西方列强中的一员，中国则沦落为列强的半殖民地。此后，日本人全面征服中国的欲望日渐强烈，国内较为普遍地形成了日本是近邻亚洲诸国的支配者的意识。战争胜利，西方国家对日本刮目相看，国际地位获得明显提升。德川幕府时代日本被迫与西方国家签订了诸多不平等条约，是明治政府成立以来一直盘踞在日本人头上的阴影。早在明治元年（1868年），日本政府就给各个列强国家递交了申请，希望能对这些条约加以修订，但由于对方的拒绝一直未能如愿。但自1894年开始，明治政府得以通过与英国、法国、俄国、美国的谈判相继废除了这些不平等条约，尤其是废除了治外法权，取得了与欧美列强在国际舞台上的平等地位。

在1900年八国联军侵犯北京的战争中，日本派出了22000名军人，占

---

① 内田星美：《欧洲大战前夜的机械工厂》，《东京经大学会志》第163号，1989年11月。
② 〔日〕坂本太郎：《日本史》，汪向荣等译，中国社会科学出版社，2008，第453页。

八国联军的 2/3。日本首次以帝国主义国家一员的身份参与了《辛丑条约》讨论和签订过程，其军事实力受到欧美帝国主义国家的高度认可。1902 年 1 月 30 日，日英两国签订了《英日同盟条约》。在英国的支持下，在 1904 年到 1905 年间，日本在中国国土上发动了旨在与俄罗斯争夺中国辽东半岛和朝鲜半岛控制权的战争，并获得胜利。俄国被迫于 1905 年 9 月 5 日在朴茨茅斯同日本签订和约，承认日本在朝鲜享有政治军事及经济上之"卓越利益"，并且不得阻碍或干涉日本对朝鲜的任何措置。从而，1910 年，日本就名正言顺地完成了对朝鲜半岛的吞并。日本作为一个亚洲国家战胜了一个西方列强，有效地提升了自身在国际事务中的话语权。

（三）从军国主义到法西斯主义（1931～1945）。日俄战争后，日本已经很好地完成了明治维新时确立的"殖产兴业""富国强兵""条约改正"等产业化、现代化目标。一战期间，西方列强相互厮杀、无暇东顾。日本再次抓住机遇，不仅提高了船舶制造等重工业产品的生产量，而且还扩大了在亚洲的"生存空间"。即使在 30 年代世界资本主义经济危机时，战争与掠夺也不是日本的唯一的解救方案。1931 年 12 月高桥是清出任大藏大臣，采取了正确的经济政策，使处于萧条之中日本的经济大有起色。1929～1940 年，国民生产总值以年增长率 4.7% 的速度增加，远远高于同时期的西方经济体，出口量增加了 1 倍。[①] 如果日本沿着这一方向继续发展下去，完全能够摆脱危机，使自己的世界经济、政治和军事大国地位得以巩固。

然而，由于多种原因，日本领导者非但没有在高桥是清的和平的商业复苏方案的基础上，从实际出发确定新的进取方向，而是最大限度地满足法西斯军人和军部不断提出的无休无止的侵略要求，采用了主要依靠对外侵略战争度过危机的方案，迈开了走上法西斯主义的脚步。

作为这一时期占支配地位的意识形态，法西斯主义鼓吹天皇和大日本帝国是神圣的、拥有至高无上的权力，认为个人的意志必须服从于国家的意志，每个国民应牺牲自己的性命来维护国家的荣耀，全社会的各种资源都必须由国家统一调度服务于所谓的大东亚圣战。法西斯主义代表人物大

① 〔英〕尼尔·弗格森：《世界战争与西方的衰落》（上），喻春兰译，广东人民出版社，2015，第 286～287 页。

川周明强烈主张日本应实现以尊崇天皇为中心的道义国家，对外进行"世界维新"，"打倒欧美帝国列强，建设东亚新秩序"。另一名法西斯主义的领军人物北一辉在《日本改造法案大纲》中宣扬日本的世界使命就是在激烈的国际斗争中建立亚洲联盟，以此进一步"执世界联盟之牛耳"。[①]

随着对外战争的规模日益扩大，日本高层丧失了正常思维，越来越失去理性，对世界大势的判断越来越失真，制定的战略越来越偏离现实，采取的手段越来越残忍。

20世纪30年代初，部分日本人所描绘的世界新秩序蓝图是通过战争独占中国，认为日本的"唯一的出路"是尽快开辟新的生存空间，而最有可能的地方是中国。但日本侵略中国的行为与其他西方列强的利益发生冲突后，日本的想法发生了改变，即把战略目标设定为建立一个"有可能包括中国部分地区、通往东方的门户、荷属东印度群岛、新加坡和马来西亚在内的更大的日本"。[②] 太平洋战争爆发后，日本的狂妄与野心更是膨胀到匪夷所思的地步。在1943年7月由日本厚生省人口与种族研究局完成的《以大和民族为核心的全球政策调查》报告中，竟将日本历史使命界定为"用在亚洲的'土地'上播撒尽可能多的日本人'鲜血'的方法，使亚洲10亿人得到解放"。该报告所计划的"扩大东亚合作体范围"的第一阶段和第二阶段，设想将整个中国，以及法国、英国和荷兰在亚洲的几乎所有殖民地全部纳入其范围内。第三阶段增加了菲律宾、印度和前苏联领土上的贝加尔湖以东所有地区。最后，在第四阶段中，共荣圈将扩大到"亚述、土耳其、伊朗、伊拉克、阿富汗和其他中亚国家、西亚（和）西南亚"。1942年，东京大学的一位地理学教授小牧常吉建议：欧洲和非洲今后应被视为亚洲大陆的一部分，而美国应该被称为"东亚"，澳大利亚应当被称为"南亚"。世界上所有的海洋，因为它们是相互关联的，应该简单地改名为"日本的大海"。[③]

---

① 李玉：《三十年代日本法西斯政权的形成及其特点》，《北京大学百年校庆世界史文集》，北京大学出版社，1998，第732页。
② 〔英〕尼尔·弗格森：《世界战争与西方的衰落》（上），喻春兰译，广东人民出版社，2015，第280页。
③ 〔英〕尼尔·弗格森：《世界战争与西方的衰落》（下），喻春兰译，广东人民出版社，2015，第483页。

　　日本人强调他们是新秩序的缔造者，太平洋战争的目的，是要打败"英美帝国主义的民主"，"我们将使前欧洲人和英国人失去优越感，使美国人和英国人改变世界观"，总参谋部宣布"我们将要成为在大东亚的民族领袖"。① 日本追求的目标按照自己的想法统一世界、改造世界，但这个民族的价值观却是邪恶和扭曲的，使自由、民主、和平等社会良知遭到血腥的和野蛮的践踏。一名日本官员在题为《南方地区经济政策纲要》的报告中明确表示，其他亚洲人必须学习日语，他们必须采用日本的日历，他们必须向日本人叩首。总之，"共荣"意味着一个新的帝国主义，日本人取代欧洲人成为这些地区的主人。但在所谓共荣圈的设计方案中，却充满了处于日本人统治之下的"肮脏民族"的深切蔑视。在日本人看来，那些被他们征服的人都不配是人。他们把满洲人称作臭虫、把南京人称作害虫。1937年日本驻屯军参谋长酒井隆将军写道："中国人，是为害世界文明的细菌。"较为微妙的是，司令部的"民族领导计划"，将亚洲分为"领导者"（日本人）、友好的人（朝鲜人）和"客人"（中国人）。在最后一种人中，那些"抗日的敌人"将要被"灭绝"，那些没有"宣誓效忠日本的人"将要"被赶出南方地区"。②

　　日本法西斯主义的基本理念价值都通过灭绝人性的暴力行为落实为实践。20世纪20年代在日本人统治的朝鲜，民族主义者的起义遭到了肆无忌惮的暴力镇压，30年代语言和文化的"皇民化运动"得到了强化。朝鲜语在学校被取缔，朝鲜人必须参加神道活动，1939年后，朝鲜人还要取日本名字。朝鲜人的生活水平非常低，人均收入大约只有日本的1/4，而传染性疾病引起的死亡率，却高达日本的两倍以上。在侵略战争中，日本政府和军队肆意践踏人权，强征慰安妇；秘密生化武器研发单位731部队用人体进行致死实验；在战争中公然违背国际公约，使用毒气、细菌等生化武器；先后制造了以放下武器的士兵和手无寸铁的平民百姓为对象的"南京大屠杀""新加坡大屠杀""马尼拉大屠杀"。种种残暴罪行，令人发指。

---

① 〔英〕尼尔·弗格森：《世界战争与西方的衰落》（下），喻春兰译，广东人民出版社，2015，第484页。

② 〔英〕尼尔·弗格森：《世界战争与西方的衰落》（下），喻春兰译，广东人民出版社，2015，第485页。

巴莫二战时曾任缅甸傀儡政府元首，是东条英机在亚洲最重要的一位密友，曾参加日本军国主义 1943 年主持召开的大东亚会议。他在 1968 年写下的一段话非常深刻地揭示了日本法西斯主义的真实面目："就日本的军国主义者们来说，再没有什么人像他们这样实行种族歧视，这也是一种完全自以为是的思想方法，因此，再没有什么人像他们这样缺乏理解其他国家国民及让其他国家国民理解他们自己的能力的了。所以，东南亚战争期间，他们做的事无论善与恶，总令人感到他们对当地人尽干坏事。日本的军国主义者们只是从日本人的角度来看待一切，而且更坏的是，他们强迫所有其他国家的国民与他们一起做什么事时，也总要强迫人家与他们的看法保持一致。即其他国家的人办事时，只有一条途径，那就是按照日本人的主张行事。这些军国主义者们只有一种目的与关心，那就是日本国民的利害与利益。对于东亚各国来说，只能负有一种使命，那就是永远从属于日本，成为另外一些'满洲国'与朝鲜。将日本人的立场强加于人，这就是他们所干的勾当。这样，在日本军国主义者与我们本国居民之间是不可能有真正的相互理解的。"①

三 政治、社会结构失衡

各种互相冲突的利益诉求构成均势，是一个社会正常运行的必要条件。一国的快速崛起过程，既是打破旧有平衡的过程，也是在动态中取得新平衡的过程，不同的阶级、阶层和利益集团的相互关系格局发生新的变化与调整应该在保持相对均衡、相互制约的状态下相对稳定有序地进行，任何一家独大的格局都会损害全局并最终伤及自身。循序渐进，是世界发展的常态。一个国家的崛起是一个巨大的系统工程，需要经由几代人甚至几十代人的不懈努力；顺应历史潮流，一步一个脚印地稳步向前，才能立于不败之地。采取非常手段实现的跳跃性的发展往往缺乏稳定性和可持续性。

---

① 巴莫：《缅甸的出路：1939 年至 1946 年，革命的回忆》，1968，转引自〔日〕鹤见俊辅《战争时期日本人精神史》，高海宽等译，吉林人民出版社，1991，第 48~49 页。

在日本近代崛起过程中，举国上下热切期盼日本尽快成为世界的主宰，且由于军人的冒险与扩张在特定时期曾屡屡得手，创造了巨大的战争红利，使各个阶级和利益集团都越来越相信对外侵略扩张可以创造奇迹，从而难免对军人集团刮目相看，对其胆大妄为一味地姑息纵容，甚至成为法西斯主义极权化的帮凶。在失去必要的节制和制约的情况下，军人集团越来越贪婪和自我膨胀，最终成为至高无上的支配者，致使国家退化成战争机器。

（一）法西斯主义兴起的标志。日本法西斯的形成是以现有国家机器中的一个组成部分即军部率先法西斯化，继之由这个军部全面掌握国家政权的主导权，将法西斯主义日益推广、渗透到国家生活的各个方面。① 日本法西斯主义的目的在于以强大的政权调动国家全部资源孤注一掷、进行无止境的侵略战争。

日本的法西斯专政萌芽于20世纪20年代，形成于30年代，完成于40年代。1931年"九一八"事变加强了军部的政治发言权，为法西斯主义的形成开辟了道路。1936年"二·二六"事件后，日本恢复了军部大臣现役武官制，确立了军部对内阁的领导权。1937年6月第一届近卫内阁的上台，标志着日本法西斯政权的确立。同年7月，发动全面侵华战争同时迅速改革行政机构，把五相（首相、外相、藏相、陆相、海相）会议制度化，由少数阁僚决定国策；设立了指挥侵略战争的大本营及政府与大本营联络会议。法西斯专政完成的标志性事件还有，将日本经济转入战时体制，颁布"产业统制法"等各种法律，制定"国家总动员法"，把政治、经济、文化等领域纳入战时管理体制，扼杀一切民主主义运动，压制社会主义政党，管制工会组织，剥夺人民的一切自由和民主权利。

法西斯主义的顶峰是日本动员和强迫全体国民参与作战。1944年2月23日，东条英机首相在《每日新闻》鼓吹"本土决战"，称"以必死的精神教育后方的妇女和儿童，令他们拿起竹枪实施训练"。1945年6月23日，铃木贯太郎内阁正式通过《义勇兵役法》，规定所有年龄在15～60周

---

① 军部是近代天皇制国家统治机构中的组成部分，包括陆军省、海军省、参谋本部、海军军令部以及关东军和其他军事机关。

岁的男性国民以及 17～45 周岁的女性国民，除已经加入现役或服务于重要的科研、军工单位者外，皆须编入"国民义勇战斗队"，以增加 2800 万兵力。为了凝聚士气，日本宣传机器还喊出了"一亿玉碎"的口号。按照日本政府的逻辑，一旦本土被美军占领，"神州"和"国体"势必不复存在，届时"皇国"子民的生命也将失去意义。

（二）无休无止、欲罢不能的侵略战争和"狠毒残忍到极点"的恐怖袭击，是日本法西斯主义形成的主要方式。法西斯主义者掌握了随时可以使内阁倒台的大权，最终得以控制整个局面，其一在于军部擅自挑起战事，占领中国领土，用实际成果迫使政府就范；其二在于法西斯团体采用政变和暗杀等恐怖手段，强迫温和、稳健的领导人改变立场。

日本法西斯专政是通过先发动侵略战争，并在侵略战争不断扩大的基础上，自上而下地形成。1894 年，日本在军事力量不如中国的情况下发起甲午战争。此次冒险的成功，使日本尝到了甜头，从而像调动食肉动物的嗜血欲望一样，战争瘾越来越重，在日俄战争、镇压义和团和参加一战之后，又于 1931 年从中国手中夺取东北；6 年后又对中国发起全面战争；1941 年向美国和英国宣战、发动太平洋战争。一场战争刺激、推动军人发动下一场战争，欲罢而不能。

在法西斯主义成长、壮大过程中，日本民族性中虚伪、贪婪、厚颜无耻、背信弃义和得寸进尺等方面得到充分表现。以所谓"满蒙特殊论""满蒙生命线论"为借口，1931 年，关东军挑起"九一八"事变，侵占东三省后，立即把魔爪伸向热河省与长城地带。1933 年 1 月 1 日，日军挑起"山海关事件"，攻占了山海关。2 月 9 日，关东军制订了"统治热河计划"，提出"要使热河省名副其实地成为满洲国的领土"。2 月 23 日，日本驻南京总领事中国外交部递交声明，称热河是"满洲国"领土，限中国军队 24 小时内离开。28 日，关东军兵分三路，入侵热河省，3 月 4 日进占承德。随后，日军又分别进攻长城各口隘，逼迫蒋介石政权于 1933 年 5 月31 日签订"塘沽协定"，变相地承认了日本对东北、热河的占领。1937 年7 月 7 日，日本又制造卢沟桥事变，悍然发起了全面侵略中国的战争，力图吞占整个中国。在某一侵略行径得手后，日本立即采取移花接木、转移视线等方式巩固已有侵略成果。通过"九一八"事变，日军占领了东三省后，为掩人耳目，策划成立了傀儡政权"满洲国"。1932 年 1 月，日本海军陆战队进攻上海，遭到中国军民奋勇反抗，1932 年 5 月 5 日，中日在英、美、法、意各国调停之下签署《淞沪停战协定》。表面上看，日本此次军事行动的图谋未能得逞，但其将国际社会对其霸占中国东北的关注程度降低和转移的图谋却成功地得以实现，非常有利于日本把对东北的占领变成既成事实。

在日本政府毫无原则的默许和纵容下，军部和军人的"不服从"愈演愈烈。他们制造各种借口挑起旨在进一步侵略中国的冲突和战争，用切香肠的手法不断蚕食中国领土，而后由政府出面加以合法化或"国有化"。从而形成了先有海外驻军肆意妄为，而后要求日本首相承认"既成事实"，予以"事后追认"的日本独有的侵略模式。"九一八"事变、"七七"事变，以及两次上海事变，采取的手法如出一辙。

日本军队和民间产生和存在大量法西斯团体。其中，双叶会、一夕会等，是 20 世纪 20 年代军中央部（陆军省和参谋本部）的少壮军官成立的法西斯团体，宗旨就是"改造国家""刷新陆军人事""重点解决满蒙问题"；樱会则是 1930 年以军中央部的幕僚军官为中心成立的法西斯主义团体，宗旨是"以改造国家为最终目的，为此，必要时不惜使用武力"。陆军下级军官中出现了"天剑党"，它是"以军人为基础，联络全国战斗同志，并结成同盟，以期改造国家的秘密结社"。"王师会"是海军下级军官成立的，纲领就是尊奉天皇的"绝对命令，断然实行道义的国家改造"。民间法西斯运动则扮演了军队法西斯运动帮凶的角色。1933 年日本民间法西斯团体数量多时达 501 个。民间法西斯主义分子在搞政变时根本不考虑成功与否，"只考虑要成为昭和维新的奠基石"。他们以恐怖行动为手段，"进行直接破坏，扰乱人心，使军部以保护秩序为名"，"发布戒严令，置我国于军政之下"，目的就在于"建设一君万民制的皇道日本"。[①]

暴力恐怖主义在日本有着特别的历史传承。从日本近代倒幕运动开始到第二次世界大战结束，暗杀和政变一直是日本政治史上的一个难以挥去

---

① 李玉：《三十年代日本法西斯政权的形成及其特点》，《北京大学百年校庆世界史文集》，北京大学出版社，1998，第 731 页。

的黑色阴影。中国军阀张作霖、朝鲜的明成皇后均在本国遭日本人暗杀身亡；俄国皇太子尼古拉、清朝重臣李鸿章则是在日本遭到恐怖袭击；日本首相级和准首相级政治人物遭到暗杀（暗杀未遂）的超过 20 人。20 世纪20 年代以后，无论元老、重臣、军阀、财阀、官僚，还是政党或其他社会团体，只要被法西斯团体认定对实行以天皇制为核心的极权主义构成妨碍，都会被纳入袭击范围。1930 年，"狮子宰相"滨口雄幸在东京火车站被枪击。在 1932 年 3 月发生的"血盟团事件"中，前任财务大臣井上准之助和三井集团的局长团琢磨遇害。1932 年 5 月 15 日，海军少壮军人发起军事政变，先后袭击了首相官邸、内大臣邸宅，以及警视厅、三菱银行、政友会总部等机构，首相犬养毅被杀。1936 年 2 月 26 日发生"六二六兵变"，日本帝国陆军的部分"皇道派"青年军官率领千余名士兵对政府及军方高级成员中的"统制派"意识形态对手与反对者进行刺杀，两名前内阁总理大臣遇害身亡。

连续不断的政变和暗杀，加速了整个日本社会的法西斯化。暴恐行为吸引了许多群众，特别是中间阶层，使他们同情或支持法西斯主义。如在"五·一五"事件的公审中，法西斯团体慷慨激昂，陈述农村的贫困、军队的危机、政党的腐败以及"天皇亲政""昭和维新"的迫切，收到显著成效。1933 年 7 月审判开始后，各地展开了减刑请愿运动，截至 8 月 19日，一个多月内寄给审判长、律师的减刑请愿书已达 35.7 万封。有的报纸写道："不管怎样，政党的做法太残酷，所以国民对'五·一五'事件的被告，从心里表示同情。"更有甚者，新潟县 9 名青年每人砍下 1 个手指，浸在酒瓶中寄给陆军大臣，表示对"英雄"的"敬佩"。[①]

自由资产阶级的政治家受到压制和排斥。贵族出身的西园寺公望是自由资产阶级的政治总代表，1870~1880 年留学法国 10 年，1881 年曾与自由民权运动理论家中江兆民等创办《东洋自由新报》，出任社长。1894 年出任第二届伊藤博文内阁文部大臣，其后曾出任枢密院议长、临时代理首相等职。1906 年首次组阁，出任总理大臣。西园寺内阁的内政外交方针代

---

① 李玉：《三十年代日本法西斯政权的形成及其特点》，《北京大学百年校庆世界史文集》，北京大学出版社，1998，第 734 页。

表了无意过度穷兵黩武，主张和平贸易等自由资产阶级的利益诉求，从而与军部的创始者山县有朋发生矛盾，次年内阁总辞职。1911年第二次组阁，又因反对增设陆军两个军的问题与军部发生摩擦，次年内阁再度总辞职。

1930年11月，滨口被暗杀。从此，任何胆敢与军部持不同意见的政治家，都有性命之忧。民间的支持加上天皇的纵容与姑息，逐渐使政府对军部的屈服成为惯例。太平洋战争爆发前夕，日本政治家明知与英美宣战无异于自取灭亡，也曾力图遏制陆海军的扩张欲望，但为时已晚。"军部愤慨，燃起同仇敌忾之火。对避免战争抱有一线希望的人们，也只好死心了。12月1日的御前会议，也许是由于愤怒和死心的缘故，草草地作出了开战决定。12月8日开战。"①

（三）垄断资本的代表依附法西斯主义。20世纪20年代，日本兴起了一批以重工业、化学工业以及电力工业为基础的新兴财阀（鲇川、野口、森、中野等），其产业多与军需工业有关，故较早地与军部勾结，依靠军部求得发展。但三井、三菱、住友等财阀是包括金融、商业、铎工业等部门的综合性垄断资本，是明治维新后依靠天皇制国家的扶植发展起来的，可称之为老财阀。与新兴财阀不同，老财阀与元老、重臣、政党关系密切，较为稳健与保守，原因是他们主要投资于商业、银行和轻工业，而不愿冒风险投资于与军需有关的重化学工业。在经济上依赖于英、美，对外主张"协调外交"，对内实行健全财政方针，以防止过分的通货膨胀，同时也反对法西斯主义的过激行动，因此招致军部的强烈不满。他们提出"打倒财阀""不让财阀进入满洲"等口号，利用中间阶层对财阀的不满情绪，以种种恐怖行动威胁财阀，迫使其改变政策。1913~1920年，军费支出由1.92亿日元增加到6.5亿日元。其后，国家财政主要用于军费支出。1937~1945年，日本直接军费在中央财政中所占的比重由1934年至1936年的平均40%左右逐年上升，1944年高达88%。同期，直接军费在国民总生产（GNP）中所占的比重由6%左右上升到1943年的50%。② 在这种

---

① 〔日〕升味准之辅：《日本政治史》第三册，董果良等译，商务印书馆，1997，第798页。
② 参见安藤良雄编《近代日本经济史要览》，东京大学出版会，1981。

情形下，老财阀只要投靠军部，扩大与战争有关的工业生产，就会获得大量资金和丰厚的利润。受外来压力和内在利益驱动，老财阀无不将投资及经营重点转向重化学工业，走上发展军需工业的道路，密切了与军部的关系。"军财抱合"，使军部实力超过政党，成为国家政治生活的主角。

（四）法西斯主义的经济、社会起源。明治初年，日本农村非常贫穷，城市工人的工资极低，国内市场非常有限。因此，日本资本主义要谋求更大发展，就不得不向国外寻求市场。而且，无论在资本力量或技术水平方面，日本的资本主义都缺乏同欧美资本主义进行对等竞争的能力，在这种情况下，只有避开自由竞争，依靠军事力量霸占殖民地来弥补这一重大缺失。日本侵略朝鲜、中国，主要目的就在于掠夺更多的资金、原料和市场。

日本之所以走向军国主义，深层次的原因在于明治维新并不是一次彻底的资产阶级革命，致使日本在明治政府成立后的很长一个时期里，和现代化缺少联系的旧有阶级力量过于强大，与现代化关系密切的资产阶级过于弱小。就像巴林顿·摩尔所说，"既要现代化，又不愿意改变社会结构，走出困境的唯一出路是军国主义。这可以把上层阶级团结起来。因为军国主义会加剧国际紧张局势，从而反过来使得工业推进更具强制性"。①

天皇制为法西斯专政的成长提供了精神的和法理依据。在"尊王攘夷"的旗帜下进行的明治维新所确立的近代天皇制带有浓厚的封建专制主义色彩。以日本主义（亦称日本精神、天皇主义、皇道等）为指导的天皇制意识形态是法西主义的思想和理论渊源，其内容包括：万世一系的天皇统治和国体神圣不可侵犯论；忠孝一致、维护天皇（父）与臣民（赤子）之间绝对支配和被支配关系的家族国家观；主张日本成为亚洲盟主的大亚细亚主义。法西斯主义的载体军部更是在天皇制卵翼下成长的。参谋本部和军令部辅佐天皇行使军事统帅权，是独立于政府之外的负责国防和作战计划以及兵力调动的军令机关，它不经政府即可行使指挥权，也可以直接上奏天皇（"帷幄上奏"）。陆、海军省从军政（军队编制、兵器配备等）

---

① 〔美〕巴林顿·摩尔：《民主与专制的社会起源》，拓夫等译，华夏出版社，1987，第358页。

方面辅佐天皇，陆、海军大臣虽为内阁成员，但地位特殊，只要对内阁持反对态度，内阁即垮台或难于组阁。

历史上，日本曾有很长一段时间，由武士集团建立稳固的军事体制并置于武士阶级的统治之下，而尚武与好战又是武士的天性。由于明治维新并不是成长壮大的资产阶级所发动的旨在推翻旧统治阶级的政治革命，维新后明治政府中吸收了大批在德川时代不得势的中下层武士，他们与崇尚武力的旧政权有着千丝万缕的联系。日本法西斯主义武力征服、侵略扩展的本性很大程度上源自武士阶级崇武的本性，日本军国主义明显就是日本武士道在西方自由竞争资本主义世界背景下的复活。

第一次世界大战结束后，日本落后的农村与工业化城市的差距进一步扩大，农村中的各类矛盾尖锐化，日益成为严重的社会问题。在城市居民中，则存在大量小业主、小工厂主为主的小资产阶级。在经济危机中，他们的经营遭到严重冲击，生活日趋贫困，由此，其不满情绪，尤其对财阀、政党的仇视情绪与日俱增，国内阶级矛盾随之激化。军部抓住这一时机，发动了"九一八"事变，把它鼓吹为"从天而降的神风"，声称"满洲广阔肥沃的土地……正等待着几十万、几百万大和民族"，而"为生活所迫的广大民众"也可以开发这个"无限的宝库"。这些煽动引起了日本城乡中下层民众的共鸣，致使当时日本国内出现支持侵略战争的热潮。赞扬、支持日本军队侵略行动的讲演会、座谈会接连不断，"九一八"事变后的一个多月中日本各地就召开了 1866 次讲演会，听众达 165 万余人。慰问信、慰问金、捐款源源流入陆军省。①

四 对历史潮流的顺应与逆反

孙中山先生曾说，世界潮流，浩浩荡荡，顺之者昌，逆之者亡。日本近代从快速崛起到走向法西斯主义，也表现为一个对历史发展趋势从顺应到逆反的过程。在崛起的初期阶段，由于不具备发动战争的能力，被动适

---

① 李玉：《三十年代日本法西斯政权的形成及其特点》，《北京大学百年校庆世界史文集》，北京大学出版社，1998，第 738 页。

应和积极学习成为日本与世界体系的关系的主要方面。19 世纪末 20 世纪初,世界资本主义发展到帝国主义阶段,强权政治、弱肉强食成为时代潮流。发动甲午战争和参与八国联军镇压义和团,使日本获得加入帝国主义体系的资质,与英国结盟与俄国开战,标志着日本在帝国主义列强瓜分世界的最后的场所东亚时,正式参与了世界帝国主义对殖民地的争夺。1931年后法西斯主义的兴起,则标志着日本走上了与世界上被压迫民族为敌,与美英主导的世界体系对抗,与世界发展趋势背道而驰的邪恶之路。

(一)搭上了自由资本主义时代的末班车。在明治维新前后一段时间里,英国忙于处理爱尔兰问题,美国刚刚结束南北战争,百废待兴。俄国通过克里米亚战争(1853～1856)成为巴尔干半岛上泛斯拉夫主义运动的盟主,忙于扶植当地的亲俄势力。在 1870～1871 年进行的普法战争中,法国遭受惨败,一蹶不振。德国与意大利正在逐步完成其民族国家的统一(德国为 1871 年,意大利为 1870 年)。西方主要国家忙于处理国内的事务和同外国的交涉,使日本当时既不需要被迫与列强进行大规模战争,也没有被列强瓜分,为顺利完成变革维新提供了良好的外部环境。当然,日本通过维新变革成为新兴的资本主义国家,根本原因在于当时资本主义依旧处于上升阶段,产业化和工业化乃是世界发展潮流。

(二)参与帝国主义争夺。清政府腐败无能,未能顺应历史发展潮流,变法革新,领导国家走上产业化、现代化道路,是日本冒险发动甲午战争并取得胜利的重要原因。西方列强还没有在中国内地或朝鲜做好行使军事力量的准备,是日本在甲午战争中获取胜利的一个重要条件。但因日本的"率先垂范",19 世纪末,帝国主义掀起瓜分中国的狂潮,纷纷强占、"租借"中国领土和划分势力范围。1899 年,美国政府先后向英、俄等六国政府提出在中国实行所谓"门户开放"、贸易机会均等的照会,在承认列强在华"势力范围"和已经获得的特权前提下,要求"利益均沾"。在这种情况下,日本企图独占中国的意图势必与其他列强产生矛盾与冲突。

这种矛盾在巴黎和会得到集中表现。中国和日本同为一战的参战国和战胜国,但日本自认为已经进入了所谓一等国家的行列,丝毫没有把中国的利益放在眼里。因此,在 1919 年召开的巴黎和会上,日本坚持将战败国在战胜国中国的权益,即战前德国侵占的山东胶州湾的领土,以及那里的铁路、矿产、海底电缆等都归日本所有。日本的这种强盗逻辑和无理要求自然遭到了中国人民的强烈反对。会上中国代表向会议提出取消列强在华特权，取消中日"二十一条"不平等条约、归还大战期间日本从德国手中夺去的德国在山东占有的各项权利等要求，并拒绝在《凡尔赛和约》上签字。中国的据理力争和日本的厚颜无耻、强词夺理形成鲜明对照，迫使国际社会不得不提高对中国状况的关注程度，并为山东问题在 1921～1922 年召开的华盛顿会议上顺利解决奠定基础。

日本企图通过第一次世界大战扩大在中国的权益，进而把实力扩展到太平洋的战略企图引起美国的警觉。为了阻止日本无休止的侵略扩张，在美国倡议下，1921～1922 年美、英、法、意、日、比、荷、葡和中国在美国召开华盛顿会议。会议签署九国条约，主要内容有：缔约各国尊重中国的主权与独立及领土与行政的完整；维持各国在中国全境工商业机会均等的原则；各国不得在中国谋取特殊权利而损害友邦人民的权利，不得鼓励有害友邦安全的举动；除中国外，各国不得谋取或赞助其本国人民谋求在中国任何指定区域内获取专利或优越权等。结束了第一次世界大战爆发后日本在中国占有的优势地位。在美英斡旋下，中日两国于 1922 年 2 月 4 日在会外签订了《解决山东悬案的条约》及其附约。规定恢复中国对山东的主权，日本将胶州湾德国旧租借地交还中国，日军撤出山东，青岛海关归还中国，胶济铁路及其支线由中国向日本赎回。会议还签署了《限制海军军备条约》，主要内容为规定美、英、法、意、日五国主力舰总吨位限额为美英各 52.5 万吨、日本 31.5 万吨、法、意各 17.5 万吨。这些条约，虽然有对日妥协的成分，但主要用意还是限制。在今日的日本右翼学者看来，"华盛顿会议对很多事情作出了决定，但简单地说，华盛顿会议让日本把在第一次世界大战中咽下的东西全部吐了出来。日本受到了各种各样的制约，不得不进行裁军。主力舰数量被限制在美、英 60% 的水平，南洋群岛和太平洋的防务也受到限制。日英同盟也被解散"。①

日本帝国主义因第一次世界大战而确定了以侵略中国为基本方向，这

---

① 中村粲：《大东亚战争的起因》，〔日〕历史研究委员会编《大东亚战争的总结》，东英译，新华出版社，1997，第 13 页。

既使它走上了与中国以及亚洲的民族运动为敌的道路，又使它走上与美英帝国主义的对立趋于激化的道路。"在英、美庇护下成长起来的日本帝国主义，从此以后就不得不在国际上陷于孤立。"①

（三）与和平与正义力量为敌。日本以武力强占中国东北、出兵华北，意欲与西方列强争夺亚洲太平洋地区的控制权，严重损害了英美法等国的在华利益及远东国际地位，对凡尔赛－华盛顿体系构成严峻挑战。1933年2月24日，英美法利用国联通过决议，宣布伪"满洲国"的建立不符合国际法普遍公认的原则，要求国联及其成员国均不得承认伪"满洲国"；劝日军撤出中国东北，把东北作为各国"共管"的自治纲领。这使日本的参会代表松冈洋右感到十分孤立与尴尬，在发表了一番反对宣言后，立刻退出会场。3月27日，日本政府指责国联采取"不公正"的态度，声明日本自即日起正式退出国联。1934年12月9日，日本宣布1936年华盛顿、伦敦海军裁军条约到期后，日本将退出该条约，并将不出席1935年至1936年召开的国际裁军会议。为阻止日本向东南亚的大举扩张，1941年美国冻结了对日的贸易，其中重要的是石油贸易。因没有石油资源日军的侵略战争难以为继，日军决定冒险一掷，于1941年12月7日偷袭美国夏威夷珍珠港，挑起了太平洋战争。对英美宣战，标志着日本已经成为西方主流社会的敌人，成为世界秩序的挑战者和颠覆者。

日本法西斯主义声称所进行的大东亚战争是黄种人对白种人的战争，目的在于把亚洲各民族从西方列强的殖民统治中解放出来，建设"大东亚共荣圈"。实际上，完成明治维新，成功走上资本主义道路后，日本已经"脱亚入欧"，不再属于被压迫剥削的亚洲弱小民族，尤其是在走向帝国主义和法西斯主义后，更是成为亚洲国家和人类社会最凶恶的敌人。

"大东亚共荣圈"的长远目标是建立以日本为核心的新的国际秩序，以取代西方主导的世界体系，尤其是建立"帝国指导下"的东亚新秩序以取代美国主导的东亚秩序；直接目的是为抢占和掠夺穿上华丽的外衣。1941年11月20日，日本政府制定《南方占领地行政实施要点》，制定了占领东南亚的基本方针是掠夺当地资源："对占领地暂时实施军政，以资

---

① 〔日〕藤原彰：《日本近现代史》第三卷，伊文成等译，商务印书馆，1992，第10页。

恢复治安，迅速获得重要国防资源和确保作战军的自给。"1943 年 5 月 31
日，日本政府出台《大东亚政略指导大纲》，把马来亚和印度尼西亚等地
区划归日本领土，只对缅甸和菲律宾给予形式上的独立，但军事与外交权
要由日本掌握。"过去在英国、荷兰帝国主义殖民统治下遭受痛苦的东南
亚各民族，当日本进攻当初，认为它同是亚洲人的解放军，有不少地方采
取了合作态度。在缅甸组织了独立义勇军，在马来亚的印度士兵组织了印
度国民军。可是，亚洲各民族不久就认清了日本是比英美更露骨的帝国主
义国家。……东南亚的解放，只能通过对日本帝国主义进行斗争才能
实现。"①

时者，势也，命也。日本的法西斯主义注定遭受失败命运，根本原因
在于日本的所作所为违背了历史发展趋势。20 世纪中叶，全世界被压迫民
族独立图存运动蓬勃开展，殖民地半殖民地国家民族意识觉醒，民族解
放、国家独立成为世界发展潮流。例如中国，辛亥革命后，民族意识日益
强烈，救亡图存运动一浪高过一浪。西方资本主义国家霸占美洲、澳洲，
入侵南亚，顺风顺水，系因当时属于世界资本主义上升时期和进步时期。
日本在甲午战争和第一次世界大战中获胜，很大程度上在于当时的帝国主
义处于强盛阶段。但日本对华的侵略战争，则"发动于世界帝国主义首先
是法西斯国家大崩溃的前夜"，这时的世界帝国主义已经日薄西山、进入
垂死阶段。日本逆历史潮流而动，力图后来居上，火中取栗，遭受失败是
命中注定的事。

抗日战争是近代以来中国第一次赢得完全胜利的民族解放战争。中国
抗日战争之所以得以坚持并取得最后胜利，主要原因在于代表了历史进步
方向的中国共产党成为抗日战争的中流砥柱。在鸦片战争以后很长的时间
里，近代中国反侵略战争无不以中国的失败而告终。究其原因，"一是社
会制度的腐败，二是经济技术的落后"。抗日战争时期，中国社会的半殖
民地半封建性质和经济技术落后的状况虽然还没有得到根本改变，但是，
中国社会内部产生了新的以往所不具备的进步因素，即有了资本主义，有
资产阶级和无产阶级，尤其是有了共产党和共产党领导的人民军队，有了

---

① 〔日〕藤原彰:《日本近现代史》第三卷，伊文成等译，商务印书馆，1992，第 109 页。

局部的人民政权即共产党领导的解放区政权。总之，腐败的社会制度已经局部被废除。中国已经"处于历史上进步的时代，这就是足以战胜日本的主要根据"。①

第二次世界大战是一场正义与非正义、进步与反动、光明与黑暗、前进与倒退的生死搏斗。日本的法西斯主义本性决定了它必然要加入到邪恶势力阵营。1940 年 9 月，日德意签订《三国同盟条约》，法西斯同盟正式建立。1941 年 6 月，德国突袭苏联，将社会主义苏联卷入大战。同年 12 月，日本偷袭美国珍珠港，发动太平洋战争，将美国拖入战争。美苏的介入，使轴心国与同盟国的实力对比发生了本质变化。1942 年，同盟国各国国内生产总值是主要轴心国及其同伙的两倍。在 1943 是大约 3 倍，而且这一比例随着战争的继续而持续上升。1942～1944 年，美国的军费开支几乎是德国和日本总和的的两倍。②

善恶终有报，日本法西斯军国主义最终难逃灭顶之灾。自中日战争全面爆发到 1945 年 8 月宣布无条件投降，日本死亡和失踪军人 212 万，加上不同程度负伤的军人 67 万，共计 279 万；再加上残疾人 9.5 万，总共 290 万。这还不包括在海外死亡和失踪者。国家有形财富的损失为：80% 的船舶，25% 的建筑物，21% 的家具及家庭财产，34% 的工厂用机械器具，24% 的产品等，即可用于再生产的国家有形财产损失约 1/4。③到战争后期，日本的许多城市都遭到美国空军的狂轰滥炸，变为废墟。战争还使日本成为人类历史上迄今为止唯一受过原子弹打击的国家。日本在对外侵略扩张过程中侵占了大片邻国领土、占领了诸多殖民地，其范围包括中国的台湾、朝鲜半岛、中国东北三省，以及中国香港，新加坡、马来亚、菲律宾、印尼爪哇、缅甸、越南等中南半岛和太平洋上的一些岛国。1943 年 12 月 1 日，中美英三国首脑会议发表《开罗宣言》，勒令日本必须无条件投降，宣布剥夺日本自 1914 年以来侵占的太平洋岛

---

① 《毛泽东选集》第二卷，人民出版社，1991，第 451 页。

② 〔美〕尼尔·弗格森：《世界战争与西方的衰落》（下），喻春兰译，广东人民出版社，2015，第 521 页。

③ 〔日〕中村隆英编《日本经济史·7·"计划化"与"民主化"》，胡企林等译，三联书店，1997，第 37～39 页。

屿，将满洲、台湾、澎湖列岛等领土归还中国，使朝鲜自由独立。日本投降后，根据《开罗宣言》和《波茨坦公告》，其主权只限于本州、北海道、九州、四国及由盟国指定的岛屿。

参考文献

〔日〕坂本太郎：《日本史》，汪向荣等译，中国社会科学出版社，2008。

《北京大学百年校庆世界史文集》，北京大学出版社，1998。

〔美〕巴林顿·摩尔：《民主与专制的社会起源》，拓夫等译，华夏出版社，1987。

〔日〕鹤见俊辅：《战争时期日本人精神史》，高海宽等译，吉林人民出版社，1991。

〔日〕井上清、铃木正四：《日本近代史》（上册），杨辉译，商务印书馆，1972。

刘天纯：《日本产业革命史》，吉林人民出版社，1984。

历史研究会编《大东亚战争的总结》，新华出版社，1997。

《毛泽东选集》第二卷，人民出版社，1991。

〔英〕尼尔·弗格森：《世界战争与西方的衰落》（上），喻春兰译，广东人民出版社，2015。

〔美〕R. R. 帕尔默乔·科尔顿、劳埃德·克莱默：《两次世界大战：西方的没落?》，陈少衡等译，世界图书出版公司，2011。

宋成有：《新编日本近代史》，北京大学出版社，2006。

守屋典郎：《日本资本主义发展史》，丁未译，世界知识出版社，1950。

〔日〕升味准之辅：《日本政治史》第三册，董果良等译，商务印书馆，1997。

〔日〕石井宽治：《日本经济史》，黄绍恒译，五南图书出版公司，2008。

〔日〕藤原彰：《日本近现代史》第三卷，伊文成等译，商务印书馆，1992。

吴廷璆：《日本史》，南开大学出版社，2004。

〔日〕西川俊作、阿部武司：《日本经济史·产业化的时代》（下），杨宁一、曹杰译，三联书店，1998。

〔日〕中村隆英编《日本经济史·7·"计划化"与"民主化"》，胡企林等译，三联书店，1997。

外 论 文 摘 [*]

---

* 本部分由崔秀梅摘编，编者为中国社会科学院世界经济与政治研究所《国际经济评论》编辑，中国社会科学院研究生院世经政系博士生。

中华复兴、中国发展及世界影响

1. 基辛格：准确的理解是中华复兴，而非中国崛起

相较二战后建立的全球秩序，当今的国际体系已经大不一样：70 年前，联合国成员数不足 60 个，发展至今已经将近 200 个；70 年前，外交政策的重心在大西洋地区，如今，世界各地的每个角落，都将牵动国际社会的关注。

主权国家的并肩崛起始自西方，当时中国闭关锁国。现在，美国作为守成大国，而中国是一个崛起的大国，有观点认为两者之间肯定发生冲突。管理这一冲突，对世界而言意味着巨大的挑战。但事实上，在过去的1800 多年中，中国并非崛起国家，而是世界上最富有的国家，同时可能是世界上最富有组织的一个国家。中国现在的态势，是走向中华复兴大业。因而，更为准确的理解是中华复兴，而非中国崛起。

（摘自基辛格博士在 2015 年 3 月 21 ~ 23 日在北京举行的"中国发展高层论坛 2015"的发言，http：//finance. sina. com. cn/hy/20150321/113521775140. shtml）

2. 马丁·雅克：中国给世界提供的首先是关于发展的经验

中国在过去 35 年里发展得极为出色，展示了极强的改革能力，不仅仅是经济改革，而且也包括政治改革。因为如果每年平均增长 10%，经济将每 7 年增长 1 倍。从目前中国的经济增长率来看的话，更可能是每 10 年增长 1 倍。如果不持续地进行政治体制的自我驱动和自我创造，是跟不上经济发展水平的。总体上，西方国家低估了这一点。西方媒体是为西方外交政策服务的，一般来说，他们不会认可中国的这种政治改革，因为他们所认可的只是那种将中国引向西方模式的政治改革。因此，除非中国照搬西方的模式，否则他们就不会认可。

中国在国家治理方面保持了非常好的纪录。中国政府一直是中国变革的有智慧的领导者。这是人类历史上最让人印象深刻的经济成就。这远远超越了任何一个西方国家所能取得的成绩——英国、美国等。

现在中国的确遇到了一系列崭新的问题。对于中国这样的发展中国家，不得不面临一系列难题，因此遇到挑战并不令人意外。这些问题都是发展中国家所特有的。中国目前最大的一个问题由出口和投资驱动转向更加追求国内市场驱动、更加追求产品附加值、更加追求劳动生产率的增长模式。这是一个艰难的转型，但是完全能够实现的。

问题在于（是否）中国的治理体系、中国共产党的政治制度等是否只有实行西方式的治理体系才能取得成功。我完全不同意这种看法。我认为，我们不会看到中国实行西方式的改革，也不认为这是中国实现变革的前提。

相反地，我认为中国的国家治理体系在某些层面逐渐地会成为西方国家学习的对象。我并不是指他们会实行中国的制度，而是认为中国制度虽然遇到了一些困难，但仍然比西方制度有优势。这种优势就是绝对的竞争力。事实上，中国政府体制最大的优势是其效率性——包括改革的能力——和延续性。中国政府具有极强的竞争力，尤其是中国还是一个发展中国家。

中国是一个发展中国家，也是最大、最成功的发展中国家。所以中国给世界提供的首先是关于发展的经验。目前85%的世界人口生活在发展中国家，不管非洲、东亚、中亚或者拉美，中国被视为榜样。发展中国家提出了一个问题："我们应该向中国学习什么？"

亚投行取得成功的原因有很多，其中一条是因为中国是范例，作为发展中国家，中国了解发展的含义，了解基础设施在国家发展中的中心作用，从某种意义上说，美国没有做到这一点。这就是中国的影响力。

中国的传统完全不同。从来没有产生过任何一个殖民帝国，朝贡体系基本上不涉及武力——虽然也爆发战争，但不是中国征服其他国家。从历史上看，中国专注于自身的发展，这是中国的优先选项。大国统治本来就具有挑战性，因此自然地将优先国内发展。

在经济上，中国将非常强大，这个庞大的市场很有可能使中国成为许多不同商品和技术标准的制定者。从长期来看，在下一个20年里，将看到中国话语权的巨大变化。

在文化上，中国在其鼎盛时期最引以为傲的是文化。"天朝大国""中央之国"自视为世界上最先进的文化，有着非常先进的管理制度、高深的治国经纶等。在儒家思想中存在着道德秩序的观点、关于做人的方法，以及社会允许的行为准则。它强调教育的重要性，这是与西方国家完全不同的。中国有着2000多年重视教育的历史，认为教育在社会发展过程中居于核心地位。随着时间的推移，社会发展日渐发达，中国将会彰显其巨大的文化影响力——虽然现在尚不明显。

美国批评中国是"一个免费搭便车的国家，想干什么就干什么，不积极承担国际责任"。中国正在积极探索。习近平总书记提出亚投行的理念，这是中国政府第一次提出此类倡议，随后得到东亚、南亚和中亚的大多数国家以及欧洲国家极为积极的回应。亚洲发展中国家面临的重大难题就是基础设施不足，限制其经济发展，需要大量的资金、自然资源。亚投行的宗旨就是立志于此。

（Martin Jacques，伦敦经济学院亚洲研究中心高级客座研究员，摘自2015年4月30日新加坡英文报纸《今日》对马丁·雅克的专访文章）

3. 艾米·莱盖特：最令人忧虑的是，不确定哪才是真实的中国

中国有两面：一面是强大和崛起，另一面是软弱和不稳定。美国应该担心的是前一种可能性的中国形象。但是现在，也许最令人忧虑的是不确定上述哪一面才是真实的中国。

中国崛起的故事，在21世纪得到最广泛的关注。其关注力远远超过了"9·11""阿拉伯之春"、本·拉登之死以及英国皇家婚礼。然而，尽管中国在1978年以来的开放政策得到世界的广泛赞誉，但是自此以来的中国崛

起引发了越来越多的恐慌。

恐惧的原因之一是中美之间天壤之别的差异：完全不同的政治和文化传统背景。美国崇尚个人主义，获得并保证个人自由是不变的国家传统；而中国讲究集体利益至上，建立并维持集体稳定是永恒的目标。在美国，说到"长期思考"通常不超过一年，指的就是第二年，而中国的长期意味着几十年或更长的时间。中美之间是由两国的现实主义者在冷战时期为平衡苏联势力建立起来的务实关系，而非基于共同利益、民主信念、资本主义制度或普世价值而建立起的关系。美国警惕的另一点就是，中国崛起是否意味着中国将成为世界格局中的一极。

外界认为中国崛起引发焦虑的理由之二是中国实力的对比与中国关系的走向。中国的经济增速成为全世界公认的奇迹：在短短25年时间里，解决了5亿人民的贫困问题。1982年，中国的人均国内生产总值（GDP）仅为200美元，到了2012年，已达到6000美元。中国的年度军费开支日益庞大，仅次于美国。中国国防专注于先进的武器系统的战略现代化计划，改进信息技术，创建更先进的海军，加强培训，提升教育。据猜测，中国的年度国防开支在过去20年里可能以两位数字在增长，但国防预算仍然不足美国的25%。然而，军事实力的增强意味着政治抱负。历史经验告诉我们，新兴大国总会寻求更大的控制力，并没有什么理由认为中国的行为将有所不同。中国承诺成为国际秩序中"负责任的利益攸关方"，维护经济和国际制度的约束力。已经初见苗头，中国不断反对美国支持的"全球公域"互联网治理模式，提倡国家主权高于公民之间的信息流动权利。另外，中国与美国如何界定"现状"也是纠结所在。长期以来，亚太地区的特征是以中国为主导国。在过去2000年中的1800年期间，中国一直是该地区的大国。与之相反，美国的地区主导权只有短短60年。华盛顿所说的现状在北京看来是一种历史反常现象。

第三个原因，美国的衰败感和失落感。中国似乎走向顶峰，而美国正在滑向谷底。美国的高额债务，党派之争，在华盛顿形成僵局。世界银行最近的数据表明，中国将有可能在2015年超过美国成为世界最大的经济体。2013年的一个调查显示，相比10年前的世界领先地位，大多数美国人认为美国的作用力正在减弱。认为中国正在崛起和迎头赶上，并可能很快就会甩开美国。因此，一旦涉及美国的自身利益，中国的崛起并没有显现的那般平静。

（摘自 Amy Zegart，"Should the US Be Bullish or Bearish on China's Rise？," http：//www. the-american-interest. com/2014/06/20/should-america-be-bullish-or-bearish-on-chinas-rise/）

4. 古里·谢克：中美之间的制度和秩序之争似乎难以避免

中国的崛起对美国意味着什么呢？如果中国能够承认美国规则，那么崛起的中国能够成为一个负责任的利益相关者，其实力上升将符合美国利益。但是研究表明，国际秩序作为国内政治结构的一个缩影，国家一旦得到控制权，势必会重塑自己的国际秩序。因此中国不太可能完全维持美国规则。美国主导的协商一致的国际秩序，使得弱国可以相信强大的国家将履行这些规则。随着中国的崛起，鉴于中美两国政治制度的巨大差异，中美之间的制度和秩序之争似乎难以避免。中国是否会稳妥实现浮动汇率？中国能否改革国有企业？中国能否解决国内问题？2015 年夏天的中国股市动荡，也为中国崛起提示了风险因素。

（摘自 Kori Schake，"Can China Rise Peacefully？," Tuesday，August 18，2015，http：//www. hoover. org/research/schake-can-china-rise-peacefully）

5. 卡尔·W. 艾肯伯里：中美两国竞争的战略演算在不同的假设前提下存在多种可能性

中国的迅速崛起是史无前例的。最近几年的许多文献，已经研究未来中美关系的结局是合作、竞争还是冲突。观点有二，其一是现实主义观点，假定在不断变化的国际环境中，守成大国和新兴大国之间的激烈竞争是常态，即出现"修昔底德陷阱"。其二是在对比理论框架内的新自由主义观点，假设市场经济为经济交流创造机会，竞争国家均得到正和收益。

现实主义者指出，对于中国实力成长轨迹过于乐观的预测，可能会导致鼓励中国的对外战略，破坏美国对盟国的承诺声誉。新自由主义者反驳说过于强硬的政策不能够确保改善两国长期的合作关系。需要注意的是，如果中国经济增速显著放缓，则将严重削弱中国作为真正强大的挑战者的发展前景。

中国的经济发展和军事现代化计划自20世纪80年代初至今取得显著进展。中国的经济和军费预算的增长速度很可能会在未来几年有所放缓，但美国受困于财政压力，必须关注中美经济增速差异在未来几十年的相对收益。例如，如果在未来20年内，中国即使增速下降，持续5%的年均增长率，而美国保持2%的增速，到2035年中国的国内生产总值（按照目前值的PPP进行估计）将超过35万亿美元，而美国的预计国内生产总值约为24万亿美元。鉴于中国将超过美国，了解中国预期的战略，目的是要设计一个有效的美国对外政策，提升国力。中国国家安全的核心目标是保护主权，实现现代化，并维持国内稳定。习近平总书记提出的"中国梦"，"两个一百年"，就是其国家愿景。为了实现以上目标，中国可能采取三种策略：一是推倒重来，再造世界新秩序；二是维持并最大化现有国际规则；三是逐步根据自身诉求改造秩序。

目前看来，中国领导层对于全球总体形势的评估是乐观的，认为中国仍处于有利的时间窗口期。中国领导层似乎对美国主导的世界秩序以及美国的重返亚太战略越来越不满，证据如下：推进人民币国际化，促使人民币成为全球储备货币；成立亚洲基础设施投资银行（AIIB），向世界银行提出挑战；在中日争端岛屿与南部中国海争议区域的强硬表态；中国的海军和空军的积极军演。

虽然支撑国家雄心的战略选择没有限制，但是中国外交政策的选择要兼顾国内和国际的不利因素。国内因素，严峻的社会、环境、经济和政治问题的交织将会影响稳定。严重性体现在五个方面：一是亟待深化经济体制改革；二是人口老龄化和社会福利成本的压力；三是民众的收入分配均等化要求；四是环境退化和粮食安全问题；五是执政党的反腐倡廉。

对中国在国际舞台崛起的国际约束，存在大多由美国制造的绕不开的障碍，具体包括：历史和地缘政治等地区争议制约；中国在全球范围内的军事实力和动员力落后于美国；缺乏忠实的同盟国和伙伴国；中国软实力的吸引力仍有差距，北京共识的持续性有待完善。

美国对待中国崛起的应对之策，缺少连贯性战略应对，原因有四：中国增长和发展的不确定性；对华战略要置于美国的区域和全球大环境之下；对华长期战略还需美国冷静评估中美综合实力的对比走向以及中国的可能反制之策；难以确定有效的对华战略所需的关键假设，中美两国竞争的战略演算在不同的假设前提下存在多种可能性。

（摘自 Karl W. Eikenberrt，"China's Place in U. S. Foreign Policy," http：//www. the-american-interest. com/2015/06/09/chinas-place-in-u-s-foreign-policy/）

6. 弗朗西斯·福山：不能低估中国进行深刻变革的能力

中国的崛起本身就具有深深的矛盾。今天的中国，在政治和经济领域中的影响力持续扩大，并实施了前所未有的大规模援助计划。越来越多的中国学生为了去美国的大学读书而学习英语，从这一点就可以看到，即使中国的经济实力有所提高，但其文化与教育的软实力却依旧欠缺。美国尽管存在很多劣势，但其在全球范围内仍然具备强大的软实力。这是中国尚不能与之相比的。

关于"中国究竟是否具有进行根本性变革的能力"的讨论。我倾向于认为：不能低估中国进行深刻变革的能力。中国在"文革"之后的变化超出任何人的想象，而且中国在制度转变方面有着悠久的历史。虽说中国近些年来在经济和知识方面的进展，主要还是以追赶西方的形式，但是中国是个拥有很多优秀人才的大国。中国能够取得惊人的进步、革新技术，并进行制度建设。

政治上，中国官方意识形态依旧坚持以马克思列宁主义为基础。基本上中国人对于儒家还是持怀疑态度的，虽然以古老传统作为思想基础会让人很有亲近感，但是在关键时刻，他们还是会选择马克思主义或新自由主义。只要经济持续增长，就不会出现太大问题。

（摘自 "Interview：Francis Fukuyama," http：//thediplomat. com/2015/10/interview-francis-fukuyama/）

7. 吉姆·奥尼尔：值得特别注意的是中国经济规模以及其对世界经济重要性的变化

2001 年年末，我率先使用"金砖国家"这个词语来描述巴西、俄罗斯、印度和中国，并认为到 2010 年左右，它们在世界经济中的份额会大幅上升。值得特别注意的是中国经济规模以及其对世界经济重要性的变化。2014 年年末，中国经济总量超过 10 万亿美元，根据世界银行的数据，以购买力平价（PPP）核算，其经济规模实际上比美国还大，约是其他 3 个金砖国家经济总量的 1.5 倍，比法国、德国以及意大利的经济规模总和还要大，是日本的两倍。从我第一次提出金砖国家这一概念以来，中国的经济规模几乎增长了 10 倍；自 2008 年全球次贷危机以来，中国经济总量已经翻了一番。在 21 世纪第二个十年中，到目前为止，中国是唯一一个远超预期的经济体。中国仍有希望在 2027 年超过美国。重要的是，中国 GDP 增速的下滑并不影响其成为世界最大经济体，除非中国经济增速大幅度下滑。

最近几年，很多人因为中国的城市化而看衰中国。根据官方数据，目前中国城市居民占 50%，比 20 年前大幅提高，但远远低于发达经济体的 70%。但我认为恰恰是中国的城市化水平还不够高，才会给中国经济增长带来更多的动力。回顾历史，英国工业革命期间，城市化大大刺激了消费和生产，成为经济增长的重要动力。如果今天中国的城市化水平已经达到 70%，那么它的很多增长动力就会停止，我也会担忧中国未来的增长。

有一些怀疑者认为，由于中国成功的独生子女政策，并没有足够的男性群体参与上述的城市化进程。经济长期增长取决于两个因素：劳动力数量和劳动生产率。随着父母收入水平的提高，他们越来越倾向于要更少的孩子。因此，政策制定者不用担心会发生新一轮的人口爆炸，废除独生子女政策是明智的。在上述背景下，中国政府扩大消费的政策值得推崇。事实上，如果上述两个问题被妥善解决，这会大大有助于中国实现经济目标。根据官方数据，中国消费占 GDP 的比重近几年不断上升，大约在 35% ~ 40%。但它还可以更高，50% ~ 55% 至少是可以的，60% 也是可持续的。除了确保农民工的权利之外，建设一个可靠的社会保障、医疗体制和抚恤金制度也有助于消费的提升。其他一些周期性的因素，如就业和实际收入的强劲增长显然也是必要的，但结构性因素需要改变更多。

最后，关于金融以及中国在全球治理中的角色。目前，人民币没有必要实现完全自由浮动，中国在完全放开人民币之前，应该发展国内利率市场化及其他资本市场。2016 年 1 月，中国将成为 G20 的主席国，这对于世界和中国来讲都是历史性的一刻。对于中国来讲，这是一个展示其能力、塑造负责任大国形象的机会。中国应该努力寻求领导 G20 的政策议程，而且这些政策议程不会遭到世界其他国家的反对。

（摘自 "Pessimistic Views of China's Economy Are Unconvincing-China's Economy Has Surpassed Our Expectations，but Still Has Large Development Space，" http：//www. bruegel. org/nc/blog/detail/article/1604-pessimistic-views-of-chinas-economy-are-unconvincing/）

8. 罗伯特·A. 曼宁：中国要想崛起，和美国保持合作关系必不可少

中国必须推动改革以取得可持续的发展，领导层面临着几大挑战：以国有体制为核心的经济发展模式，沉重的环境代价，被腐败困扰的精英执政阶层，以及缺乏透明性和责任制的政治体制。中国的领导对此有清晰的认知，但似乎他们既缺乏战略手段也缺少政治决心来应对这些挑战。

更重要的是，中国急需一个和平的国际环境。但中国在东海和南海问题上越来越高调的外交姿态，以及和美国的战略竞争都有可能打破平衡。在 2008 年金融危机之后，不少中国的鹰派人士开始认为中国已经崛起并超越美国，而后者正在加速衰弱。结果是，中国在印度、越南等问题上越加强势，并激起了区域邻国的反弹，合谋组成一个由美国引领的体系和中国对抗。中国的行为带来了它所不希望看到的结果，也带来了自我遏制的后果。

中国要想崛起，和美国保持合作关系必不可少。但目前的情况下，战略不信任正阴云笼罩。两国时常将对方视为对自己利益的一种挑战。不少中国的战略学家认为美国的策略就是遏制中国、分裂中国，并坚持认为美国的重返亚洲战略就是证明之一。而美国的战略研究者也认为中国希望能主宰亚洲事务，并削弱美国在该地区的影响力。两国的合作极为必要，两国在以下议题有很大的合作空间：阿富汗/中亚问题；互联网安全；中东；

东亚。

中美关系以及中国如何处理好内部的问题将对中国的未来有着决定性影响。中国未来的图景有着三种可能性。

和谐世界，这是最好的情形。中国的领导层在未来的5～6年内成功地强化了法治，改善了金融市场，允许人民币自由兑换，并使其成为一种主要的国际货币。消费驱动型经济年增长率维持在6%～7%，对出口的依赖降低，并在政治改革和法治的影响下保持社会稳定。国际上中国有着更强的声音，和西方国家合作改善国际规则，并且在东亚寻求到一种更加稳定的共处模式。

磕磕碰碰，中国缺乏一个明确战略，更多像是危机反应型的策略。领导层忙于应对环境的危机、房地产泡沫破灭、腐败以及社会不公和不满等一系列挑战。但最终中国会犹豫地推动经济和金融改革，并降低国有企业的影响力，以及缓和社会分化的恶果。外交政策的主题则是民族主义、谨慎以及中美合作——竞争态度的混合。

中等收入陷阱，为了维持7%～8%的增长，国有银行借贷不受约束并以政绩推动，造成了更多的债务负担和低效投资。随着房地产泡沫破灭，买房的中产阶级损失严重，社会不满上升。中国跌入中等收入陷阱，并且失去了攀爬生产价值链的机会。中国必须和其他发展中国家竞争，但其相对较高的工资使中国处于劣势。随着内部矛盾加深，中国将外部世界视为问题的根源以及战略威胁，也因此助长了民族主义。

（摘自 Robert A. Manning, "Does China Have a Strategy? Modern China or Dystopia: Alternate Futures?" http://csis.org/files/publication/pac1329.pdf, 2013 年 4 月 30 日）

9. 扬·拉扎里·卡西姆：中国让世界看到的是一副二元形象：不仅是一个带来和平与繁荣的合作者，也是一个潜在的秩序挑战者

如今，东南亚诸国眼中，一个坚定、自信和全新的中国正在对它们施展由外交、经济和军事力量构成的三元战略。中国正在积极利用从联合国到地区论坛一切可能的国际组织平台，甚至着手开发新的地区论坛，例如，中国设立了香山论坛，以此挑战设立在新加坡的"香格里拉对话"。

显然，北京当前的首要关注点就是亚太地区，这个地区与中国相邻，且可能成为 21 世纪世界冲突的中心地带。

习近平最新的战略部署看起来具有两个拥有内在联系的目标：第一个目标是反制被北京视为由美国挑起且日益增长的遏制措施，但这些反抗在大多数东南亚诸国看来是由中国在南海具有高度争议的主权主张所激起的。一个令人警惕的事实是，中国正在争议水域建设人工岛礁。第二个更广义的目标则是通过一带一路的建设，拓展中国的政治、外交和经济空间。在全球战略的层面来看，一带一路战略构成了中国反制由美国主导的世界秩序的重要一环。

一带一路战略致力于在 21 世纪恢复古老的丝绸之路："丝绸之路经济带"是向西直通中亚和欧洲的陆上商路；"21 世纪海上丝绸之路"则穿越南海抵达中东、非洲和欧洲。一带一路战略有两个显著的特性：第一是东南亚和南海的战略地位，第二则是显而易见的美洲的缺席。

南海现在是秩序的建立者美国和新兴的挑战者中国最新角力的战场。夹在两国中间的，则是害怕被殃及的地区小国们。紧张局势的最新迹象是美国在争议水域进行的自由通航和飞越行动，这些争议水域是中国声称的主权地区，但并不被美国及国际社会所承认。一些悲观的专家，如神户大学的蓑原俊洋（Tosh Minohara）教授甚至不排除中美意外冲突引发第三次世界大战的可能。他观察到东亚地区最新的地缘战略转变正朝着新的地区秩序的方向迈进。这种新的秩序甚至可能导致"中国治下的和平"。

中国再平衡地区秩序，并最终实现再平衡全球秩序的意图正在多个方向上迈进——比如通过金砖国家和一带一路平台的国际合作与和平外交实现；通过建立例如亚投行（AIIB）的新型经济机构来实现；或是通过例如最近在英国的海外投资来实现。尽管这些都是善举，但东南亚地区国家依然不得不面对一个矛盾的中国形象：一边在东亚建立防空识别区，另一边在南海实施富有争议的建岛战略展示"肌肉"。

在习近平的领导下，中国让世界看到的是一副二元形象：不仅是一个带来和平与繁荣的合作者，也是一个潜在的秩序挑战者。尽管诸如一带一路和亚投行的举动赢得了不少支持，但中国的挑战行为也同样引起了地区的不满和不信任，尤其是对东盟国家来说。正在吉隆坡进行的东盟国家防长会议再次因南海议题的分歧无法达成共识，这已经是2012年来的第二次了。

作为一个非主权声索国，印度尼西亚现在同样感到来自中国的威胁，并且警告可能会对中国提出国际仲裁。相似的例子还有菲律宾和马来西亚，虽然一度小心避免刺激中国，但现在也公开批评中国的主权要求。现在，有人质疑中国试图在东南亚复兴丝绸之路的最终目的何在：是真的为了共同利益合作，还是为了颠覆地区内的现有秩序？

（摘自Yang Razali Kassim，"China and Rebalancing the World Order：a View from Southeast Asia，"http：//csis. org/publication/pacnet-79-china-and-rebalancing-world-order-view-southeast-asia，2015年11月）

10. 斯蒂芬 D. 克拉斯纳：中国崛起不会重蹈德国历经两次世界大战的杀戮之路，这一点毋庸置疑

一个崛起的大国可能利用其新获得的军事能力改变现有领土边界，甚至完全征服和吞并所有邻国的领土。影响力是其中的主导力量，决定了重要的外交政策选择，包括安全联盟和贸易政策。崛起的大国，可能采用可信的威胁，挑战现存国际秩序，包括军事行动、国家贸易以及规则制定等方面。崛起的大国如果拒绝加入已有秩序，可能另起炉灶再造国际新秩序。德国在1870~1939年的崛起之路，就是很好的例证。根据能耗、钢铁生产、军费开支、军事人员、总人口和城镇人口六个指标得出的国家能力（CINC）综合指数显示，1870~1939年，德国在世界权力中的占比，1870年为11%，一战前夕（16%）成为欧洲最强大的力量，但仍落后于美国；到了1939年，与美国并列全球首位，占比为18%。

中国崛起不会重蹈德国历经两次世界大战的杀戮之路，这一点毋庸置疑。面对中国崛起，美国所持态度为谨慎乐观。因为，在当今的世界格局中，又增添了核武器的威胁。中国与邻国虽有边界争端，但是意图通过雄心勃勃的全面经济伙伴关系（RCEP）打造亚太自贸区。对此，美日同盟联手，方可实现地区力量对比平衡。

中国的和平崛起为其进入国际贸易体系提供了便利，特别是得到WTO成员方美国的支持。但是，中美双方在贸易规则领域仍有分歧：比如作为

一个发展中国家，中国希望知识产权保护规则有较长的过渡期，而美国希望更强有力的知识产权保护。在国有企业的规则方面，中美两国的立场也并不一致。

虽然美国在太平洋地区的军事能力将是影响中国崛起的边界和势力范围的一个重要因素，但是中美关系的最重要的决定因素将在于中国自身的发展。目前来看至少有三种可能的情况。

首先，中国可能过渡到一个完全民主的以市场为导向的制度框架。这是现代化理论所预测的路径。在美国和中国之间的长期紧张关系即使不完全消失，也会减弱。这是国家身份可能被削弱的路径，但是，最乐观的这一结果必定不会一帆风顺。中国不是放大版的丹麦：内部增长不平衡，收入差距不断扩大，国内的民族政策等等，都将成为挑战因素。

第二，继续现有的政体。经济增长可能会有拖延，庞大的中国可能会成为中上等收入国家，但不会成为完全富裕的国家。中美的紧张局势将会继续，但中国在本地区的影响力将会增强，可能在军事上对美国形成挑战。

第三，目前看最有可能的结果是在现有制度下维持经济快速增长。如果这种情况确实发生，那么将出现中国模式，挑战欧美西方国家崇尚的自由民主和市场经济的模式。台海局势将向着北京的意愿方向发展；中国将影响美国的亚太战略；东亚地区的韩国、日本以及其他经济体将更加依赖中国；现有的国际秩序发生改变。而稳定的核威慑将阻止所有的战争。一旦中国成为不可或缺的国家，世界将会大不一样。

（摘自 Stephen D. Krasner，"China Ascendant？" July 22，2014，http：//www. hoover. org/research/china-ascendent）

11. 迪帕克·拉尔：全球化使中国受益，也使中国越来越依赖于外面的世界

考虑中国的边界安全、丰富的资源和众多的人口等因素，古老的中国长时间以来延续着自给自足的农耕社会形态，并不参与国际事务。但自从11世纪，对外开放导致中国经济快速增长，可以划分为三个阶段。

第一阶段是宋朝在11世纪创建和开放的商业经济。基于"裙带资本主义"的经济活动随后被中止，因为后来的政策制定者反对贸易和商业，以及无法控制的掠夺性寻租的本能。1436 年明朝实施废除海军的法令，标志着经济再次回到封闭状态。此后，当工业革命导致经济快速增长时，这种封闭意味着相对贫穷，中国经历着缓慢增长或者停滞的农耕经济。但它有助于集中控制，维护秩序和内部团结。继续的是易于管理的北方丝绸之路的贸易，继续财富创造。

第二阶段的开放伴随着鸦片战争和外国势力在 19 世纪下半叶"瓜分中国"。这个阶段的开放导致了中国社会的不稳定。贸易使沿海地区富裕而内部自给的农民仍然贫穷。沿海地区新产生的富裕统治者愿意与外国势力加强关系，这让他们更加富裕，同时也扩大了沿海与内地的贫富差距。外国人与中国沿海的商人和地方政府结盟，导致外国势力在沿海地区比中央政府更有影响力。于是，中国最糟糕的地缘政治噩梦开始。中国开始分裂为不同的地区，几个地区听从于外国人，尤其是顺从外国商业利益。中国失去了对整个国家的控制。中华人民共和国成立以后，毛泽东的三大目标是：加强中央的权力、结束沿海与内地的严重贫富分化以及驱逐外国人。所采取的中国传统的封闭政策使得中国变得更为平等，但依然非常贫穷。

第三阶段是改革开放。20 世纪 70 年代末"四人帮"倒台后，邓小平恢复工作，他进行了大胆的尝试。中国如果不进行开放就无法满足日益提高的居民生活水平的需求，且与外界的技术缺口越来越大，会影响到国家安全。他认为基于中国强有力的中央政府和忠诚的军队，实行"开放政策"不会影响中国社会稳定。通过改革开放，中国已经成为世界加工厂和全球第二大经济体。但是，就像在上述阶段中国实施的对外开放，地区分化严重：沿海地区富有，内陆地区贫穷。地区分化的第二个结果就是，目前中国共产党正尽力通过中亚等丝绸之路为内陆地区创造贸易机会。我认为，主要动机在于通过新丝绸之路加强与欧亚大陆的联系，而且可以通过马六甲海峡和印度洋运输中国需要的资源。同时，也可以帮助中国出口过剩的基础设施产能。

全球化使中国受益，也使中国越来越依赖于外面的世界。事实上，2013 年十八届三中全会制定的经济路线，呼吁市场的"决定性作用"和国家的"主导性地位"。因此，政策制定者发现自己也在市场与国家之间纠结。这种纠结将由现任领导层来解决，而且很有可能中国会采取国家管控。因为，中国政府不喜欢让事情自由发展而偏好控制一切，包括政党、媒体以及经济。这意味着中国不会恢复更加可持续的市场化的经济增长方式。

（摘自 Deepak Lal "China's Cloudy Future," http：//www. cato. org/publications/commentary/chinas-cloudy-future-i）

12. 高原明生：中国崛起有利于日本等周边国家

中国在经济发展方面获得了举世瞩目的成就，无论以名义规模、还是购买力平价计算，中国 GDP 规模迟早会赶上并超越美国，但是没有必要，也不能简单将 21 世纪命名为"中国世纪"。毕竟，中国在财富存量、经济社会发展程度、国民人均收入等方面仍与美国有相当差距。如果非要将 21世纪命名为"中国世纪"，那么在 21 世纪剩余的 80 多年时间内，几代中国人需要思考如何实现长期稳定发展，如何克服深层次矛盾。因此，从宏观的时间维度观察，中国领导层提出了全面深化改革的宏伟目标。当经济发展取得巨大成就后，更应理性，冷静对待长期稳定发展所面临的诸多国内顽疾：人口老龄化、基层治理的执政能力等。

中国的崛起，通过旅游消费业等也会给日本带来发展机遇。日本很希望中国能够长期持续稳定地发展，成为一个繁荣、富裕和安定的国家，这对日本、亚洲以及世界都是好事。

（摘自参考消息网专访，http：//column. cankaoxiaoxi. com/g/2015/0303/687780. shtml）

13. 金凯：中国不想称霸

关于是否处于"中国世纪"的说法，要回答三个问题：第一，中国是全球第一大经济体吗？若真如此的话，中国为什么对此类报告不安？第二，中国世纪是否到来？按照国际关系的专业术语，美国和中国开始进行真正的权力转移了吗？第三，中国是否开始通过其外交和军事行动来挑战美国？由此产生的相关问题是：中国寻求怎样的国际角色。

中国并不肯认可国际上按照按购买力平价的计算方法，鼓吹中国已成为全球最大经济体的报告。有解释分析一来中国避免与美国的直接冲突，二来中国不愿承担世界第一地位的国际责任。但是，上述理解有失片面：中国越来越多参与国际行动，在气候变化问题的姿态也表现积极。事实上，考虑到中国13亿人口的庞大数字，人均产出远远落后发达经济体，因此发展中国家的自我定位是务实的。

目前中国还无法挑战现有国际秩序，真正的中美权力转移尚未到来。中国参与国际体系是中国与世界双方互动的过程：一方面，中国的崛起要顺应现有的国际环境及其不同的规则；另一方面，国际准则也应作出必要的调整，反映和保护新兴经济体的利益。中美新型大国关系的倡议说明了中国的明确立场：中国不想称霸，中国希望的是和平稳定的周边环境。这才是中国真正的核心利益所在。

（摘自日本外交学者网站，http://thediplomat.com/4/2014/）

14. 奥马尔·穆罕默德：中国模式在非洲具有示范效应

在中国务实的高层领导下，中国的经济转型取得了巨大成功。而非洲国家面临着经济发展、国家振兴的需求，因此使得中国的商业模式深得非洲国家信赖，其发展模式在当地具有示范效应，对很多国家领导人有吸引力。非洲视中国为"发展模板"，中国也把自己成功的国内发展模式带进了这片亟须文明发展的大陆。而美国所谓的"民主制度"模式，因其经济低迷、执政乏力、国家债务累积等国内问题，威信渐弱。比如，坦桑尼亚、埃塞俄比亚等国家，就已经意识到民主或许并非发展的最佳途径，对于国家而言，秩序比民主更加务实。埃塞俄比亚前总理梅莱斯·泽纳维曾直言，经济增长与民主并非必然关联。埃塞俄比亚地处东非，是非洲大陆经济增速最快的国家之一，发展速度迅速：其国内建立的高等教育系统已经造福数万名国内学生，而且修建了非洲大陆第一个城市轻轨系统。

（摘自 http://column.cankaoxiaoxi.com/g/2015/1014/965180.shtml）

15. 豪尔赫·卡奇内罗、卡洛塔·希门尼斯·德安德拉德、阿德里亚诺·博尔赫斯：中国和拉美是完美伙伴

中国近年在经济、金融和军事实力以及影响力等方面不断提升，成为世界格局变化中的重要力量。近来，拉丁美洲来自欧美的进口下滑，而与此同时，中国和拉美的经济关系得到大力推进，中国发展亟需的原材料缺口，提供了中拉在能源、矿业和农业资源方面开展大量合作的契机。中国通过与拉美"双赢"的贸易和投资关系模式，利用欧美在拉美投资减弱的机遇，夯实了在拉美的坚实基础。肇始于 2008 年的金融危机重创了西班牙等传统拉美的经济伙伴国，而中国对铜、铁、石油、大豆和谷物等大宗商品的巨量需求，推动了拉美的资本涌入、投资和增长。2008 年之后，中国在拉美的经济存在日益巩固。

当然，由于中国经济增速的放缓，大宗商品价格明显下跌，对拉美传统出口国的经济有所冲击。而中国试图通过结构性改革实现增长模式转型，大力发展服务业，意味着原材料进口的构成也会有变化。铜铁等基本金属，原油、煤炭和大米等基本食品的需求增速会放缓，铝、锌、天然气和一些农产品的需求增速会加快。

（摘自 http：//column.cankaoxiaoxi.com/2015/1102/984080.shtml）

16. 费奥多尔·卢基扬诺夫：中国模式鼓励着不希望重复西方道路的其他国家

国际秩序的未来走向取决于中国：支持摇摇欲坠的西方中心体系以保有现存体系下的利益，还是加快瓦解现有国际制度重造非西方的体系。冷战后，中国受益于西方体系下的全球化，20 世纪末中国赢得了巨大发展，开始崛起为全球力量。简言之，中国希望用非武力的方式赢得更多尊重和平等，比如呼吁改革国际货币基金组织等的份额分配，反映全球经济实力的新变化。中国坚持在现有机制的构筑中兼顾公平，并非支持废除现有机制。不同于西方模式的中国模式的成功经验，鼓励着不希望重复西方道路的其他国家。

（摘自 http：//column.cankaoxiaoxi.com/2016/0127/1064795.shtml）

17. 亚历山大·洛马诺夫：自信的中国价值观

在以自由主义为基础的西方价值观的全球背景之下，中国在经济和国际地位方面日渐崛起。吸取苏联解体的教训，中国领导层在中共十八大报告中以 12 个词概括了"社会主义核心价值观"：国家价值观——富强、民主、文明、和谐；社会价值观——自由、平等、公正、法治；个人价值观——爱国、敬业、诚信、友善。

在新一届领导集体执政以后，"实现中华民族伟大复兴的中国梦"与"社会主义核心价值观"广为宣传，防止西方价值观渗透并建立中国的价值观体系。中国人相信自己的价值观，随着对自身道路、理论和制度的自信的方针的落实，西方价值观的渗透空间将被缩小。为了避免落入西方设置的"话语陷阱"，中国应制定自己的标准。这将有助于国家确立国际阵地，在经济增长之后向国际社会呈现：爱好和平、力求和谐，以及传承于儒家的公正与责任高于利益。中国正在形成的话语体系，彰显同化他人经验的非凡能力。作为世界影响力的一个因素，中国向世界展示了自信的核心价值观，宣传国家繁荣富强、民族昌盛和人民幸福的"中国梦"。

中国质疑现有国际秩序的合理性，这些秩序的制定缺少中国参与，并没有考虑中国等发展中经济体的利益。中国的政治传统中严格划分了依法治国和以德治国，将这些概念引入日常宣传，批评西方法律体系缺乏"美德"，没有美德的体系就不可能是先进的。当然，西方也质疑中国再造价值观体系的可能性。作为世界第二大经济体的中国希望谋求价值观的影响力，出发点是周边地区。一带一路倡议的落实，就为提升中国对欧亚的非物质影响力提供条件。

热议的中国价值观，将影响俄罗斯发展道路选择。"欧洲选择"的支持者很可能会有批评之声，而反对者则会从中寻找可与俄罗斯思想相比对的爱国主义、集体主义和国家主义。

（摘自 http://column.cankaoxiaoxi.com/g/2015/1016/967698.shtml）

18. 胡利奥·里奥斯：中国执政基础坚实有力

到 2030 年，中国共产党的政治角色将或得到进一步加强。执政党的最大的政治挑战来自现代化和治理路线的执政能力，需要考虑社会经济层面和政治层面。其一，通过反腐败恢复民众对国家制度的信任；其二是恢复近年来有些落后的群众组织工作；其三是国企改革，增强国企的竞争力，加强党对关键战略领域国企的领导力。这些举措的共同特点有两个：恢复公信力，保持对关键领域的控制。北京加大内部改革力度，以制度化为目标创新管理方法。

（摘自 http：//column. cankaoxiaoxi. com/g/2015/0817/907474_ 6. shtml）

图书在版编目（CIP）数据

黄海学术论坛. 2016 年. 第 1 辑：中华复兴与中国道
路专辑 / 张蕴岭主编. —— 北京：社会科学文献出版社，
2016.7
ISBN 978 - 7 - 5097 - 9321 - 3

Ⅰ.①黄… Ⅱ.①张… Ⅲ.①社会科学 - 文集 Ⅳ.
①C53

中国版本图书馆 CIP 数据核字（2016）第 135121 号

黄海学术论坛（2016 年第 1 辑）
—— 中华复兴与中国道路专辑

主　　编／张蕴岭

出 版 人／谢寿光
项目统筹／祝得彬
责任编辑／赵怀英

出　　版／社会科学文献出版社·当代世界出版分社（010）59367004
　　　　　地址：北京市北三环中路甲 29 号院华龙大厦　邮编：100029
　　　　　网址：www. ssap. com. cn
发　　行／市场营销中心（010）59367081　59367018
印　　装／三河市尚艺印装有限公司

规　　格／开 本：787mm × 1092mm　1/16
　　　　　印 张：14.25　字 数：219 千字
版　　次／2016 年 7 月第 1 版　2016 年 7 月第 1 次印刷
书　　号／ISBN 978 - 7 - 5097 - 9321 - 3
定　　价／69.00 元

本书如有印装质量问题，请与读者服务中心（010 - 59367028）联系